Erich Weede · Konfliktforschung

Erich Weede

Konfliktforschung

Einführung und Überblick

Westdeutscher Verlag

CIP-Kurztitelaufnahme der Deutschen Bibliothek

Weede, Erich:
Konfliktforschung: Einf. u. Überblick / Erich,
Weede. – Opladen: Westdeutscher Verlag, 1986.

ISBN 978-3-531-11802-4   ISBN 978-3-322-94349-1 (eBook)
DOI 10.1007/978-3-322-94349-1

Umschlaggestaltung: Horst Dieter Bürkle, Darmstadt

Inhalt

Vorwort

Die Aufgabe der Sozialwissenschaften besteht darin, brauchbare Theorien zu erarbeiten. Theorien enthalten vor allem prüfbare, nomologische Hypothesen. Ausgereifte Theorien klären die logischen Beziehungen unter den in ihnen enthaltenen Aussagen, deren Informationsgehalt bzw. Prüfbarkeit und deren Vereinbarkeit mit beobachtbaren Daten. An diesem hypothetisch-deduktiven Ideal gemessen kann man die Sozialwissenschaften noch nicht als reife Wissenschaften bezeichnen. Aber es gibt eine Vielzahl von mehr oder weniger gut gestützten Hypothesen in der Konfliktforschung, die m. E. innerhalb eines theoretischen Rahmens integrierbar sind, innerhalb der Nutzen- oder Wert-Erwartungstheorie. Das vorliegende Buch bemüht sich darum, einerseits eine Vielzahl konfliktsoziologischer Hypothesen vorzustellen, andererseits darum, Möglichkeiten zu deren Überprüfung beispielhaft darzustellen, und drittens, die Integrierbarkeit der Hypothesen im Rahmen der Wert-Erwartungstheorie zumindest erahnen zu lassen. Damit ist schon zugestanden, daß in diesem Buch der große theoretische Durchbruch nicht stattfindet. Ich hoffe aber, eine nützliche Zwischenbilanz der Konfliktforschung vorzulegen, die den Studenten Einblick und Überblick vermittelt, die vielleicht auch Fachkollegen ein Paradigma wieder vor Augen führt, das gleichzeitig das älteste und erfolgreichste innerhalb der Sozialwissenschaften ist und innerhalb der engeren Fachgrenzen der Soziologie lange in Vergessenheit zu geraten schien.

Mein Ausgangspunkt ist der methodologische Individualismus. Methodologischer Individualismus bedeutet, daß man soziale Strukturen, Prozesse und natürlich auch Konflikte als Ergebnis menschlichen Handelns auffaßt. Die Wert-Erwartungs- oder Nutzentheorie ist ein Forschungsprogramm im Rahmen des methodologischen Individualismus (vgl. Opp 1978), welches Kosten-Nutzen-Kalküle in den Mittelpunkt stellt. Unter Ökonomen und Psychologen dominiert der methodologische Individualismus, in der Mikroökonomie sogar die Nutzentheorie. M. E. ist das mikroökonomische Forschungsprogramm das erfolgreichste innerhalb der Sozialwissenschaften, obwohl es natürlich auch mit Anomalien zu kämpfen hat. Auch in der Theorie internationaler Politik (vgl. Waltz 1979) und in der strategischen Diskussion (vgl. Schelling 1966) wird oft nutzentheoretisch argumentiert. Indem die soziologische Konfliktforschung sich dem herrschenden (oder zumindest einem wichtigen) Paradigma angrenzender sozialwissenschaftlicher Teildisziplinen anschließt, lassen sich künstliche und allzu oft schädliche Verengungen der Problemperspektive leichter vermeiden. M. E. ist in der makrosoziologischen oder makropolitischen Theoriebildung nichts gefährlicher als die Abstraktion von den Einsichten der „dismal science" Ökonomie und vom weltpolitischen Umfeld einer jeden Gesellschaft.

Weil das vorliegende Buch Studenten Einblick und Überblick in die Konflikt-forschung vermitteln soll, habe ich immer wieder versucht, die Positionen wichtiger Theoretiker – wie Marx', Michels' oder der Funktionalisten – darzustellen, auch wenn diese *nicht* aus der Perspektive der Wert-Erwartungstheorie argumentieren. Aber die Wert-Erwartungstheorie eignet sich in diesen Fällen zur Rekonstruktion, Reinterpretation oder Kritik der dargestellten Standpunkte.

Mit Rücksicht auf die Fremdsprachenkenntnisse deutscher Studenten habe ich Originalzitate englischer und amerikanischer Autoren vermieden und statt dessen selbst übersetzt – manchmal frei.

Der theoretische Rahmen des Buches ist nicht neu. Außerdem habe ich an vielen Stellen die Aussagen meiner früheren Schriften wieder aufgegriffen. Im ersten Kapitel werden weite Passagen aus einem Aufsatz übernommen, der in der *Zeitschrift für Soziologie* (Weede 1984 a) erschienen ist. Das letzte Kapitel übernimmt fast unverändert den Text, der im *Archives Européennes de Sociologie* (Weede 1984 b) erschienen ist. – Beiden Zeitschriften danke ich für ihre Zustimmung zur Wiederver-wendung des ursprünglich dort veröffentlichten Materials. – M. E. können zerstreut publizierte Teile selbst dann die Gesamtdarstellung nicht ersetzen, wenn diese nur eine Zwischenbilanz statt einer fertigen Theorie sein kann.

1. Wert-Erwartungstheorie und die Logik des kollektiven Handelns

Nach der Wert-Erwartungs- oder Nutzentheorie (vgl. Thibaut and Kelley 1959, Coleman 1978, Opp 1979, Muller 1980) hängt Verhalten von zwei Faktoren ab, 1. dem Wert der Handlungskonsequenzen, 2. der Wahrscheinlichkeit, mit der bestimmte Konsequenzen erwartet werden. Je wertvoller die Konsequenzen einer Handlung sind, je wahrscheinlicher die Handlung zur Realisierung der erwünschten Konsequenzen führt, desto wahrscheinlicher ist die entsprechende Handlung. Dabei ist wichtig, daß der Belohnungswert der Handlungskonsequenz und deren Erwartungwert multiplikativ und nicht etwa additiv zusammenwirken. Das impliziert, daß beliebig positiv bewertete Belohnungen Handlungen dann nicht motivieren können, wenn die Erfolgsaussichten gering sind. Und umgekehrt: Große Erfolgsaussichten spielen nur dann eine Rolle, wenn die mit hoher Wahrscheinlichkeit oder Sicherheit erwartete Handlungskonsequenz auch positiv bewertet wird.

Die Wert-Erwartungs- oder Nutzentheorie enthält nur minimale Rationalitätsstandards (vgl. Opp 1979). Sie läßt offen, ob der Vergleich verschiedener Handlungsalternativen nach dem Wert der Konsequenzen und der Wahrscheinlichkeit, daß diese Konsequenzen auftreten, bewußt oder unbewußt abläuft. Sie läßt auch offen, ob die subjektiven Wahrscheinlichkeiten den objektiven entsprechen. Sie sagt nur, daß Menschen Handlungsalternativen wahrnehmen, Handlungsfolgen und deren Wahrscheinlichkeit bewerten und danach die günstigste Alternative auswählen. Manche Anhänger der Wert-Erwartungstheorie bezeichnen diesen Versuch der Nutzenmaximierung als Rationalität.

Nirgendwo ist die Bedeutung von Nutzenmaximierung oder Rationalität so klar und deutlich ausgesprochen worden wie bei McKenzie and Tullock (1978 a, S. 9): „Das Individuum wird immer mehr und nicht weniger von dem wählen, was es will. Das bedeutet auch, daß es weniger und nicht mehr von dem wählen wird, was es nicht will." Nachdem anspruchsvollere und verwirrendere Vorstellungen über Rationalität beiseite geschoben sind, haben McKenzie and Tullock (1978 a, S. 56) keine Schwierigkeiten dabei, Rationalität auch Ratten oder „schwer gestörten und/oder sehr dummen Leuten ohne Ausbildung und solchen, die für lange Zeit in Anstalten verwahrt wurden", zuzuschreiben.

Um die Wert-Erwartungstheorie anwenden zu können, benötigt man zusätzliche Annahmen über die vom Akteur wahrgenommenen Handlungsalternativen, seine Bewertungen der Handlungsfolgen, seine Erwartungen. Dabei lassen sich ad hoc eingeführte Zusatzannahmen oft nicht vermeiden. Außerdem besteht die Gefahr tautologischer Scheinerklärungen. Aber man sollte die Anwendungsprobleme der Nutzen- oder Wert-Erwartungstheorie auch nicht übertreiben. Schließlich leiten die Ökonomen die Angebots- und Nachfragegesetze aus dem Kosten-Nutzen-Kalkül von nutzenmaximierenden Individuen ab. Nach dem Nachfragegesetz steigt die nachgefragte Gütermenge im allgemeinen mit sinkendem Preis, d. h. die Menschen reagieren auf Kosten. – Natürlich gibt es da Ausnahmen. Verschiedene Güter sind durch verschiedene Nachfrageelastizitäten gekennzeichnet. Bei Grundnahrungsmitteln ist die Nachfrage weniger preisempfindlich als bei Luxusgütern. Bei letzteren kann es sogar vorkommen, daß einige Kunden nach einer Preiserhöhung das betroffene Gut verstärkt nachfragen. Obwohl auch solche Reaktionen im Rahmen der Wert-Erwartungs- oder Nutzentheorie behandelt werden können, will ich das nur andeuten und nicht vertiefen: Die Konsumenten können teuere Güter etwa deshalb nachfragen, um ihre besondere Kaufkraft zu zeigen, d. h. in der Alltagssprache: um anzugeben. Der Erwerb eines verteuerten Gutes kann diesem Bedürfnis u. U. gerade deshalb entsprechen, weil andere sich dasselbe Gut wegen der erhöhten Preise nicht mehr leisten können. Aber das sind Ausnahmen. In der Regel gilt, daß steigende Preise sinkende Nachfrage bewirken.

Nach dem Angebotsgesetz steigt die angebotene Gütermenge mit dem Preisniveau, d. h. als Produzenten reagieren Menschen positiv auf den durch Preissteigerung bewirkten erhöhten Nutzen. Die Ökonomen (z. B. McKenzie and Tullock 1978 b) haben gezeigt, daß die Angebots- und Nachfragegesetze auch dann noch für Gruppen von Anbietern und Nachfragern gelten, wenn einzelne Anbieter oder Nachfrager irrationalerweise preisunempfindlich reagieren. In unserem Zusammenhang spielen Angebots- und Nachfragegesetze keine besondere Rolle, aber sie zeigen zumindest, daß prüfbare und darüber hinaus bewährte Hypothesen vom Bild des nutzenmaximierenden Menschen abgeleitet werden können.

Zwischenmenschlichen Konflikt kann die Wert-Erwartungstheorie grundsätzlich auf drei Arten erklären. Entweder man postuliert, daß sich die meisten (oder zumindest einige) Menschen meistens (oder zumindest ab und zu) eigennützig verhalten, das heißt die möglicherweise negativen Nutzenfolgen ihrer Handlungen für andere nicht in ihr Entscheidungskalkül einbeziehen (obwohl sie über die notwendigen Informationen verfügen). Das begründet objektive Interessengegensätze.

Oder man postuliert, daß die meisten (oder zumindest einige) Menschen meistens (oder zumindest ab und zu) die möglicherweise negativen Nutzenfolgen ihrer Handlungen für andere nicht kennen und folglich gar nicht in ihr Entscheidungskalkül einbeziehen können. Auch das begründet objektive Interessengegensätze. Denn die von negativen Nutzenfolgen Betroffenen entwickeln ein Interesse daran, dem Handelnden zusätzliche Informations- und Entscheidungskosten aufzubürden oder von ihm Ausgleichszahlungen für erlittene Nutzeneinbußen zu erhalten.

Oder man hebt hervor, daß die Interdependenz menschlicher Handlungen Interessengegensätze begründen kann. Das gilt vor allem für den Konsum von Positionsgütern (vgl. Hirsch 1980). Das wichtigste Positionsgut sind Positionen. Im allgemeinen ist die Position des Vorgesetzten angenehmer oder privilegierter als die des Untergebenen. Offensichtlich können aber nicht alle Vorgesetzte sein. Wer selbst am Positionsgut „privilegierte berufliche Stellung" teilhat, beeinträchtigt dadurch aber unvermeidlicherweise die Chancen seiner Mitmenschen, dasselbe Gut zu erwerben.

In allen drei Fällen entstehen die zwischenmenschlichen Konflikte dadurch, daß Akteure nicht die negativen Nutzenfolgen oder Externalitäten ihrer Handlungen für andere ins Entscheidungskalkül einbeziehen – aus Egoismus, aus Mangel an Information (der wiederum das Resultat von Egoismus sein kann) oder weil manche Güter, d. h. Positionsgüter, nur dem einen oder dem anderen zugewiesen werden können.

An dieser Stelle ist es sinnvoll, Güter zu klassifizieren. Für soziologische Zwecke ist m. E. folgende Dreiteilung hinreichend und fruchtbar. Erstens gibt es gewöhnliche oder private Güter: Wenn eine Person sie konsumiert, dann hat das keine nennenswerten Auswirkungen auf andere. Zweitens gibt es Positionsgüter (vgl. Hirsch 1980): Wenn eine Person sich dieser Güter erfreut, dann werden *deshalb* andere in ihren Konsumchancen beeinträchtigt. Drittens gibt es öffentliche oder kollektive Güter (vgl. Olson 1968): Wenn eine Person diese Güter genießt, dann müssen sie *notwendigerweise* auch anderen zur Verfügung stehen. Konsum durch den einen mindert nicht die Konsumchancen der anderen. Diese Dreiteilung ist idealtypisch, d. h. reine gewöhnliche, kollektive oder Positionsgüter sind selten. Dennoch ist die Unterscheidung analytisch nützlich.

Um die Unterschiede zwischen gewöhnlichen (privaten), öffentlichen und Positionsgütern zu unterstreichen, habe ich gewöhnliche oder private Güter enger als üblich definiert. Wie hier definiert, setzen private Güter einen perfekten Markt voraus, wo kein einzelner Akteur entweder das Angebot oder die Nachfrage nennenswert beeinflussen kann. Wenn ein Käufer oder eine kleine Gruppe von Käufern das Angebot oder den Preis etwa durch Massenaufkäufe beeinträchtigen könnten, wenn dadurch andere potentielle Käufer das Gut nicht mehr erwerben könnten, dann würde das Gut nach meinem Sprachgebrauch einen gemischten Charakter bekommen, partiell privates und partiell Positionsgut.

Auch andere Güter als Positionen haben mit diesen das gemeinsame Merkmal, daß die Nutzung des Gutes durch den einen die Nutzungsmöglichkeiten der anderen beeinträchtigt. Offensichtlich können in einem dichtbesiedelten Land nicht alle an dem Gut „großes Grundstück in schöner, unberührter Landschaft" teilhaben. Wer sich dieses Gut privat aneignet, verringert die Nutzungschancen anderer.

Bei der Nutzung von Autos gibt es ähnliche Interdependenzen wie bei Positionen. Zwar schließt der Besitz eines Autos durch den einen nicht den Besitz von Autos durch andere aus, aber der Nutzen des eigenen Autos ist offensichtlich größer, wenn nicht so viele andere auch ein Auto haben, daß viele Straßen allzu oft verstopft sind.

Objektive Interessengegensätze entstehen danach durch die Nebenfolgen oder Externalitäten menschlichen Handelns für andere Menschen. Aus einem Interessengegensatz allein läßt sich aber noch kein Konflikthandeln ableiten. Die Kosten eigener Konfliktaktivität gegen den Verursacher negativer Externalitäten können höher sein als der Nutzen aus deren Beseitigung. Oder die Erfolgsaussichten könnten wegen eines bestehenden Machtgefälles zu gering sein.

Beim Versuch der Nutzenmaximierung geraten Menschen aber nicht nur in Konflikt miteinander, sondern sie kooperieren auch miteinander. Makrokonflikte setzen die interne Kooperation der Konfliktparteien geradezu voraus. Wenn beispielsweise Arbeiter eine Lohnerhöhung gegen Unternehmer durchsetzen wollen, dann meist erst nach dem Zusammenschluß der Arbeiter in einer Gewerkschaft. Solange alle Arbeiter die erkämpften höheren Löhne erhalten, sind diese ein kollektives Gut für die betroffenen Arbeiter. Wichtigstes Merkmal kollektiver Güter ist, daß man niemanden von deren Genuß ausschließen kann. Gewerkschaftlich erkämpfte höhere Löhne werden allerdings erst durch die Entscheidung der Unternehmer, sie auch an nicht organisierte Arbeiter zu zahlen, zu kollektiven Gütern.

Die klassische Abhandlung zur Logik des kollektiven Handelns ist Olsons (1968) gleichnamiges Buch. Weil dort die Voraussetzungen von Kooperation unter rationalen Akteuren zwecks Produktion von Kollektivgütern exemplarisch behandelt werden, weil auch die Herausbildung von Herrschaft und Konfliktparteien Kooperation voraussetzt und damit der Logik kollektiven Handelns folgt, werde ich hier eine ausführliche Diskussion von Olsons Buch einschieben.

Olsons Grundproblem ist die Frage, unter welchen Bedingungen Menschen mit gemeinsamen Interessen auch gemeinsam für deren Durchsetzung arbeiten bzw. unter welchen Bedingungen Menschen nicht für ihre gemeinsamen Interessen zusammenarbeiten. Nach seiner Auffassung gilt häufig, daß (1968, S. 2) „rationale, im Eigeninteresse handelnde Individuen tatsächlich nicht so handeln, daß ihr gemeinsames oder Gruppeninteresse verwirklicht wird".

Individuelle Interessen werden durch individuelle Güter, Gruppeninteressen durch kollektive oder öffentliche Güter befriedigt. Den Begriff des Positionsgutes verwendet Olson nicht. Kollektive Güter werden durch Nicht-Ausschlußfähigkeit definiert (1968, S. 13): „Wenn sie irgend jemandem zur Verfügung stehen, müssen sie jedermann zur Verfügung stehen." Beispiele für öffentliche Güter findet man vor allem im Bereich der klassischen Staatsaufgaben: Frieden und Verteidigung nach Außen, Recht und Ordnung im Innern, aber auch beim Umweltschutz. Wenn ein Staat diese Güter produziert, kommen sie allen Mitgliedern der Gesellschaft zugute.

Das Beispiel militärische Sicherheit zeigt zudem, daß dasselbe Gut aus der Perspektive der einen Gruppe kollektiven, der anderer Gruppen individuellen Charakter haben kann. Sicherheit durch militärische Stärke ist zwar für die Mitglieder einer starken Nation ein kollektives Gut, aus der Sicht der Menschheit im Ganzen aber nicht. Ob ein Gut öffentlichen oder individuellen Charakter hat, kann also nur im Hinblick auf vorher definierte Gruppen entschieden werden.

Manchmal wird neben der Nicht-Ausschlußfähigkeit noch ein weiteres Merkmal kollektiver Güter in die Definition mit aufgenommen, die sog. Verbundenheit des Angebots. Ist sie perfekt, dann schmälert fortgesetzter Konsum des Gutes durch den einen nicht die für andere Gruppenmitglieder verfügbare Menge. Militärische Sicherheit gegen äußere Bedrohungen und Recht und Ordnung im Innern können auch das illustrieren. Für Olsons Gedankengang spielt die Verbundenheit des Angebots keine wesentliche Rolle, weshalb er sie auch nicht zum Definitionsmerkmal von öffentlichen Gütern erhebt.

Überlegen wir, wovon es abhängt, ob eine Gruppe ein kollektives Gut erwirbt oder nicht. Zur Vereinfachung unterstellen wir perfekten Konsens darüber, daß der Erwerb des öffentlichen Gutes wünschenswert ist. Normalerweise wird das öffentliche Gut nicht so preiswert und nützlich sein, daß es für alle Gruppenmitglieder besser ist, das kollektive Gut allein zu bezahlen als ohne es auszukommen. Normalerweise werden also die Kosten verteilt werden müssen bzw. mehrere oder alle Gruppenmitglieder müssen zusammenlegen. Bei sehr großen Gruppen fällt der Einzelbeitrag aber kaum ins Gewicht. Ob und inwieweit das kollektive Gut beschafft wird, wird also von meiner Entscheidung nicht nennenswert berührt. Also ist es für mich irrational, mich an den Kosten zu beteiligen. Weil kollektive Güter per definitionem das Merkmal der Nicht-Ausschlußfähigkeit haben, kann man mich aber dennoch nicht vom Genuß desselben ausschließen. *Wenn* die anderen das kollektive Gut beschaffen, bin ich als Mitglied einer großen Gruppe also fein raus. Weil die anderen genauso denken, wird das kollektive Gut allerdings gar nicht beschafft werden – auch dann nicht, wenn sich die Gruppe durch Beschaffung des Gutes und gleichmäßige Kostenaufteilung wesentlich besser stünde.

Dabei ist nur Rationalität, nicht unbedingt Eigennutz der Handelnden vorausgesetzt. Nach Olson (1968, S. 63) gilt: „Selbst wenn das Mitglied einer großen Gruppe seine eigenen Interessen völlig vernachlässigen sollte, würde es bei rationalem Verhalten doch nicht zur Erlangung eines kollektiven oder öffentlichen Gutes beitragen, weil sein eigener Beitrag nicht zu bemerken wäre." Wer gerne anderen Gutes tun möchte, kann ja auch Bedürftigen Geld geben oder ihnen dabei helfen, private Güter (wie Nahrung oder Kleidung) zu erwerben. Rationalität bezieht sich also nur auf die Effizienz bei der Wahl der Mittel, nicht auf den Inhalt der Interessen.

Die Bereitschaft zur Beschaffung von Kollektivgütern ist bei sehr kleinen Gruppen am größten. „Das kommt" – nach Olson (1968, S. 32) – „daher, daß in einigen kleinen Gruppen jedes Mitglied oder wenigstens eines von ihnen feststellen wird, daß sein persönlicher Gewinn aus dem Kollektivgut die Gesamtkosten der Bereitstellung einer gewissen Menge dieses Kollektivgutes übersteigt; es gibt Mitglieder, die sogar dann, wenn sie den vollen Preis für die Bereitstellung zu tragen hätten, besser dran wären, wenn das Kollektivgut beschafft wird, als wenn es nicht beschafft würde."

Die Gruppengröße beeinflußt nicht nur, ob kollektive Güter überhaupt beschafft werden, sondern auch in welchen Mengen. Nach Olson (1968, S. 33) werden Kollektivgüter meist in suboptimaler Menge bereitgestellt: „Diese Tendenz zur Suboptimalität folgt aus der Tatsache, daß ein Kollektivgut definitionsgemäß der Art ist, daß andere Individuen in der Gruppe nicht daran gehindert werden können, es zu konsumieren, sobald einmal einer in der Gruppe es für sich beschafft hat. Da ein einzelnes Mitglied also nur einen Teil des Nutzens aus einer Ausgabe erhält, die es macht, um mehr von dem Kollektivgut zu erlangen, wird es den Kauf des Kollektivgutes unterbrechen, bevor die optimale Menge für die Gruppe als Ganze erreicht worden ist. Überdies werden die Mengen des Kollektivgutes, die ein Gruppenmitglied kostenlos von anderen Mitgliedern erhält, den Anreiz, sich mehr von diesem Gut auf eigene Kosten zu beschaffen, weiter vermindern. D. h. je größer die Gruppe ist, um so weniger wird sie in der Lage sein, die optimale Menge eines Kollektivgutes bereitzustellen."

Die Suboptimalität der Beschaffung von Kollektivgütern wird durch Ungleichheiten in der (kleinen) Gruppe verringert. Ist ein oder sind einige Gruppenmitglieder entweder wesentlich größer als andere oder bei gleicher Größe wesentlich stärker als die anderen am Kollektivgut interessiert, dann werden die Großen und/oder Interessierten für die Beschaffung des Kollektivgutes sorgen – und mehr als ihren normalen Kostenanteil tragen. Olson (1968, S. 34) bezeichnet das als „überraschende Tendenz zur ‚Ausbeutung' der Großen durch die Kleinen".

Die Hypothese, daß die Größe von Gruppenmitgliedern mit unverhältnismäßigen Beiträgen zur Beschaffung von Kollektivgütern korreliert, ist von Olson und Zeckhauser (1966) auf Allianzen und die Beschaffung des Kollektivgutes Frieden bzw. Sicherheit angewendet worden. Sie hat sich dabei bewährt. Große Länder – wie die USA, BRD und England – tragen relativ mehr zur nordatlantischen Verteidigung bei als kleine Länder wie Dänemark oder die Niederlande.[1]

Kleinheit der Gruppe, ungleiche Größe oder ungleiches Interesse am Kollektivgut kann also die Tendenz zur suboptimalen Beschaffung von Kollektivgütern mildern. Bei großen Gruppen aber helfen nur Zwang oder sonstige nicht-kollektive Anreize. In Olsons (1968, S. 43) Worten: „Dagegen wird in einer großen Gruppe, in der der Beitrag keines Einzelnen sich auf die Gruppe als ganzes oder auf die Belastung bzw. den Gewinn irgendeines einzelnen Mitgliedes fühlbar auswirkt, ein Kollektivgut sicher nicht bereitgestellt werden; es sei denn, die Mitglieder der großen Gruppe werden durch Zwang oder irgendwelche äußeren Anreize dazu gebracht, in ihrem gemeinsamen Interesse zu handeln." Zwang, Bestrafung und Belohnung sind dabei als selektive Anreize äquivalent. Die Vermeidung von Strafe oder das Erreichen von Belohnung sind allerdings individuelle Güter. Noch ein Wort zum Zwang. Eine fast paradoxe Schlußfolgerung der Logik des kollektiven Handelns ist, daß es im Interesse der Gruppenmitglieder liegen kann, einer Zwangsgewalt unterworfen zu sein, wenn nur dadurch die Beschaffung der gewünschten kollektiven Güter sichergestellt werden kann.

Die selektiven Anreize, die die Beschaffung von Kollektivgütern sicherstellen sollen, müssen nicht wirtschaftlicher Art sein. Die Gruppe kann angemessene oder außergewöhnliche Beitragszahlungen auch mit Achtung, Prestige und einer privilegierten sozialen Stellung motivieren und bezahlen, d. h. in der von mir oben verwendeten Terminologie: mit Positionsgütern.

Die daraus resultierende Ungleichheit ist ein Preis, den die Gruppe zahlen muß, wenn sie Kollektivgüter beschaffen will. Nach Olson (1968, S. 60) sind soziale Anreize aber nicht überall genug: „Im allgemeinen sind sozialer Druck und soziale Anreize nur in kleineren Gruppen wirksam, nämlich in solchen, die klein genug sind, daß Mitglieder in engem Kontakt miteinander stehen können." Große Gruppen können soziale Anreize höchstens dann einsetzen, wenn sie sich als Föderationen kleiner Gruppen organisieren.

Olson illustriert die Logik des kollektiven Handelns mit Beispielen aus der amerikanischen (und englischen) Gewerkschaftsgeschichte. Die Arbeiterschaft eines Betriebes ist eine latente Gruppe, für die höhere Löhne zu Lasten der Kapitalbesitzer und bessere Arbeitsbedingungen kollektive Güter darstellen. In Übereinstimmung mit seiner These über den Zusammenhang von Gruppengröße, d. h. hier Betriebsgröße, und Beschaffung kollektiver Güter stellt Olson (1968, S. 65) fest: „Doch die frühen Gewerkschaften entstanden nicht in den Fabriken, die ihren Ursprung in der industriellen Revolution hatten, sondern hauptsächlich im Baugewerbe, im Druckereiwesen, in der Schuherzeugung und anderen Gewerbezweigen, die durch Kleinbetriebe charakterisiert sind. Die riesigen Stahlwerke, Autofabriken und dgl. gehörten zu den Betrieben, die als letzte organisiert wurden."

Zwar haben die Gewerkschaften ihren Ursprung in kleineren Betrieben, aber inzwischen beschaffen sie Kollektivgüter für große Gruppen wie die Arbeiterschaft ganzer Branchen und Industriezweige. Nach Olson (1968, S. 67) gilt: „Der weitaus wichtigste Einzelfaktor, der zum Überleben großer nationaler Gewerkschaften beitrug, war der, daß die Mitgliedschaft in jenen Gewerkschaften und die Unterstützung der von ihnen ausgerufenen Streiks weitgehend obligatorisch war."

Amerikanische Gewerkschaften haben nämlich vielfach „closed" oder „union shops" durchsetzen können, wobei ganze Betriebe ausschließlich Gewerkschaftsmitglieder beschäftigen, manchmal der Arbeitgeber sogar die Gewerkschaftsbeiträge gleich vom Lohn einbehält und direkt an die Gewerkschaft abführt. Wer einen Arbeitsplatz will, muß unter diesen Umständen Gewerkschaftsmitglied werden. Die Beschaffung von Kollektivgütern durch Zwangsmitgliedschaft und -beiträge bei großen Gruppen paßt gut zu Olsons Theorie. Weniger gut passen die deutschen Gewerkschaften ins Bild, die „closed" oder „union shops" m. W. nirgendwo haben durchsetzen können.

Bevor die amerikanischen Gewerkschaften „closed" und „union shops" durchgesetzt haben, sind Streiks vielfach gewalttätig ausgetragen worden. Durch den Streik steigt die Nachfrage nach Arbeit und damit ihr Preis. Für den Unternehmer empfiehlt es sich deshalb, unter Umständen den Streikbrechern höhere Löhne zu zahlen. Falls die Streikbrecher vorher arbeitslos sind, haben sie ohnehin einen individuellen Anreiz zu arbeiten – auch als Streikbrecher. Man kann sich deshalb mit Olson (1968, S. 70) fragen: „Ist es da verwunderlich, daß Zwang angewendet wird, um einzelne Arbeiter davon abzuhalten, der Versuchung, während des Streiks zu arbeiten, zu erliegen? Und auch, daß anti-gewerkschaftlich eingestellte Arbeitgeber Gewalt anwenden?"

Neben Streikposten, Gewalt und Zwangsmitgliedschaft verwenden die Gewerkschaften auch positive selektive Anreize, um die Arbeiter zur „Produktion" von Kollektivgütern anzuhalten. Dazu gehören Zahlungen an Streikende aus dem Kampffonds – und diese Zahlungen können Nichtmitgliedern vorenthalten werden –, günstige Versicherungsleistungen, soziale und fürsorgliche Tätigkeiten. Diese individuell verteilbaren Vorteile haben nach Olson (1968, S. 74) allerdings im Laufe der Zeit eher an Bedeutung verloren: „Wahrscheinlich haben auch die Verbreitung der staatlich geförderten Arbeitslosen- und Sozialversicherung sowie die Ausdehnung privater Versicherungsgesellschaften die Verwendbarkeit gewerkschaftlicher Versicherungssysteme als Mittel der Mitgliederwerbung stark gemindert."

Die Logik kollektiven Handelns kann auch erklären, warum die meisten Arbeiter nicht an Gewerkschaftsversammlungen teilnehmen und auch sonst meist nur passive Mitglieder sind. Das ist nur rational. Denn der eigene Besuch einer Versammlung würde noch nicht mal zur Beschaffung des Kollektivgutes „gut besuchte Versammlung" nennenswert beitragen. Also bleibt man lieber zu Hause. Dennoch darf das nicht so verstanden werden, als ob die Mitglieder gegenüber der Gewerkschaft ablehnend eingestellt seien. Bei in den USA zeitweise gesetzlich vorgeschriebenen Wahlen haben sich meist über 90 Prozent für „closed" oder „union shops" und damit für Zwangsmitgliedschaft aller Betriebsangehörigen ausgesprochen. Auch das ist rational. Denn wenn die Arbeiter sich nicht selbst zwingen ließen, Beiträge zur Beschaffung von Kollektivgütern zu leisten, könnten diese überhaupt nicht beschafft werden.

Ähnliche Einstellungen zu Zwangsbeiträgen spielen auch sonst eine Rolle. Olson (1968, S. 86) erwähnt: „Wähler sind oft bereit, für höhere Steuern zu stimmen, um vermehrte Staatsleistungen zu finanzieren, aber im Einzelfall sind sie gewöhnlich bestrebt, so wenig beizutragen, wie die Steuergesetze gerade zulassen (gelegentlich sogar weniger). Auch das ist rational."

Mit Hilfe von Olsons Logik des kollektiven Handelns läßt sich die marxistische Klassentheorie kritisieren. Einerseits betont Marx, daß Menschen meist eigennützige Ziele rational verfolgen, andererseits glaubt er, daß der Klassenkampf eine Folge rationaler Zielverfolgung sei. Dem hält Olson (1968, S. 104) entgegen: „Denn wenn die einzelnen, die eine Klasse bilden, rational handeln, wird es nicht zu klassenorientiertem Handeln kommen." Oder (1968, S. 105): „Ähnlich würde ein Arbeiter, der glaubt, von einer ‚proletarischen' Regierung profitieren zu können, es nicht für rational halten, sein Leben und alles, was er hat, aufs Spiel zu setzen, um eine Revolution gegen eine bürgerliche Regierung anzufangen." Erst mit Lenins Kaderparteien ist das Organisationsproblem gelöst, weil kleine Gruppen ohnehin leichter als große organisierbar sind, weil die Kader bei siegreicher Revolution zudem auch individuell durch leitende Positionen belohnt werden können.

Aus der Logik kollektiven Handelns und dem Vorteil der kleineren Gruppen folgt, daß sich gut organisierte kleine Gruppen in offenen Gesellschaften oft gegen schlecht oder gar nicht organisierte bzw. nicht organisierbare schweigende Mehrheiten durchsetzen können. Produzenten sind generell stärker organisiert als Konsumenten. Das gilt verstärkt bei oligopolistischen Branchen. Dazu Olson (1968, S. 141): „Der hohe Organisationsgrad der Unternehmerinteressen muß zum großen Teil auf die Tatsache zurückzuführen sein, daß die Unternehmer sich auf eine Vielzahl von (im allgemeinen oligopolistischen) ‚Gewerbezweigen' verteilen, von denen jeder nur eine ziemlich kleine Zahl von Firmen umfaßt."

Man darf die Macht der Unternehmer deshalb allerdings nicht überschätzen. Olson (1968, S. 143/144) warnt: „Obwohl einzelne Industriezweige normalerweise unverhältnismäßig große Macht haben in Fragen, die für sie von besonderer Wichtigkeit sind, folgt daraus nicht, daß die Unternehmer unverhältnismäßig viel Macht haben, wenn sie allgemeine Fragen von nationalem Interesse behandeln. Denn die Unternehmerschaft als Ganzes ist nicht so gut organisiert wie die einzelnen Industriezweige. Die Unternehmerschaft als Ganzes ist nicht eine kleine privilegierte oder mittelgroße Gruppe – sie ist definitionsgemäß eine große, latente Gruppe. Folglich hat sie dieselben Organisationsprobleme wie die anderen Teile der Gesellschaft."

Zusammenfassend kann man sagen: Olsons Logik des kollektiven Handelns weist auf die Schwierigkeiten hin, die der Beschaffung von kollektiven Gütern bei rational handelnden Gruppenmitgliedern entgegenstehen. Öffentliche Güter werden meist suboptimal beschafft. Kleine Gruppen sind dabei leistungsfähiger als große und können sich deshalb oft gegen diese durchsetzen. Auch ungleich starke Interessen am Kollektivgut oder ungleiche Größe der Mitglieder kann die Beschaffung erleichtern. Große Gruppen sind auf Zwang und andere selektive Anreize angewiesen, um ihre Mitglieder zur Zahlung ihres Kostenanteils zu veranlassen. Manche große Gruppen können weder das eine noch das andere. Deshalb schließt Olson (1968, S. 164) sein Buch mit folgender Aussage: „Die Existenz großer, unorganisierter Gruppen mit gemeinsamen Interessen ist also mit dem Hauptargument dieser Untersuchung durchaus vereinbar. Aber die großen unorganisierten Gruppen liefern nicht allein den Beweis für das Hauptargument dieser Untersuchung: Sie tragen den Schaden, wenn es richtig ist."

Die Versorgung großer Gruppen mit öffentlichen Gütern ist potentiell immer durch Trittbrettfahrer gefährdet. Kürzlich hat Coleman (1982) aber darauf hingewiesen, daß es nicht nur Trittbrettfahrer, sondern auch Eiferer (zealots) gibt. Der Beitrag anderer zur Beschaffung von Kollektivgütern senkt die Bereitschaft des Trittbrettfahrers, seinerseits noch einen Beitrag zu leisten, weil die Entscheidung eines jeden Akteurs von den Entscheidungen anderer unabhängig ist, es sei denn, deren Beiträge beeinflussen seinen eigenen Nutzen. Indem andere etwas vom Kollektivgut beschaffen, sinkt aber oft der Nutzen eigener weitergehender Beiträge. Ganz anders ist es beim Eiferer. Sein Beitrag hängt nicht nur vom eigenen Nutzen ab, sondern auch von den Nutzenfolgen seiner Handlungen für andere bzw. den positiven Reaktionen anderer auf seine Taten. Der Unterschied im Kosten-Nutzen-Kalkül von Trittbrettfahrern und Eiferern ist klar. Die sozialen Hintergrundbedingungen, unter denen eher das eine oder das andere auftritt, allerdings weit weniger. Wie noch

zu diskutieren sein wird, dürften Konflikte zwischen Gruppen und Positionsgüter –
wie Prestige, Ehre oder gar ein „Platz in der Geschichte" – dabei eine besondere Rolle
spielen. Frohlich, Oppenheimer and Young (1971, S. 148/149) haben darauf hingewiesen, daß Olson in bezug auf interagierende Nutzenwerte eine widersprüchliche
Position bezieht. Einerseits unterstellt Olson meist Selbstsucht, womit interagierender Nutzen ausgeschlossen ist. Andererseits scheint seine Hypothese, daß kleine
Gruppen sich leichter und besser als große Gruppen mit öffentlichen Gütern versorgen, zu implizieren, daß es unter kleinen Gruppen interagierende Nutzenwerte gibt.
Während Frohlich, Oppenheimer and Young (1971) vorschlagen, Konsistenz
dadurch herzustellen, daß man die Vorstellung interagierender Nutzenwerte aufgibt,
daß man gleichzeitig auch die Vorstellung bedeutsamer Unterschiede zwischen
großen und kleinen Gruppen aufgibt, ist es m. E. sinnvoller, positiv untereinander
zusammenhängende Nutzenwerte in kleinen Gruppen, die auch durch Sympathie
zusammengehalten werden, zu unterstellen und die Annahme des Egoismus einzuschränken (vgl. auch Fireman and Gamson 1979, S. 22). In kleinen Gruppen, vor
allem in Familien, werden die (erwachsenen) Akteure oft nicht nur die Nutzenfolgen
ihrer Handlungen für sich selbst, sondern auch für die anderen Mitglieder „ihrer"
Gruppe ins Kalkül einbeziehen.

Inzwischen gibt es etliche experimentelle Studien, die Olsons „Logik des
kollektiven Handelns" aufgegriffen und in Untersuchungspläne umgesetzt haben.
Die Ergebnisse entsprachen dabei manchmal (z. B. Kim and Walker 1984), aber nicht
immer der Theorie. Bei Marwell and Ames (1979, 1980) ist die Trittbrettfahrerten-
denz relativ schwach – obwohl sie bei Vervielfachung der Einsätze und Verdienst-
möglichkeit zu steigen scheint! –, trägt ungleiche Ressourcenausstattung nicht nennenswert zur Beschaffung von Kollektivgütern bei bzw. gibt es keine Ausbeutung
der Großen durch die Kleinen. Typischer als die bisher zitierten Befunde sind m. E.
aber die von Isaac, Walker and Thomas (1984), wo es einerseits eine ausgeprägte
Suboptimalität bei der Beschaffung öffentlicher Güter gibt – nur 19% bemühen sich
um optimale Investitionen –, wo es andererseits aber auch nur 30% konsequentes
Trittbrettfahren gibt. Die meisten Menschen haben wohl eine gewisse Neigung
dazu, scheinen sich aber nicht konsequent um eng verstandene Nutzenmaximierung,
d. h. im Experiment Maximierung der Auszahlungen, zu bemühen. Vielleicht
wollen sie außerdem vor sich selbst lieber anständig oder fair als geldgierig erscheinen
und lassen sich ihr Selbstbild etwas kosten. Grundsätzlich kann man derartige Überlegungen in Kosten-Nutzen-Kalküle einbeziehen. Praktisch führt das allerdings zu
schwerwiegenden Problemen. Solche „ideellen" Kosten-Nutzen-Aspekte sind
schwer erfaßbar. Deshalb besteht die Gefahr, daß man immer erst *nach* dem Auftreten unerwarteter Ergebnisse die dazu passenden Kosten- oder Nutzenaspekte (er)fin-
det. Die Nutzentheorie oder die „Logik des kollektiven Handelns" wird damit gegen
empirische Kritik immunisiert. Deshalb halte ich es für sinnvoller, nur die „handfes-
ten" und in der Regel unstrittigen Gesichtspunkte in Kosten-Nutzen-Kalküle

einzubeziehen und zuzugestehen, daß die Theorie mit manchen Anomalien nicht auf akzeptable Weise fertig wird.

Das läßt sich auch zeigen, wenn man die experimentellen Studien verläßt und sich dem politischen Leben zuwendet. Alle vier Jahre können oder sollen wir den Bundestag und damit indirekt die Bundesregierung wählen. Deren Politik hat weitgehend den Charakter eines kollektiven Gutes. Wir genießen oder erleiden – je nachdem – alle die Folgen dieser Politik. Bei ca. 40 Millionen Wahlberechtigten sind wir eine sehr große Gruppe. Jeder Wahlberechtigte müßte sich bei einem rationalen Kalkül sagen, daß es auf seine Stimme nicht ankommt, daß sein Einfluß als Stimmbürger auf die Politik die Mühe der Stimmabgabe nicht wert ist (vgl. dazu auch die Beiträge von Downs 1968, Lehner 1973 und Barry 1975). Zwar verhält sich bei amerikanischen Wahlen schon mal ungefähr jeder zweite Wahlberechtigte gemäß dieser ,,Einsicht'', aber merkwürdigerweise sinkt diese ,,Einsicht'' mit zunehmendem Bildungs- und Informationsniveau. Deutsche Wähler verhalten sich ohnehin so, als ob sie das geringe Gewicht ihrer Stimme nicht abschätzen könnten, und beteiligen sich oft mit ca. 90% an Wahlen. Auf den ersten Blick scheint das ein vernichtendes Argument gegen die Wert-Erwartungstheorie und die ,,Logik des kollektiven Handelns'' zu sein, weil offensichtliches Trittbrettfahren zu selten ist. Der Hinweis, daß die Theorie besser erklären kann, warum bei schlechtem (oder allzu gutem) Wetter und damit steigenden Kosten beim Weg zum Wahllokal die Wahlbeteiligung sinkt, ist zwar richtig, kann aber die Schwierigkeiten der Theorie bei der Erklärung hoher Wahlbeteiligung nicht kompensieren.

M. E. sollte man das Wahlbeteiligungsproblem dennoch nicht überbewerten. Denn trotz hoher Wahlbeteiligung kann die überwältigende Mehrheit der Wähler aus Trittbrettfahrern bei der Beschaffung von öffentlichen Gütern bestehen. Öffentliche Güter (oder Übel) sind Outputs, d. h. politische Entscheidungen und deren Folgen wie Rechtssicherheit (oder -unsicherheit), Frieden (oder Krieg), saubere Luft (oder saurer Regen). Wer die Beschaffung öffentlicher Güter oder die Vermeidung öffentlicher Übel nicht dem Zufall überlassen will, kann nicht dadurch seinen Beitrag leisten, daß er zur Wahl geht und dem Würfel die Wahl der Listen zwischen 1 und 6 überläßt oder auch die Liste wählt, die Eltern, Ehepartner oder Freunde wählen. Ein ernsthafter Versuch des Wahlberechtigten, zur Beschaffung öffentlicher Güter beizutragen, setzt also nicht nur den Gang zur Wahlurne voraus, sondern auch ein gewisses Informationsniveau, also eine *informierte* Wahlentscheidung. Nach der ,,Logik des kollektiven Handelns'' ist zu erwarten, daß die übergroße Mehrheit der Wahlberechtigten Informationskosten scheut und so gut wie völlig uninformiert ist – vor allem, wenn es um öffentliche Güter für sehr große Gruppen geht wie in der Friedens- oder Sicherheitspolitik. Das ist vielleicht bedauerlich, aber m. E. offensichtlich wahr und bei rationalem Handeln von Menschen auch unvermeidlich.

Die Wert-Erwartungstheorie hat zwar Schwierigkeiten zu erklären, warum die meisten von uns überhaupt zur Wahl gehen, aber nicht die geringsten Schwierigkeiten zu erklären, warum die meisten von uns ihre Stimme so uninformiert abgeben.

Damit hat sich die Trittbrettfahrerhypothese bei der Beschaffung von öffentlichen Gütern für große Gruppen an der entscheidenden Stelle eben doch bewährt. Nicht nur die manchmal hohen Wahlbeteiligungen werden als Argument gegen die Trittbrettfahrerhypothese angeführt, sondern auch die Beteiligung Hunderttausender bei Demonstrationen – etwa für Frieden oder Umweltschutz. Im Mitmarschieren allein sehe ich genausowenig einen ernsthaften Versuch, zur Beschaffung kollektiver Güter beizutragen, wie im bloßen Gang zur Wahlurne. Das Informationsniveau der meisten Demonstranten ist vielleicht *etwas* höher als das der meisten Wähler, aber im ganzen doch recht niedrig. (Welcher Friedensmarschierer hat die publizierten Argumente sachkundiger Befürworter der offiziellen Sicherheitspolitik auch nur gelesen oder die westliche Strategiedebatte verfolgt? Einer unter tausend?) Die Trittbrettfahrerhypothese käme m. E. erst dann in ernsthafte Schwierigkeiten (bzw. wäre falsifiziert), wenn große Zahlen von Wählern und Demonstranten *wohlinformiert* versuchen würden, durch Stimmabgabe oder Demonstrationsbeteiligung zur Beschaffung von kollektiven Gütern beizutragen.

2. Kollektivgüter, Positionsgüter und die Entstehung von Macht und Herrschaft

Große, homogene Gruppen könnten noch nicht einmal versuchen, sich mit öffentlichen Gütern zu versorgen, wenn es keine Positionsgüter, wie vor allem Führungspositionen, gäbe. Führung bedeutet neben Verantwortung für die Beschaffung von Kollektivgütern immer auch das Privileg, besonderen Einfluß darauf zu haben, welche öffentlichen Güter eine Gruppe überhaupt beschaffen will und wie. Die Existenz privilegierter bzw. führender Positionen in Gruppen oder Gesellschaften vermittelt denen, die diese Positionen gern einnehmen möchten, den selektiven Anreiz, Zeit und Ressourcen in die Beschaffung von Kollektivgütern zu investieren. Das beinhaltet auch das Bemühen, die Gefolgschaft dazu zu veranlassen, ihrerseits zur Produktion von Kollektivgütern beizutragen.

Wenn – wie ich behaupte – Positionsgüter und ungleiche Versorgung von Gruppen- und Gesellschaftsmitgliedern mit Positionsgütern notwendige Bedingung für die Beschaffung von öffentlichen Gütern ist, dann wird jede Gruppe oder Gesellschaft ungleicher, sobald sie versucht, Kollektivgüter zu beschaffen. Dann ist die vertikale Arbeitsteilung zwischen Führern und Gefolgschaft notwendig, um das Trittbrettfahrerproblem zu überwinden, das sonst die Beschaffung von öffentlichen Gütern in großen Gruppen unmöglich macht. Gewöhnliche Gruppenmitglieder tauschen ihre Unterordnung unter eine Führung und auch andere Ressourcen, die sie der Führung zur Verfügung stellen, gegen die Versorgung der Gruppe mit Kollektivgütern. Der außerordentliche Einsatz der Führung wird belohnt durch die Gefolgschaft der vielen gegenüber der Führung, die mehr als ihren Anteil zur Beschaffung von Kollektivgütern beiträgt.

Der enge Zusammenhang zwischen Führung, Macht und Herrschaft einerseits und der Versorgung mit Kollektivgütern andererseits wird auch bei Frohlich, Oppenheimer and Young (1971) aufgezeigt. Diese Autoren unterstellen allerdings, daß Information kostenlos und unbegrenzt zur Verfügung steht, daß deshalb immer dann, wenn ein Kollektivgut profitabel beschafft werden kann, sich politische Unternehmer finden, die genau das tun. Diese Annahme über Informationen ist m. E. allerdings zu restriktiv. Üblicherweise kosten Informationen Zeit und sonstigen Aufwand. Es muß also erklärt werden, warum sich Leute finden, die sich überhaupt erst die notwendigen Informationen beschaffen, um Machbarkeit und Profitabilität der Beschaffung von Kollektivgütern zu durchschauen. M. E. vermitteln Positionsgüter diesen Anreiz.

Bei Frohlich, Oppenheimer and Young (1971, S. 143) ist als Spezialfall zugelassen, „daß ein Führer Vergnügen oder Nutzen daraus ableitet, an der Spitze eines administrativen Apparats zu stehen". M. E. ist das und damit die Entstehung von Macht eine generelle Voraussetzung für die Versorgung von Gruppen oder Gesellschaften mit Kollektivgütern. Erst der durch Positionsgüter und vor allem Führungs- oder Machtpositionen vermittelte Anreiz kann zur Bereitstellung bedeutsamer Ressourcen durch einzelne Akteure führen, die notwendig ist, um den Beschaffungsprozeß überhaupt in Gang zu bringen. Daß diejenigen, die schon immer über irgendwelche wichtigen Ressourcen verfügen – ob Körperkräfte, Intelligenz, Talent oder Kapital – bessere Aussichten haben, Führungspositionen einzunehmen, versteht sich von selbst.

Die soeben vorgetragenen Hypothesen werden manchen befremden und beunruhigen. Befremdlich sind diese Thesen u. a. auch wegen der von mir verwendeten Terminologie, die der sog. „Neuen Politischen Ökonomie" bzw. der „Ökonomischen Theorie von der Politik" entnommen worden ist. Inhaltlich werden ähnliche Positionen auch anderswo vertreten, etwa in Blaus (1964) Austauschtheorie. Deshalb werde ich an dieser Stelle eine Darstellung der Grundgedanken Blaus einschieben – unter besonderer Berücksichtigung der Entstehung von Macht und Herrschaft.

Bei sozialen Aktivitäten und Kontakten geht es nach Blau (1964) den Menschen um Belohnungen. Wenn ein Mensch zwischen mehreren Interaktionspartnern und Aktivitäten wählen kann, wird er die Optionen in eine Präferenzordnung bringen und die beste Alternative wählen. Das ist Blaus grundsätzliche Annahme über soziales Verhalten. Nicht unterstellt wird Konsistenz oder Stabilität der Präferenzordnung oder volle Information über die Konsequenzen der Wahl bestimmter Verhaltens- und Kontaktoptionen.

Vergesellschaftung beruht nach Blau (1964, S. 20) auf sozialer Attraktion und damit letzten Endes auf der Erwartung von Belohnungen im sozialen Kontakt: „Soziale Attraktion ist die Kraft, die Menschen dazu bringt, soziale Beziehungen zu begründen und zu erweitern . . . Man fühlt sich zum anderen hingezogen, wenn man erwartet, daß die Beziehung zu ihm für einen selbst angenehm bzw. belohnend ist. Das Interesse an den erwarteten sozialen Belohnungen zieht einen also zum anderen hin, begründet den Kontakt. Die psychischen Bedürfnisse der Individuen bestimmen dabei, welche Belohnungen für sie besonders sichtbar oder wertvoll sind, und damit, wer sich zu wem hingezogen fühlt."

Wenn jeder sich zu den potentiellen Interaktionspartnern hingezogen fühlt, mit denen zusammen zu sein für ihn selbst lohnend ist, dann müssen Interaktionspartner sich auch bemühen, für einander attraktiv zu sein. Andernfalls würde der in Aussicht genommene Interaktionspartner sich ja zurückziehen. In Blaus (1964, S. 20) Worten: „Wer sich zu anderen hingezogen fühlt, ist daran interessiert (oder muß daran interessiert sein), auch für die anderen attraktiv zu sein. Denn die Fähigkeit, soziale Beziehungen einzugehen und deren Früchte zu genießen, hängt davon ab, daß die anderen in einem einen attraktiven Partner sehen und mit einem in Kontakt kommen wollen."

Soziale Attraktion läuft auf sozialen Tausch hinaus, denn diejenigen, die sich zueinander hingezogen fühlen, erwarten Belohnungen voneinander, belohnen einander, tauschen also Belohnungen aus. Soziale Attraktion kann dabei intrinsisch oder extrinsisch sein. Ein Verliebter findet Kontakt mit seiner Geliebten intrinsisch erstrebenswert. Der Kontakt mit einem Geschäftspartner dagegen wird nicht um seiner selbst willen, sondern aus extrinsischen Gründen – wegen des erhofften Geschäfts und Gewinns dabei – erstrebt.

Wie ist es möglich, daß der Kontakt mit manchen Menschen als intrinsisch erstrebenswert gilt? Nach Blau (1964, S. 38) wird ein Partner intrinsisch attraktiv, wenn Kontakt mit ihm eine Vielfalt von Belohnungen zu liefern verspricht, wird also intrinsische Attraktion letzten Endes über extrinsische und sekundäre Reaktionsverstärkung erworben: „Es ist nicht so sehr eine bestimmte Art sozialer Belohnung als vielmehr die Verbindung einer Vielzahl von Belohnungen in einer sozialen Beziehung, die diese miteinander verknüpften Belohnungen untrennbar mit dem Partner verbindet, der ihre Quelle ist, und damit intrinsische Attraktion zu ihm begründet. Eine wichtige Implikation dieses Punktes ist schließlich, daß die anfängliche Attraktion zu anderen immer auf extrinsischen Faktoren beruht, die den Vergleich erlauben."

Soziale Tauschverhältnisse können symmetrisch oder asymmetrisch sein. Bei symmetrischem Tausch sind beide Partner in gleichem oder annähernd gleichem Ausmaß voneinander bzw. von den Belohnungen, die sie füreinander bereitstellen, abhängig. Bei asymmetrischen Beziehungen liefert der eine Partner dem anderen immer wieder wichtige Belohnungen, *ohne daß dieser sich revanchieren kann.* Wenn der weniger attraktive Partner den attraktiven *nicht zwingen* kann, auch ohne Gegendienste weiter zu liefern, wenn er selbst *nicht bereit* ist, auf die gebotenen Belohnungen *zu verzichten,* wenn er *keine anderen Bezugsquellen* auftun kann, dann wird er abhängig vom attraktiveren Partner. Asymmetrischer Tausch führt also zur Macht- und Statusdifferenzierung in Gruppen. Wer einseitig wichtige Belohnungen für andere produziert, wird mächtig, läßt sich von den anderen durch Respekt und Folgebereitschaft bezahlen. Der Mächtige kann die anderen dadurch unter Druck setzen, daß er mit Leistungsentzug droht.

Bei Tauschprozessen gibt es immer gegenläufige Tendenzen. Einerseits möchten die meisten Menschen vermeiden, sich zu verschulden, d. h. von anderen mehr Belohnungen zu erhalten, als sie zurückzahlen können und damit in deren Schuld zu stehen. Deshalb gibt es eine Gegenseitigkeitstendenz (Reziprozität). Andererseits möchte jeder im Zweifelsfalle soziales Kapital ansammeln, d. h. Vorleistungen für andere erbringen, so daß diese in seiner Schuld stehen und ihm verpflichtet sind. Das führt zur Machtbildung.

Wer Kontakt mit anderen aufnimmt, wer sich als attraktiver Partner etablieren will, muß mit dem Integrationsparadox fertig werden. Einerseits muß man einen vielversprechenden Eindruck auf die anderen machen, um überhaupt attraktiv zu sein. Andererseits gilt auch: je attraktiver man selbst erscheint, desto mehr ist man

eine potentielle Bedrohung für den Status und die Macht der anderen – und deshalb
weniger attraktiv. Die Frage, warum „übermäßig" attraktive Partner überhaupt
jemals akzeptiert werden, beantwortet Blau (1964, S. 47) folgendermaßen: „Menschen, die wesentliche Beiträge für die Gruppe im ganzen leisten, oder auch für die
einzelnen Gruppenmitglieder, haben einen unstrittigen Anspruch auf höheren
Status. Obwohl die Gruppenmitglieder ein Interesse daran haben, anderen soziale
Anerkennung vorzuenthalten, um ihre eigene Stellung in der Gruppe zu schützen,
haben sie ein noch größeres Interesse daran, die nötigen Leistungen zu erhalten, weil
die Vorteile aus der Gruppenmitgliedschaft von diesen Leistungen abhängen."

An dieser Stelle will ich meine Darstellung der Blauschen Theorie unterbrechen, um auf den Zusammenhang mit Positions- und Kollektivgütern hinzuweisen,
obwohl oder gerade weil Blau diese Termini nicht verwendet. Einerseits weist Blau
auf den unvermeidlichen Konflikt unter Menschen hin, der sich aus der Existenz von
Positionsgütern und unterschiedlich privilegierten Positionen ergibt, denn was der
eine an Macht oder Prestige erhält, muß anderen vorenthalten werden. Andererseits
verweist Blau (1964, S. 47) implizit auf öffentliche Güter und die Notwendigkeit,
deren Beschaffung durch Positionsgüter zu belohnen, wo er schreibt: „Menschen, die
wesentliche Beiträge für die Gruppe im ganzen leisten, oder auch für die einzelnen
Gruppenmitglieder, haben einen unstrittigen Anspruch auf höheren Status." Die
Beschaffung von allgemein erstrebten Kollektivgütern bietet dem Aufsteiger und
potentiellen Anführer die Möglichkeit, gleichzeitig viele zu Dank zu verpflichten.

Doch nun zurück zu Blaus Theorie. Für den sozialen Tausch wie für den wirtschaftlichen gilt das Marginalitätsprinzip. Je näher man der Sättigungsgrenze
kommt, desto weniger wertvoll werden zusätzliche Nahrungsmittel. Ähnlich ist es
auch mit durch sozialen Tausch erwerbbaren Gütern – wie Respekt oder Macht. Wer
einem jüngeren, unerfahreneren Kollegen immer wieder bei der Lösung seiner
Aufgaben hilft, kann von diesem nicht in gleicher Münze bezahlt werden. Der
unerfahrene Kollege revanchiert sich vielmehr durch Respekt oder auch Folgebereitschaft. Je mehr Zeit die Beratung kostet, je mehr Respekt und Folgebereitschaft der
ältere Kollege schon erworben hat, desto weniger wertvoll wird für ihn zusätzliche
Beratung bzw. die daraus resultierende Belohnung sein. Wenn auch die exakte
Bestimmung der Sättigungsgrenzen schwierig ist, dürften sie ein Faktum bleiben.

Dem Prinzip des abnehmenden Grenznutzens wirkt manchmal ein steigendes
Anspruchsniveau entgegen. Wer lange Zeit immer wieder von anderen Erweise ihres
Respekts und ihrer Folgebereitschaft entgegengenommen hat, wird oft nicht mehr
darauf verzichten wollen.

Im Unterschied zu wirtschaftlichen Tauschgeschäften mit ihren vorher ausge-
handelten Preisen bleibt die Gegenleistung beim sozialen Tausch oft unklar. Wann
der Begünstigte mit welcher Leistung zurückzahlt, bleibt im Regelfall ihm überlassen. Wer allerdings seiner Rückzahlungspflicht nicht nachkommt, muß mit Status-
und Machtverlust rechnen. Bei Machtverlust geht auch das Recht, die Rückzah-
lungsbedingungen zu bestimmen, auf den Mächtigen über. Wer in seiner Schuld

steht und von ihm einen Auftrag erhält, wird ihn befolgen müssen – oder riskieren, daß der Mächtigere nicht mehr die gewohnten Leistungen liefert. Soziale Tauschgeschäfte sind oft miteinander verzahnt. Wer dem Kellner ein großzügiges Trinkgeld gibt, will vielleicht weniger dessen Dankbarkeit als die Anerkennung seiner Begleiterin für die eigene Großzügigkeit. Oder: Wer seinen Kollegen bei der Arbeit hilft, möchte vielleicht nicht so sehr deren Respekt als den Beifall des gemeinsamen Vorgesetzten ernten. In solchen Fällen sind die Tauschprozesse nicht unabhängig voneinander verständlich.

Soziale Billigung oder Zustimmung ist eine wichtige Belohnung. Die Zustimmung anderer verstärkt unser Vertrauen in das eigene Urteil und die eigenen Entscheidungen. Vor allem aber bei Wert- und Zielsetzungen brauchen wir mangels externer Gültigkeitskriterien den Beifall (von Teilen) der sozialen Umwelt. In Blaus (1964, S. 62) Worten: ,,Die Wertvorstellungen von Menschen, die Meinungen und Verhalten bestimmen, können nicht auf der Basis objektiver Kriterien als richtig oder falsch klassifiziert werden. Aber das macht es um so wichtiger, die bestätigende Zustimmung anderer zu erhalten. Denn soziale Zustimmung validiert unsere Werte. Sozialer Konsens definiert Glaubensvorstellungen als richtig oder falsch.''

Zustimmung zu den Vorstellungen, Meinungen und Entscheidungen anderer kann auf der Basis des Gegenseitigkeitsprinzips ausgetauscht werden. Zustimmung zu den überlegenen Fähigkeiten eines anderen dagegen wird einseitig gegeben, von unten nach oben. Blau nennt *diese Art der Zustimmung Respekt oder Wertschätzung.*

Ob oder inwieweit die Zustimmung anderer als Belohnung empfunden wird, hängt davon ab, wer zustimmt. Je mehr man einen anderen respektiert, desto höher wird man seine Zustimmung schätzen. Außerdem ist die Zustimmung eines Partners wertvoller, wenn sie knapper ist, d. h. wenn dieser nicht alles und jedes gutheißt und damit sein eigenes Urteil entwertet. Statushöhere Individuen können es sich erlauben, ihre vergleichsweise wertvolle Zustimmung sparsam zu verteilen. Wer dagegen niedrigen Status hat, kann mit seiner Zustimmung die privilegierten Gruppenmitglieder ohnehin kaum belohnen. (Sie haben bessere Bezugsquellen.) Um Zustimmung überhaupt als Belohnung einsetzen zu können, wird er sie auf weniger geachtete Gruppenmitglieder und deren weniger geschätzte Leistungen konzentrieren müssen. Das entwertet sein Urteil weiter und festigt so die Statushierarchie. Auf gleicher Stufe bleibt allerdings die Möglichkeit, einander zu bestätigen und zu belohnen.

Soziale Zustimmung oder gar Respekt erwirbt man, indem man für andere Leistungen erbringt, ihnen wohltut. Daß man sich für empfangene Leistungen revanchiert, ist nur selbstverständlich, bringt also noch keinen Respekt. Den erwirbt man erst durch übermäßige Leistungen für andere. Dafür braucht man Ressourcen, die man offensichtlich nicht in der Gruppe extrahieren kann, wo man Respekt erwerben will – aber in anderen Gruppen, an deren Urteil einem weniger gelegen ist. Blau nennt den Geschäftsmann, der bei den Geschäftspartnern als hart, bei seinen Freunden als großzügig gilt, als ein Beispiel, die Sekretärin, die im Alltagsleben bescheiden lebt, um im Urlaub auf großem Fuße zu leben, als ein anderes Beispiel.

Manche Belohnungen – wie Zustimmung, Respekt, Zuneigung oder Liebe – sind wertvoll und gesucht, können aber nicht explizit in Tauschgeschäfte eingebracht werden. Wer sie im Gegengeschäft gegen andere Leistungen anbietet, entwertet sein eigenes Angebot. Bei diesen Belohnungen kommt es also darauf an, daß sie ohne Hintergedanken vergeben werden – bzw. man diesen Eindruck erweckt.

Macht über andere beruht auf negativen Sanktionen. Die Anwendung von physischem Zwang oder Gewalt ist eine Möglichkeit. Aber nach Blau (1964, S. 116 und 117) wird auch der Entzug von bisher regelmäßig gewährten Vergünstigungen als negative Sanktion empfunden: „Regelmäßige Belohnungen lassen die Empfänger vom Anbieter abhängig werden und unterwerfen sie seiner Macht, denn sie begründen Erwartungen, die ein Abreißen des Belohnungszuflusses zur Bestrafung werden lassen ... Regelmäßige Belohnungen schaffen Erwartungen, die die Grenze zwischen positiven und negativen Sanktionen redefinieren."

Machtausübung beruht wesentlich darauf, daß man sich als einzige Bezugsquelle von erstrebten Leistungen etabliert. Damit ist auch angedeutet, wie man sich der Machtausübung anderer entziehen kann. Eine Möglichkeit bezeichnet Blau (1964, S. 122/123) als *politisch*. Dann setzt man dem Ungleichgewicht der Verfügung über Belohnungen ein Ungleichgewicht der *Zwangsgewalt* entgegen, kann also den anderen zwingen, Leistungen auch ohne Gegenleistungen zu erbringen.

Eine andere Möglichkeit bezeichnet Blau als *ideologisch*. Dabei redefiniert man die eigenen Zielvorstellungen und verzichtet lieber auf die angebotenen Leistungen als sich in Abhängigkeit zu begeben. Wer weder verzichten will noch erzwingen kann, entgeht der Abhängigkeit und Entmachtung noch, wenn entweder die Mächtigen nicht kollektiv organisiert sind – also voneinander unabhängige Bezugsquellen offenstehen und der Wechsel zwischen ihnen möglich ist – oder wenn die zunächst Ohnmächtigen durch kollektive Organisation ihrerseits gegenüber den Mächtigen Macht gewinnen, weil sie sich nicht mehr gegeneinander ausspielen lassen.

Macht- und Rangunterschiede gibt es schon in der Dyade, bei nur zwei Interaktionspartnern. Die Verfestigung zu Statusunterschieden bzw. einem Schichtungssystem setzt für Blau (1964, S. 129) Konsens in der Gruppe darüber, wem besonderer Respekt gebührt, voraus: „Nur der Konsens, der im Rest der Gruppe entsteht, daß die Qualitäten eines Mitglieds hohen Respekt verdienen, transformiert persönliche Wertschätzung in hohen Status, der auf in der Gruppe geteilten Vorstellungen beruht. Das impliziert, daß man von Neulingen in der Gruppe erwartet, daß sie dem durch hohen Status ausgezeichneten Mitglied Respekt zugestehen, bevor sie persönlich dessen Qualitäten kennen und schätzen gelernt haben. Öffentliche Anerkennung von Respekt, der verschiedenen Mitgliedern zusteht, strukturiert die soziale Realität auch unabhängig von den Einstellungen bestimmter Personen." Während Machtverhältnisse sich als Spiegelbild eines sozialen Tauschverhältnisses ergeben, bauen Statussysteme zwar darauf auf, werden aber erst durch Gruppenkonsens verliehen.

Wer einen hohen Status hat, kann ihn im sozialen Kontakt einsetzen, so wie man in der Wirtschaft Kapital investieren kann. Weil Menschen meist innerhalb ihrer

Prestigeschicht Kontakte pflegen, färbt Kontakt mit Höhergestellten positiv, mit Niedergestellten negativ auf den eigenen Status ab. Der Höhergestellte kann also die bloße Interaktion mit Niedergestellten als Belohnung für diese verwenden und dafür Gegenleistungen erwarten. Aber wer seinen Status so einsetzt, mindert ihn dabei. Auch Macht kann sich bei ihrer Ausübung verringern. Mit Folgebereitschaft bezahlt der Ohnmächtige den Mächtigen für erhaltene Vergünstigungen. Wenn der Mächtige diese Folgebereitschaft einlöst, gibt er dem zuvor Ohnmächtigen eine Chance, seine sozialen Schulden zu bezahlen, hat also weniger Anspruch als zuvor auf weitere Folgebereitschaft. Außerdem wird die Gefolgschaft gegenüber dem Mächtigen für dessen Gefolge immer weniger attraktiv, je mehr Gegenleistungen er abruft. Vorher unattraktive Alternativen können dann relativ interessanter werden.

Wer sich der Macht- und Statusunterschiede gegenüber anderen sicher ist, der kann sich sogar gegenüber deren Versuchen tolerant verhalten, selbst in der Macht- und Prestigehierarchie aufsteigen zu wollen. In Blaus (1964, S. 138) Worten: ,,Es liegt schon etwas Arroganz oder Eitelkeit in der Toleranz. Trotz bester Absichten drückt man mit Toleranz implizit die eigene Überlegenheit aus.''

Um beim sozialen Tausch Leistungen anbieten zu können, müssen Menschen sich bemühen oder investieren. Das Austauschverhältnis zwischen verschiedenen Leistungen bzw. dafür erforderlichen Investitionen und Ertrag unterliegt der sozialen Bewertung, d. h. Gerechtigkeitsvorstellungen. Dazu Blau (1964, S. 156): ,,Eine wichtige Implikation von Gerechtigkeitsvorstellungen besteht darin, daß Menschen ihre Belohnungen miteinander vergleichen und erwarten, daß Belohnungsunterschiede und Investitionsunterschiede einander entsprechen. Ihre Zufriedenheit mit ihren eigenen Belohnungen hängt ebensosehr davon ab, daß diese Erwartungen nicht enttäuscht werden, wie von der tatsächlichen Menge an Belohnungen.'' Ob das eigene Investitions-Ertrags-Verhältnis befriedigt oder nicht, hängt also von Vergleichsprozessen ab.

Zum Vergleich zieht man Gruppen heran, denen man selbst nicht unbedingt angehört, sog. Referenzgruppen. Die durchschnittliche Belohnung, die deren Mitglieder erhalten, beeinflußt die eigenen Erwartungen und Ansprüche. Deshalb kann es passieren, daß sich in militärischen Einheiten mit hervorragenden Beförderungschancen kein höheres Gratifikationsniveau einstellt als in solchen mit schlechten Chancen (Stouffer 1949, Vol. 1, S. 246−256). Wer bei guten Chancen nicht befördert wird, ist relativ stärker depriviert als derjenige, der bei schlechten Chancen nicht befördert wird. Wer aber bei guten Chancen befördert wird, fühlt sich kaum durch diese eigentlich selbstverständliche Sache belohnt − sehr im Unterschied zu den Beförderten in Einheiten mit schlechten Chancen.

Daß ein objektiv höheres Gratifikationsniveau nicht notwendig ein subjektiv höheres mit sich bringt, ja daß sogar relative Deprivation bei den eigentlich Privilegierten höher sein kann, ist Folge unterschiedlichen Anspruchs- und Erwartungsniveaus. Es bedeutet aber auch, daß soziale Verbesserungen für Kollektive ähnlich wie mehr Belohnungen für den einzelnen dem Prinzip abnehmenden Grenznutzens unterworfen sind. Dazu wieder Blau (1964, S. 159): „Das Prinzip relativer Deprivation läuft auf ein Prinzip abnehmenden kollektiven Nutzens hinaus. Nach dem Marginalitätsprinzip für Individuen bewerteten diejenigen, die schon viel von etwas haben, zusätzliche Güter geringer als diejenigen, die nur wenig davon haben. Relative Deprivation bedeutet: In einer Gruppe, wo ein nützliches Gut, wie hoher militärischer Rang, reichlich vorhanden ist, wird es von denen, die es haben, gering geschätzt, von denen, die es nicht haben, aber um so mehr."

Menschen investieren, um attraktive Partner bei sozialen Tauschgeschäften zu werden. Wie die Berufsausbildung zeigt, können einige dieser Investitionen langfristige Planung erfordern und nicht kurzfristigen Marktschwankungen angepaßt werden. Dazu Blau (1964, S. 162): „Ihre Festlegung auf einen Beruf schließt Mobilität in andere Berufe für die meisten von ihnen aus. Das bedeutet unfaire Ergebnisse aus ihren Investitionen als Resultat eines Prozesses, bei dem die Belohnungen für angebotene Berufsleistungen der abnehmenden Nachfrage angepaßt werden." Wer sich gerade nicht gesuchte Fähigkeiten angeeignet hat und damit ein entsprechendes Leistungs- und Tauschpotential, muß zwar die Kosten – nicht zuletzt die Opportunitätskosten durch entgangene Alternativen – tragen, hat zwar das Gefühl eines berechtigten Anspruchs auf angemessene Belohnungen, wird diese aber natürlich nicht durchsetzen können. Dazu wieder Blau (1964, S. 165): „Es ist das ungerechte Schicksal einiger, den Preis dafür zu zahlen, daß die Gesellschaft die Vorteile aus dem Wettbewerb erhalten kann."

Wer für eine Gruppe notwendige bzw. hoch geschätzte Leistungen erbringt, erwirbt – sofern die andern sich nicht durch äquivalente Leistungen revanchieren können – Anspruch auf Folgebereitschaft, also Macht. Die Machtausübung wird mit Hilfe von sozialen Normen der Fairness oder Gerechtigkeit beurteilt. Wer für zu geringe Leistungen zuviel Folgebereitschaft verlangt, also unfaire Anforderungen stellt, wird von den anderen Gruppenmitgliedern mißbilligt. Im Gegensatz zu konkreten Handlungen des Gefolges kann dessen Zustimmung zur Machtausübung nicht erzwungen, sondern nur durch faire Behandlung verdient werden.

Macht wird in einem Tauschprozeß erster Ordnung erworben: Der Machthaber in spe liefert Leistungen, die die anderen brauchen oder wollen und weder „bezahlen" noch anderswo erhalten noch erzwingen können. Dadurch entsteht ein Ungleichgewicht beim Austausch von Leistungen, das durch ein Ungleichgewicht an Macht ausgeglichen wird. Die so erworbene Macht kann in einem Tauschprozeß zweiter Ordnung legitimiert werden. Wenn der Machthaber oder auch die Machthaber nur faire Anforderungen an ihre Gefolgschaft stellen – im Zweifelsfalle eher weniger als mehr –, dann wird die Gefolgschaft der Machtausübung zustimmen. Dabei wird Fairness der Machtausübung gegen Zustimmung der Beherrschten getauscht. So entsteht Autorität.

Autorität entlastet den Machthaber. Er muß Gehorsam für seine Aufträge und Befehle nicht mehr selbst durchsetzen, sondern die Gruppe tut das für ihn – an seiner Stelle, aber in seinem Interesse. In Blaus (1964, S. 200) Worten: „. . . das spezifische

Kennzeichen von Autorität ist, daß soziale Normen vom Kollektiv der Untergebenen akzeptiert und erzwungen werden und die Einzelmitglieder darauf festlegen, den Anordnungen des Vorgesetzten zu folgen. Für das Kollektiv ist Gefolgschaft freiwillig, aber sozialer Druck macht sie für das Individuum unvermeidbar. Im Gegensatz zu anderen Formen von Macht und Einfluß kommt der Druck, Vorschlägen und Befehlen zu folgen, nicht von oben, sondern aus dem Kollektiv der Untergebenen." An anderer Stelle hebt Blau (1964, S. 209) hervor, daß Autorität einen neuen Tauschprozeß unter den gewöhnlichen Gruppenmitgliedern erzeugt: „Der Einzelne tauscht Folgsamkeit gegenüber den Anordnungen des Vorgesetzten oder der Autoritätsperson gegen sozialen Beifall der Gleichgestellten."

Wie Status beruhen auch Autorität und Führung auf kollektiver Zustimmung, auf Konsens der Beherrschten oder des Gefolges. Die Notwendigkeit, seine Autorität zu legitimieren und damit seinen Machtanspruch zu stabilisieren, bringt den Aspiranten auf Führungspositionen in ein Dilemma. In Blaus (1964, S. 203) Worten: „Macht über andere zu gewinnen, setzt nicht nur voraus, daß man Dienstleistungen erbringt, die die anderen davon abhängig machen, sondern auch, daß man von allen potentiellen Gegenleistungen unabhängig bleibt. Macht und Führung zu legitimieren erfordert jedoch, daß der Führer darum bemüht ist, die soziale Zustimmung seiner Gefolgsleute zu erhalten. Das bedeutet, daß er nicht völlig unabhängig von ihnen ist."

Eine Möglichkeit, mit diesem Dilemma fertig zu werden, ist es, in frühen Phasen der Machtbildung zunächst ein Ungleichgewicht der zwischen Führer und Gefolgschaft ausgetauschten Leistungen herzustellen, dabei auf effiziente Zielerreichung zu achten, in späteren Phasen aber die Einhaltung von Fairness-Normen bei den Anforderungen an die Gefolgschaft stärker zu akzentuieren. Die Herausbildung von Führungspositionen wird durch gemeinsame Gruppenziele enorm erleichtert. Denn sie ermöglichen es dem Führer, durch besondere Beiträge zum Erreichen der Gruppenziele gleichzeitig große Teile der Mitgliedschaft zu verpflichten.

Der Legitimationsprozeß kann mit Hilfe von Festingers (1957) Dissonanztheorie erklärt werden. Nach einer Entscheidung für eine von mehreren Alternativen, die sich in ihrer Attraktivität nicht allzu sehr unterscheiden, bleiben Zweifel bestehen, ob man sich richtig entschieden hat. Um der Belastung durch solche Zweifel zu entgehen bzw. sie zumindest zu verringern, neigt man dazu, nach Entscheidungen die gewählte Alternative für attraktiver, die zurückgewiesenen Alternativen für weniger attraktiv als vor der Entscheidung zu halten. Das stärkt das Vertrauen in die eigene Entscheidung bzw. verringert die Dissonanz, die durch Verwerfen auch nicht ganz unattraktiver Alternativen entsteht.

Wenn ein Machthaber oder Führer für seine Gruppe besondere Leistungen erbringt, verlieren die gewöhnlichen Gruppenmitglieder Status und Macht. Die Alternativen, die Leistungen des Führers zu genießen und mit Folgsamkeit zu bezahlen, oder, auf diese Leistungen zu verzichten und sich nicht unterzuordnen, dürften in ihrer Attraktivität nicht soweit auseinanderliegen, daß keine Dissonanz nach Ent-

scheidungen entsteht. Falls die Entscheidung dafür gefallen ist, die Führung eines
anderen zu akzeptieren, dann entsteht also ein Bedürfnis danach, diese Entscheidung
zu rechtfertigen, die Qualitäten des Führers zu verklären, den Preis der Unterordnung unter den gerechten und weisen Führer aber geringer zu veranschlagen. Wenn
auch andere Gruppenmitglieder gleichzeitig so Dissonanz reduzieren, wenn man sich
gegenseitig dabei bestätigt und verstärkt, dann wird dadurch Autorität aus dem, was
vorher bloße Macht war.

Respekt und Macht können schon in einer Zweier-Beziehung erworben werden, Status und Autorität aber erst in größeren sozialen Gruppen. Dazu Blau (1964,
S. 211): „Autorität kann nur in sozialen Strukturen entstehen. Macht oder persönlicher Einfluß in Zweierbeziehungen kann nie legitime Autorität werden. Denn nur
die gemeinsamen Normen des Kollektivs der Untergebenen können Einfluß und
Kontrolle des Vorgesetzten legitimieren und bereitwillige Gefolgschaft mit seinen
Direktiven erreichen – und zwar so, daß diese Folgebereitschaft von den Untergebenen selbst erzwungen wird, unabhängig von irgendwelchen Verlockungen oder
Druck seitens des Vorgesetzten selbst."

Legitimität stabilisiert Machtausübung und trägt deshalb zu ihrer Vermehrung
bei. Nach Blau (1964, S. 221): „Legitimierender sozialer Beifall ist jedoch von großer
Bedeutung für stabile Organisationsmacht. Im Kontext organisierter sozialer Zielsetzungen und folglich vor allem von formaler Organisation gilt im allgemeinen, daß
große Machtressourcen Fairness bei der Machtausübung begünstigen und damit
legitimierende Zustimmung fördern. Das ist einer der Gründe, warum Macht mehr
Macht erzeugt."

Macht wird nicht immer fair ausgeübt. Wenn der oder die Machthaber zuviel
Folgebereitschaft für ihre mageren Leistungen erwarten, wird ihnen die Gruppe das
mit Mißbilligung vergelten. Je weniger vorteilhaft die Gefolgschaft ist, desto unabhängiger und ansprechbarer für Alternativen wird das Gefolge, desto unsicherer wird
die Herrschaft. Darüber hinaus wird ungerechte Machtausübung neue Motive
schaffen. Vielleicht wird das Bedürfnis nach Vergeltung sogar das nach den mageren
Belohnungen, die die Führung liefert, übersteigen. Gegenseitige Unterstützung der
nun in Opposition geratenden Gefolgschaft bei dieser Umwertung der Bedürfnisse
ist der ideologische Weg, sich von der Macht anderer zu befreien.

Die Opposition gegen eine ausbeuterische Führung, die Neudefinition des
Wertes von Belohnungen, läuft natürlich nicht auf eine Absetzung der Verhaltens-
und Tauschgesetze hinaus, wenn auch im Erfolgsfalle auf Absetzung der Macht
mißbrauchenden Führung. Ungleiche Fähigkeiten, für andere begehrte Leistungen
zu erbringen, werden dann neue Prozesse der Machtbildung ins Leben rufen.

Nach Blau entstehen also Macht und Herrschaft immer dann spontan, wenn
Menschen miteinander in Kontakt geraten, wenn der eine etwas für den anderen tun
kann, wenn diese Fähigkeit ungleich verteilt ist, wenn einige die Leistungen anderer
nur noch mit Unterordnungen „erkaufen" können. Solche Macht wird legitimiert,
d. h. zur Herrschaft, sofern diejenigen, die sich in untergeordneten Positionen

befinden, keinen Anreiz verspüren, die bestehende Sozialordnung umzustoßen, sondern im Gegenteil einander zur Einfügung in die bestehende Sozialordnung veranlassen. Ohne den Begriff des Positionsgutes zu verwenden, weist Blau auf den latent immer vorhandenen Konflikt zwischen den Inhabern mehr oder weniger privilegierter Positionen hin. Über Blau hinausgehend würde ich hinzufügen, daß Rangordnungen in Großgruppen nur deshalb entstehen können, weil die Bewerber um privilegierte oder Führungspositionen durch ihre Beiträge zur Beschaffung von öffentlichen Gütern gleichzeitig eine Vielzahl von Gruppenmitgliedern verpflichten und sich unterordnen können.

Blaus (1964) Theorie der Machtentstehung hebt vor allem überlegene Leistung als Basis für den Machterwerb hervor, obwohl auch Blau schon unfaire oder überzogene Forderungen der Machthaber gegenüber den Machtunterworfenen als Rebellionsgrund herausarbeitet. Blaus Erkenntnisse sind enthalten und werden ergänzt in Haferkamps (1983) Herrschaftssoziologie. Danach kann Macht entweder auf überlegenen Leistungen *oder* auf überlegenem (übermächtigen) Schädigungspotential beruhen. Macht gewinnt, wer etwas für andere leistet, *oder,* wer anderen Schaden zufügen kann. Im erstgenannten Fall müssen die Begünstigten Bitten oder Anordnungen folgen, um weiterhin Leistungen des Machthabers zu beziehen. Im zweiten Fall müssen die Bedrohten Anordnungen folgen, um Schaden für sich zu vermeiden oder gering zu halten. Beide Arten der Machtausübung können den Gerechtigkeitsvorstellungen der Machtunterworfenen mehr oder weniger gut entsprechen. Sind Anordnungen fair, verlangt also der Machthaber nicht zuviel Gefolgschaftsleistung, schädigt er Teile der Gefolgschaft nur unter allgemein akzeptierten Bedingungen – beispielsweise Bestrafung von Rechtsbrechern oder Befehlsverweigerern –, dann wird die Macht legitimiert, also zur Herrschaft.

Damit stellen sich die Fragen, ob Leistungs- oder Schädigungspotentiale die wichtigeren Machtquellen bilden, wo Leistung und wo Schädigung besonders oft eingesetzt werden. Nach Haferkamp (1983) sollte man die Bedeutung von Gewalt und Schädigung nicht überschätzen, haben außerdem die Leistungsunterschiede gerade in modernen Gesellschaften zunehmendes Gewicht. Gewaltmittel werden ja selten von denen an der Spitze der Herrschaftspyramide persönlich eingesetzt. Sie lassen vielmehr Gewalt einsetzen. Die Agenten der Herrschenden an der Front (etwa Polizisten, Steuereintreiber oder Soldaten) können nicht nur oder vorwiegend mit Gewalt zur Gewaltausübung im Interesse der Herrschenden veranlaßt werden. Denn dabei taucht nach Haferkamp (1983, S. 133) folgendes Problem auf: „Es müßte hinter jedem, der Gewaltmittel benutzt, ein weiterer Akteur stehen, der den Einsatz notfalls mit Gewalt erzwingt. Aber auch er selbst müßte kontrolliert werden." Agenten der Herrschenden oder Mitglieder des Stabes der Herrschenden müssen also durch asymmetrischen Tausch im Sinne Blaus an die Spitze des Herrschaftsapparates gebunden werden, wobei die Spitze in der Regel für jedes einzelne Mitglied des Stabes durch Beschaffung von Privilegien mehr leistet als dieses für die Spitze. Zumindest im Verhältnis von Spitze und Stab des Herrschaftsapparates wird die

Machtausübung der Spitze legitimiert sein müssen, wenn Machtverhältnisse stabil sein sollen.

Zwar bezieht Haferkamp (1983, S. 209) folgendes Zitat vorwiegend auf primitive oder traditionelle Gesellschaften, aber m. E. gilt es darüber hinaus, wenn man unter „Gefolgschaft" die gewöhnlichen Mitglieder des Herrschaftsstabes versteht, seien es Gefolgsleute eines primitiven Stammeshäuptlings, Sklaven oder Freigelassene in Vertrauensstellungen bei den Herrschern antiker Imperien, preußische Beamte und Offiziere in der Zeit des Absolutismus oder Staatsschützer in der heutigen DDR: „Die Gefolgschaft wird auf der Grundlage von Leistungen regiert, die Masse der Gesellschaftsmitglieder auf der Grundlage ihrer Angst vor Schädigung durch die Mitglieder der Gefolgschaft. Das ist der Mechanismus, mit dem dann über Jahrtausende Herrschaft auf der Grundlage von Leistung über eine Zentralinstanz und auf der Basis von Schädigungsfähigkeit über die Mehrheit von Gesellschaften ausgeübt wurde."

3. Exkurs zur funktionalistischen Schichtungstheorie

Meine These, daß nur die Existenz von unterschiedlich privilegierten Positionen – also von Positionsgütern – den notwendigen Anreiz zur Produktion von Kollektivgütern vermittelt, daß Gruppen und Gesellschaften Kollektivgüter nur um den Preis sozialer Differenzierung und Ungleichheit erhalten können, wird – wenn auch in einer anderen Terminologie – auch von den funktionalistischen Schichtungstheoretikern vertreten. Davis and Moore (1973, S. 397) argumentieren folgendermaßen:

„Wären die mit verschiedenen Positionen verbundenen Pflichten gleichermaßen angenehm für den menschlichen Organismus, gleichermaßen wichtig für den Fortbestand der Gesellschaft und auf die gleichen Fähigkeiten oder Talente angewiesen, so wäre es gleichgültig, wer welche Position einnimmt. Das Problem der sozialen Einordnung wäre somit sehr viel einfacher. In Wirklichkeit ist es natürlich nicht einerlei, wer welche Position erhält; nicht nur weil manche Positionen an sich angenehmer sind als andere, sondern auch, weil einige spezielle Begabung oder Ausbildung erfordern und einige größere funktionale Bedeutung als andere haben. So erweist es sich als unumgänglich, daß eine Gesellschaft erstens eine Art von Belohnungen haben muß, die sie als Anreiz verwenden kann, zweitens einen Modus braucht, um die Belohnungen unterschiedlich nach Positionen zu verteilen. Belohnungen und ihre Verteilung werden Bestandteil der sozialen Ordnung und verursachen so eine Schichtung."

Damit behaupten Davis and Moore zunächst einmal die funktionale Notwendigkeit sozialer Schichtung oder, daß alle Gesellschaften geschichtet sind. In der letzteren Formulierung wird klar, daß diese Aussage falsifizierbar ist, solange wir Gesellschaft nicht durch Schichtung definieren, sondern etwa darauf verweisen, daß es zumindest keine Staaten ohne Gesellschaft gibt. Die oberflächliche Betrachtung zeitgenössischer Gesellschaften in Ost und West, aber auch historischer Gesellschaften in Europa widerspricht nicht dem Allsatz von Davis and Moore. Soweit wäre die funktionalistische Schichtungstheorie 1. gehaltvoll und falsifizierbar, 2. vorläufig haltbar, weil nicht ohne weiteres durch Beobachtung zu widerlegen.

Die funktionalistische Schichtungstheorie behauptet aber nicht nur die Allgegenwart von Schichtung, sondern darüber hinaus auch noch, daß Gesellschaften Schichtung oder ungleiche Verteilung von Belohnungen wie Einkommen oder Prestige benötigen, um eine optimale Zuordnung von Personen und Positionen zu erreichen. Bei Davis and Moore (1973, S. 398) heißt es: „Soziale Ungleichheit ist somit ein unbewußt entwickeltes Werkzeug, mit dessen Hilfe die Gesellschaft sicherstellt, daß die wichtigsten Positionen von den fähigsten Personen gewissenhaft ausgefüllt werden . . . Daraus folgt jedoch nicht, daß Maß oder Art der Ungleichheit in allen Gesellschaften gleich sein müssen." Die Schichtungssysteme dürfen sich also von Gesellschaft zu Gesellschaft unterscheiden, aber wird hier nicht implizit allen Schichtungssystemen gleichermaßen optimale Effizienz für ihre jeweiligen Gesellschaften zugestanden? Ich kann mir nicht vorstellen, daß diese Implikation sowohl gehaltvoll und prüfbar ist, als auch nur halbwegs strenge Tests überlebt.

Funktion der Schichtung soll die optimale Rekrutierung von Personen für Positionen sein. Mayntz (1965, S. 11) hat auf eine notwendige Voraussetzung dafür hingewiesen, daß das auch nur denkbar wird – nämlich „daß die vertikale Differenzierung überhaupt nur soweit die ihr zugeschriebene selektive Funktion ausüben kann, wie die Positionen dem Wettbewerb offenstehen und nicht auf dem Wege der Statusvererbung oder Zuschreibung nach angeborenen Merkmalen besetzt werden." Das legt – über Davis and Moore (1973) hinausgehend – die Hypothese nahe, daß leistungs- und wettbewerbsorientierte Schichtungssysteme das Zuordnungsproblem von Personen und Positionen funktional effizienter lösen als auf Zuschreibung und Vererbung basierende Systeme, daß letztere vielleicht sogar dysfunktional sind.

Davis and Moore haben selbst weitere Voraussetzungen für die funktionale Notwendigkeit von Schichtung genannt, nämlich die Knappheit der angebotenen Talente, seien diese ererbt oder auch umweltbedingt. Zumindest implizit muß die funktionalistische Schichtungstheorie wohl entweder auf einer Vererbungstheorie wichtiger Fähigkeiten aufbauen oder unterstellen, daß der Mensch Muße der Arbeit vorzieht, denn sonst könnten Gesellschaften durch bessere Erziehung die Talentknappheit ja weitgehend beseitigen und damit auf besondere Entlohnung der wichtigsten Positionsinhaber verzichten. Mayntz (1965, S. 13) faßt das so zusammen: „Unter den Voraussetzungen, daß erstens Talent angeboren und knapp ist, daß zweitens niemand ohne Aussicht auf besondere Belohnung nach schwierigen Aufgaben strebt und daß drittens soziale Positionen im freien Wettbewerb errungen werden, müssen für die Gesellschaft wichtigere Positionen höher entlohnt werden, wenn die entsprechenden Aufgaben erfüllt werden sollen." Damit wird eine enge Korrelation zwischen Wichtigkeit sozialer Positionen und Höhe der Belohnungen für den Positionsinhaber postuliert. Diese Hypothese ist per se nicht prüfbar, sondern erst dann, wenn die Wichtigkeit einer Position unabhängig von den Belohnungen der Inhaber festgestellt werden kann. Mayntz (1965, S. 15) beklagt allerdings: „Die funktionalistische Schichtungstheorie hat keinen derart präzisierten Bezugspunkt herausgearbeitet."

Die funktionalistische Schichtungstheorie behauptet m. E. zu Recht, daß alle Gesellschaften geschichtet sind. Sie begründet diese Behauptung mit Argumenten, die nicht unbedingt in allen Gesellschaften erfüllt sind. Bei der zentralen Frage des Zusammenhangs zwischen Wichtigkeit einer Position und Belohnung ist Falsifizierbarkeit im Popperschen (1969) Sinne nicht gegeben, weil keine gehaltsvermehrenden Zusatzannahmen eingeführt werden. Stellenweise kann der Eindruck entstehen, als ob Davis and Moore jede Art sozialer Schichtung gleichermaßen für effizient und optimal halten – das wäre entweder eine Tautologie oder falsch. Stellenweise kann der Eindruck entstehen, als ob nur Positionsbesetzung nach Leistung im Wettbewerb funktional ist oder doch zumindest in stärkerem Maße funktional. Das wäre eine interessante, noch zu prüfende, gehaltvolle Hypothese. Jedenfalls kann die funktionalistische Schichtungstheorie nicht die funktionale Notwendigkeit von Schichtung belegen, wenn in manchen Gesellschaften die Vorbedingungen für leistungsbezogene Schichtung als Resultat des Wettbewerbs gar nicht erfüllt sind, wenn diese Gesellschaften dennoch existieren. Dazu weiter Mayntz (1965, S. 18): „Nun kann man immerhin fragen, ob die der vertikalen Differenzierung zugeschriebene selektive Funktion ebenso wie die vertikale Differenzierung selbst zu den unbedingten Existenzvoraussetzungen von Gesellschaft gehört. Diese Frage ist angesichts des Bestehens von Gesellschaften, die das Rekrutierungsproblem auf dem Weg der Zuschreibung nach Herkunft und angeborenen bzw. biologisch bedingten Merkmalen lösen, zu verneinen."

Bisher habe ich die funktionalistische Schichtungstheorie allerdings verkürzt dargestellt, denn nach Davis (1949) kann auch Statusvererbung funktional sein, weil sie die Stabilität der Gesellschaft begünstigt. Damit sind zumindest zwei externe Kriterien, optimale Postenbesetzung und Stabilität, vorgegeben, die unabhängig von Schichtung selbst erfaßt werden müßten, damit aufgezeigt werden kann, welcher Schichtungstyp welchem Schichtungsziel funktional dient bzw. wie ein geeigneter Kompromiß zwischen den partiell inkompatiblen Zielsetzungen gefunden werden kann. Gehaltsvermehrende Zusatzannahmen sind also dringend notwendig, weil man sonst verschiedene Schichtungssysteme mit verschiedenen Kriterien als funktional notwendig rechtfertigen kann, weil sonst eine Rechtfertigung aus logischen Gründen immer zutreffen muß.

Was leistet nun die funktionalistische Schichtungstheorie? M. E. weist sie zu Recht auf die Universalität von Schichtung hin, begründet sie unterschiedliche Belohnungen für unterschiedliche Positionen und Funktionen auch tendenziell richtig mit der Notwendigkeit, wichtige Aufgabenerfüllung besonders zu belohnen, vor allem dann wenn nur wenige anbieten, diese Aufgaben zu erfüllen. Was weder die funktionalistische Schichtungstheorie leistet, noch der bisher von mir vorgetragene Erklärungsansatz aus der Neuen Politischen Ökonomie, ist zu erklären, warum sich Gesellschaften in der Gestalt von Schichtungssystemen, in der Privilegierung der wichtigsten Positionsinhaber deutlich unterscheiden, oder warum welche Positionen als wichtig gelten. Aus der Perspektive ökonomischer Theorien ist zu erwarten, daß die „Wichtigkeit" von Positionen in Machtkämpfen geklärt wird, daß „Wichtigkeit" und die korrespondierenden Privilegien nicht automatisch aus den Bedürfnissen aller Gesellschaftsmitglieder abgeleitet werden kann.

Eine Reinterpretation der funktionalistischen Schichtungstheorie aus der Perspektive der ökonomischen Theorie hat Grandjean (1975) vorgeschlagen. Ihm geht es u. a. um die bei Davis and Moore (1973) offen gelassene Frage, ob einerseits Talent und Training oder andererseits funktionale Wichtigkeit einen stärkeren

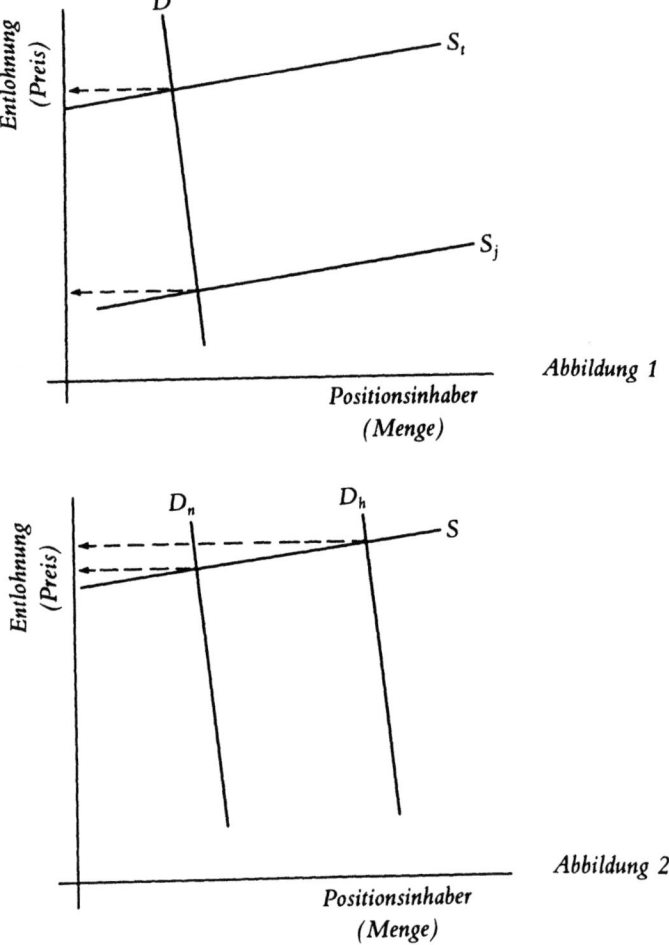

Abbildung 1

Abbildung 2

Einfluß auf die Verteilung von Belohnungen in Gesellschaften und damit das Schichtungssystem hat. Wenn soziale Positionen funktional wichtig sind, dann bedeutet das, daß sie ziemlich unabhängig vom Preis, von der notwendigen Entlohnung, besetzt werden müssen. In der Sprache der Ökonomen: Die Preiselastizität der Nachfrage ist dann gering. Das Angebot von Bewerbern um eine Position wird in der Regel schnell mit zunehmender Entlohnung steigen. In der Sprache der Ökonomen: Die Preiselastizität des Angebots ist hoch. Daraus folgt, daß die Angebotsseite beeinflussende Faktoren wie Talent und Training weit bedeutsamer als funktionale Wichtigkeit sein müssen, wenn es um die Erklärung unterschiedlicher Belohnungen geht.

Zwei Skizzen können das illustrieren. Auf den Ordinaten werden Preis bzw.

Entlohnung eingetragen, auf der Abszisse die Anzahl der Positionsinhaber. In der ersten Skizze ist eine Nachfragekurve D für eine bestimmte Position eingetragen. Eine geringe Preiselastizität der Nachfrage – oder auch Nachfrage entsprechend funktionaler Wichtigkeit – wird in einer schnell abfallenden *(fast* senkrechten) Nachfragekurve abgebildet. Die erste Abbildung enthält zwei Angebotskurven, je eine für Positionen, die (fast) jeder einnehmen kann, S_j, und eine für Positionen, die nur besonders gut ausgebildete oder talentierte Leute einnehmen können, S_t. Die gleiche Anzahl von Bewerbern um die qualifizierten Positionen wie bei den unqualifizierten Positionen erfordert eine höhere Entlohnung. Deshalb liegt S_t über S_j. Beide Angebotskurven steigen so an, daß das Angebot schon auf kleine Entlohnungsunterschiede reagiert bzw. die Preiselastizität des Angebots hoch ist. Der Schnittpunkt der Nachfragekurve D mit S_j ergibt eine bescheidene, mit S_t aber eine hohe Entlohnung. Talent und/oder Training spielen also eine große Rolle bei der Erklärung sozialer Ungleichheit.

In der zweiten Abbildung wird nur eine Angebotskurve S eingetragen, aber zwei Nachfragekurven, eine für niedrige (D_n), eine für hohe (D_h) Nachfrage. Wie den Schnittpunkten der beiden Nachfragekurven mit der Angebotskurve zu entnehmen ist, hat der große Nachfrageunterschied aber keinen großen Effekt auf die Entlohnung.

Wenn also funktionale Wichtigkeit der Positionen unelastische Nachfrage erzeugt, wenn das Angebot im allgemeinen elastisch ist (wie in beiden Abbildungen unterstellt), dann müssen die Determinanten des Angebots, wie Talent und Training, einen viel stärkeren Effekt auf die Belohnung haben als die funktionale Wichtigkeit, eine Determinante der Nachfrage. Dieses Ergebnis Grandjeans (1975) ist auch deshalb erfreulich, weil damit eine ohnehin kaum meßbare Variable wie funktionale Wichtigkeit zur quantité négligeable erklärt wird.

Grandjeans Reinterpretation der funktionalistischen Schichtungstheorie kann außerdem noch einige Anomalien der Theorie auflösen. Die funktionale Wichtigkeit von Geistlichen dürfte in der Neuzeit als geringer als im Mittelalter gelten. D_n in Abbildung 2 gilt also für die zeitgenössische Nachfrage nach Geistlichen, D_h für die mittelalterliche. Abb. 2 zeigt auch, warum trotz stark gesunkener funktionaler Wichtigkeit von Geistlichen deren Entlohnung bzw. Privilegierung kaum abgenommen hat. Ohne die ökonomische Reinterpretation der Theorie ist das m. E. nicht verständlich.

Wenn nicht primär funktionale Wichtigkeit, sondern das Angebot an Bewerbern die Entlohnung für Positionen bestimmt, dann folgt daraus, daß die Positionsinhaber einen Anreiz haben, das Angebot zu verknappen, um durch eine monopolartige Stellung auf dem Arbeitsmarkt ihre Entlohnung in die Höhe zu treiben. Als Zugangssperre können dabei auch unnötig hohe formale Qualifikationen dienen. In dieser Interpretation der funktionalistischen Schichtungstheorie laufen Verteilungskonflikte weitgehend auf Angebotsmanipulation und Einschränkungen des Wettbewerbs hinaus. Darauf komme ich im 10. Kapitel zurück.

4. Exkurs zu Michels' ehernem Oligarchiegesetz

Mit meiner These, daß Gesellschaften Kollektivgüter nur um den Preis der Tolerierung und Schaffung von Positionsgütern erwerben können, habe ich implizit Michels' (1910, 1970) ehernes Oligarchiegesetz aufgegriffen und akzeptiert. Im folgenden werde ich deshalb Michels Grundgedanken referieren. Nach Michels werden alle Parteien grundsätzlich von Oligarchien geleitet. Diese Hypothese prüft Michels vor allem an sozialistischen Parteien. Das erlaubt einen besonders strengen Test des Oligarchie-Theorems. Bei konservativen Parteien könnte man oligarchische Tendenzen ja mit vordemokratischen Traditionen und Ideologien erklären, nicht aber bei sozialdemokratischen Parteien, deren Ideologie ja Gleichheit und Demokratie in den Mittelpunkt stellt.

Oligarchische Tendenzen sieht Michels letztlich in der menschlichen Natur begründet. Wer Besitz hat, will ihn behalten. Wer Macht hat, will sie behalten. Der Mensch will beides sogar seinen Nachfahren vererben. Das führt zur Verfestigung der Privilegien von Familien über die Zeit. Vielfach haben sich dabei wirtschaftlich erfolgreiche Familien auch im Lebensstil dem Adel angepaßt, um ihren Status abzusichern.

Michels sieht Demagogie und Heuchelei als notwendige Korrelate der Demokratie. Egoistische Interessen werden weiterhin, wie unter jedem anderen politischen System, vertreten, aber sie müssen als Ideale und dem Gemeinwohl dienend ausgegeben werden. Dazu Michels (1970, S. 18): „Insbesondere die politische Partei liebt es, obgleich aus der Wahrung von Sonderinteressen entstanden, sich mit dem Weltall oder doch wenigstens der Allheit der Staatsgenossen zu identifizieren . . ." Obwohl Michels nicht darauf hinweist, läßt sich diese Tendenz, Gruppeninteressen als gesamtgesellschaftliche zu „verkaufen", mit Hilfe der ökonomischen Demokratietheorie leicht erklären.[2] Der Zwang zur Stimmenmaximierung für die Parteien und der vernünftigerweise schlecht informierte Wähler sind die relevanten Hintergrundbedingungen.[3]

Bei den marxistischen Parteien kritisiert Michels noch eine andere Art der Vernebelung von Interessen. Nach seiner Auffassung (1970, S. 19) sollte man Klassenzugehörigkeit nach dem Einkommen, nicht nach dem Besitz von Produktionsmitteln definieren. Andernfalls gaukelt man eine gemeinsame Interessenlage von Proletariern und ‚Generaldirektoren bei Krupp' oder ‚preußischen Ministerpräsidenten' vor.

Die Verschleierung von Gruppeninteressen ist aber auch bei nicht-sozialistischen Parteien anzutreffen. So verweist Michels darauf, daß die katholische Zentrumspartei auch protestantische Wähler anzusprechen versuchte und deshalb auch protestantische Parlamentarier benötigte.

Oligarchische Tendenzen werden nicht nur durch Machtstreben, ‚Erbinstinkt‘, Verführbarkeit und falsches Bewußtsein gefördert, sondern auch durch Organisation. Michels (1970, S. 26) postuliert: „Mit zunehmender Organisation ist die Demokratie im Schwinden begriffen." Das wirft zwei Fragen auf. 1. Ist Organisation wirklich unvermeidbar? 2. Warum tendieren Organisationen zur Oligarchie? Zur 1. Frage verweist Michels auf das Interesse gerade der Schwachen, Unterprivilegierten oder Arbeiter an Organisation. Erst durch Organisation und Solidarität werden sie stark. Indem die Arbeiter sich aber organisieren, um der Herrschaft des Kapitals zu entkommen, geraten sie unter eine andere Herrschaft. In Michels' Worten (1970, S. 25): „Wer Organisation sagt, sagt Tendenz zur Oligarchie. Im Wesen der Organisation liegt ein tiefaristokratischer Zug." Warum?

Direkte Demokratie kann nur in kleinen Gemeinden funktionieren und selbst da muß ein Ansatz von Führung da sein, d. h. jemand muß Termine festsetzen, eine Tagesordnung vorschlagen, die Versammlung leiten. Außerdem wächst der Einfluß des Einzelnen mit seinem rhetorischen Talent. Gerade wenn auf eine erkennbare, verantwortliche Führung bei direkter Demokratie verzichtet wird, kann sie nicht funktionieren. Denn Michels (1970, S. 29): „Die Menge macht den Einzelnen verschwinden und mit ihm seine Persönlichkeit und sein Verantwortungsgefühl."

Das schwindende Verantwortungsgefühl des Einzelnen in der großen Gruppe wird bei Michels mit dem Unterton der moralischen Entrüstung festgestellt. Aus der Sicht nutzentheoretischer Überlegungen kann man denselben Tatbestand als Konsequenz rationalen Verhaltens rechtfertigen. Denn der Einfluß eines jeden Einzelnen in einer großen Gruppe ist notwendigerweise gering. Deshalb ist der Anreiz, sich auch nur gut zu informieren und gründlich nachzudenken, für alle gering – mit Ausnahme derer, die das Positionsgut „leitende Stellung" erwerben wollen. Das schwindende Verantwortungsgefühl in der Menge kann also als Spezialfall der allgemeinen Tendenz gelten, Kollektivgüter nur suboptimal bereitzustellen.

Bei größeren Gruppen ist Delegation von Verantwortung und Entscheidungsgewalt offensichtlich unerläßlich. In der Terminologie der Neuen Politischen Ökonomie: Delegation, Repräsentation und Führung senken die Entscheidungskosten. Spezialisierung und Fachkenntnis der Führer leiten dann deren Verselbständigung von den Geführten ein. Das imperative Mandat soll dem entgegenwirken, kann aber nur bei sehr einfachen Fragen funktionieren.

Der politische Kampf einer Partei kann die oligarchischen Tendenzen nur verstärken. Dazu Michels (1970, S. 39): „Eine kriegführende Partei – und führt sie auch nur einen Kleinkrieg – bedarf einer straffen hierarchischen Gliederung." Innerparteiliche Demokratie kann die Schlagkraft von Parteien verringern.

Organisatorische und konfliktbezogene Notwendigkeiten erzwingen die Delegation der Entscheidungsbefugnis von den vielen auf die wenigen. Nach Michels (1970, S. 42): „Aus der Delegation entwickelt sich das moralische Recht auf die

Delegation. Die einmal Delegierten bleiben . . ." Das Kontrollrecht der Rückberufung der Delegierten wird durch deren mit Sachkenntnis, Erfolg und Erfahrung zunehmend empfundene Unentbehrlichkeit entwertet. Statt dessen wird die Rücktrittsdrohung zum Mittel der Oligarchen, die Folgebereitschaft der Massen sicherzustellen.

Dem Führenwollen der wenigen entspricht das Geführt-werden-wollen der vielen. Hier vertritt Michels Thesen, die recht gut zur ökonomischen Theorie der Politik passen. (1970, S. 48:) „Die Mehrzahl der Organisierten bringt der Organisation dieselbe Gleichgültigkeit entgegen wie die Mehrheit der Wählerschaft dem Parlament." Durch freiwilligen Verzicht der meisten differenziert sich das Volk in hierarchisch angeordnete Schichten, eine Einflußpyramide: unten das Wahlvolk, darüber die Parteimitglieder, darüber die Aktivisten, darüber die Funktionäre, schließlich die Vorstände. (1970, S. 50:) „Die Mehrzahl ist froh, wenn sich Männer finden, welche bereit sind, die Geschäfte für sie zu besorgen."

Michels erwähnt in ausgedehnten populär-psychologischen Betrachtungen auch Dankbarkeit oder Anbetungsbedürfnis der Massen und selbst physische Attraktivität mancher Führer als zur Oligarchisierung beitragende Bedingungen. Diese hat aber auch sog. „intellektuelle" Ursachen, worunter Michels vielfach die Korrelate bzw. Vorteile der Arbeitsteilung abhandelt. Dazu (1970, S. 75): „Mit dem Wachsen der Organisation wachsen nicht nur die Aufgaben der Verwaltung, sondern verringert sich auch deren Übersichtlichkeit, erweitert und verzweigt sich der Pflichtenkreis . . . Die Sphäre der demokratischen Kontrolle schrumpft auf immer engere Kreise zusammen."

Delegation von Entscheidungsgewalt oder selbst sog. Routineentscheidungen treiben die Oligarchisierung ein Stück weit voran. Zunehmende Arbeitsteilung und Dauer der Delegation tragen zu ihrer Verfestigung bei. Noch stärker wird sie, sobald die Komplexität der Partei- oder Gewerkschaftsgeschäfte hauptberufliche Angestellte bzw. Parteibeamte erforderlich werden läßt. Dafür wird man von vornherein Leute mit Qualifikationsvorsprung vor den Geführten rekrutieren, der sich über die Zeit nur ausweiten kann. Dazu Michels (1970, S. 82): „Kompetenz ist Herrschaft, da sie in einem Wertzuwachs besteht, der aus dem in ihr enthaltenen Seltenheitswert erhellt." Daraus folgt (1970, S. 83): „So schaffen sich die Arbeiter selbst mit ihren eigenen Kräften neue Herren, in deren Arsenal aufgestapelter Herrschaftsmittel die erhöhte Bildung (der Führer, E. W.) eine der mächtigsten Waffen ist."

Oligarchisierung muß auch eine interne Differenzierung auslösen. Wo Michels (1970, S. 78) von Brotstellen und Karrierechancen im Parteiapparat spricht, würde man in der Terminologie der Neuen Politischen Ökonomie von selektiven Anreizen und damit einer veränderten Motivationsbasis der Führer im Unterschied zu den Geführten sprechen. Michels (1970, S. 78) erwähnt auch die Unterschiede im Lebensstil und spricht geradezu von einem „Klassenunterschied zwischen den exproletarischen Führern und den proletarischen Geführten."

Das Ausmaß der Herrschaft der Führer über die Geführten hängt wesentlich von deren Dauerhaftigkeit ab. In Michels' (1970, S. 92) Worten: „Je länger die Dauer der Amtsübertragung, desto größer wird der Einfluß der Führer auf die Massen und desto mehr wächst ihre Unabhängigkeit." Unter Sozialdemokraten scheint Führung dauerhafter als anderswo zu sein. Michels (1970, S. 95) verweist darauf, daß die Amtszeit eines Ministers im kaiserlichen Deutschland wesentlich kürzer als die eines sozialdemokratischen Parteivorstandes war.

Für die dauerhafte Übertragung der Führung gibt es natürlich gute Gründe: 1. technokratische, weil die Effizienz der Führung mit der Dauer wächst, 2. psychologische, weil erst eine längere Perspektive Identifikation mit dem übertragenen Amt erlaubt. Aber das ändert nichts am Preis dafür: mehr Oligarchie, weniger Demokratie.

Oligarchische Tendenzen können auch durch Ehrenämter der Amtsinhaber verstärkt werden. Je geringer die Entlohnung für politische Führungstätigkeit, desto kleiner ist die Schicht derer, die es sich überhaupt leisten können, solche Ämter anzunehmen. Das spielte nicht nur im parlamentarischen Bereich, sondern auch auf unterer Ebene eine Rolle. Zwar bezahlte die deutsche Sozialdemokratie ihre Amtsinhaber, wo es notwendig war, und überwand dieses plutokratische Hindernis, aber innerhalb der Partei blieb es so, daß ärmere Ortsvereine seltener Delegierte auf Parteitage schicken konnten als wohlhabende.

Wegen ihres Kollektivreichtums konnte die Sozialdemokratie äußere, plutokratische Schranken des Herrschaftszugangs leicht überwinden. Aber es entstanden dafür innere. Wer auf Parteizuschüsse angewiesen war, um ein öffentliches Amt oder parlamentarisches Mandat annehmen zu können, der mußte sich offensichtlich der Parteiführung bzw. dem Kassenwart unterordnen. Michels (1970, S. 113) weist in diesem Zusammenhang darauf hin: „Die Machtkonzentration in den marxistischen Parteien ist offensichtlicher als die marxistische Kapitalkonzentration im Wirtschaftsleben." Machtkonzentration ist dabei nur eine andere Vokabel als Oligarchie. Wer von der Parteiführung Bezahlung annimmt, wird von ihr abhängig.

Die finanzielle Abhängigkeit der Mitarbeiter von der Partei ist natürlich ein hervorragendes Disziplinierungsmittel. Der Mitarbeiter wird nicht mehr nur für eine andere und bessere Gesellschaft arbeiten – Ökonomen würden das als kollektives Gut bezeichnen –, sondern auch um seinen privaten Lebensunterhalt zu sichern. Solche selektiven Anreize gelten in der ökonomischen Theorie der Politik als unbedingt erforderlich, um solidarisches Handeln sicherzustellen. Ähnlich auch Michels (1970, S. 124): „Idealismus allein ist bei der Mehrzahl der Menschen zur Pflichterfüllung ein ganz ungenügender Antrieb. Enthusiasmus ist keine Ware, die dauernd auf Lager gehalten zu werden vermag. Die gleichen Menschen, die in einem Augenblick oder sagen wir selbst in einigen Monaten heller Begeisterung bereit sind, um einer großen Idee willen selbst Leib und Leben aufs Spiel zu setzen, sind oft zu dauernder Arbeit im Dienst der gleichen Idee selbst dann unfähig, wenn sie relativ nur geringe, aber ständige Opfer erfordert."

Neben der Parteikasse ist auch die Parteipresse ein Machtmittel der Führer über die Geführten. Das galt verstärkt, solange sozialdemokratische Journalisten nicht gleichzeitig in der bürgerlichen Presse schreiben wollten oder durften.

In einer Zwischenbilanz faßt Michels (1970, S. 130) seine „Theorie von den Grenzen der Demokratie" so zusammen: „Der Anfang der Bildung eines berufsmäßigen Führertums bedeutet den Anfang vom Ende der Demokratie ... Eine Masse, die ihre Souveränität delegiert, d. h. einzelnen wenigen Männern aus ihr überträgt, dankt als Souverän ab; denn der Wille des Volkes ist nicht übertragbar, nicht einmal der Wille des Einzelnen. Der Akt der Wahl ist gleichzeitig Ausdruck und Vernichtung der Massensouveränität."

In der Demokratie entsenden Parteien ihre Führer in Parlamente. Für die Dauer ihres Mandats sind die Abgeordneten dann der Kontrolle ihrer Partei weitgehend entzogen. Um die Kontrolle weiter zu schwächen, berufen sich die Abgeordneten lieber auf die unorganisierte Wählerschaft als auf die organisierte Parteimitgliedschaft. Offensichtlich fällt der ersteren die Kontrolle der Abgeordneten noch schwerer als der letzteren. Zu den latenten Konflikten zwischen Führung und Basis meint Michels (1970, S. 138): „Die Fraktionen pflegen sich sowieso nur selten an die ihnen auf dem Parteitag vorgeschriebenen Marschrouten zu halten." Oder (1970, S. 139): „die sozialistischen Vertreter im Parlament stehen zu Diensten des Proletariats, aber unter der strengen Bedingung, daß dieses von ihnen nicht dummes Zeug verlange ..."

Wegen des Effizienzerfordernisses müssen nicht nur Parteien und Gewerkschaften, sondern auch sozialistische Produktionsgenossenschaften oligarchisch geführt werden. In Michels' (1970, S. 147) Worten: „entweder sie gehen am Einspruchsrecht der Allzuvielen in Zwietracht und Ohnmacht schnell zugrunde, oder sie ordnen sich dem Willen eines Einzelnen oder einiger weniger unter ..."

Um ihre Vorherrschaft abzusichern, neigen Führungsschichten zur Kooptation, d. h. sie wollen bestimmen, wer aufrücken darf. Ein anderer Mechanismus besteht darin, daß die Führenden einander gegenseitig zur Wahl vorschlagen und untereinander absprechen, wer wann welches Amt innehaben soll. Je geringer die Konkurrenz unter den Führenden, desto geringer ist der Einfluß der Massen. Sie werden nicht mal als Schiedsrichter gebraucht.

So wie der Staat seine Beamten in besonderer Weise an sich bindet, müssen es auch die sozialistischen Parteien machen. Hier Staatsbürokratie, dort Parteibürokratie. Bei der Staatsbürokratie wird die Ausweitung nicht zuletzt vom intellektuellen Proletariat erzwungen. Wer es schafft, Beamter zu werden, hat einen individuellen Anreiz zur Staatstreue. Dasselbe gilt für die Parteientreue der Parteibürokraten. Mit der Übernahme bürokratischer Tätigkeit geht aber auch eine Veränderung der Denkweise einher, die Michels (1970, S. 165) so beschreibt: „Je besser er in den gottverfluchten kasuistischen Spitzfindigkeiten der Unfall- und Invalidenversicherung Bescheid wußte, mit je mehr Bienenfleiß er sich in die Spezialfragen der Fabrikinspektion und des Gewerbegerichts, des Rollmarkensystems in den Konsumvereinsläden und der Gasverbrauchskontrolle bei der kommunalen Gasbeleuchtung einarbeitete, desto mehr hatte er Mühe, die Arbeiterbewegung auch nur im engsten Wortsinn im Auge zu behalten; desto weniger Zeit, Lust und Sinn blieben ihm ...

für die großen geschichtsphilosophischen Zusammenhänge, desto falscher wurde sein Urteil über internationale Fragen und desto mehr wurde er geneigt, jeden für einen ‚Unberufenen' zu erklären, der nicht von technischen, sondern von höheren Gesichtspunkten ausgeht ..."

Dezentralistische Tendenzen in der Sozialdemokratie, sei es auf internationaler Ebene oder im Deutschen Reich, läßt Michels nicht als Einwand gegen sein Oligarchiegesetz gelten. Denn (1970, S. 174): „Die Dezentralisation ist das Werk von Führerminoritäten, die im Vorstand der Gesamtpartei zur Unterordnung gezwungen, es vorziehen, sich in ihre eigenen Landeskreise zurückzuziehen."

Wenn die Oligarchen um die Vorherrschaft kämpfen, sieht es so aus, als ob der Einfluß der Massen zunähme. Das gilt zwar kurzfristig, weil die Unterstützung der Massen ausschlaggebend sein kann, wer sich durchsetzt, aber es kann langfristig ganz andere Konsequenzen haben. Dazu wieder Michels (1970, S. 184): „Dem Bestreben der aus der Demokratie hervorgegangenen Oligarchie drohen zwei feindliche Mächte: die demokratische Auflehnung der Massen und, eng damit zusammenhängend und vielleicht ihr Resultat, der Übergang zur Monarchie, vollzogen durch die Machterringung eines einzelnen unter den Oligarchen. Also Gefahr von unten und aus der eigenen Mitte. Rebellen auf der einen und Usurpatoren auf der anderen Seite. Daher in allen modernen Volksparteien jener tiefe Mangel an wahrhaft brüderlichem Geist, d. h. an menschlichem Vertrauen, und jener dadurch entstandene latente Kampfeszustand, jener gereizte spiritus animi, den das gegenseitige Mißtrauen der Führer untereinander erzeugt hat und welcher zu einem der wesentlichsten Charakteristiken der Demokratie geworden ist."

Immer gibt es den Kampf um Herrschaft zwischen den „ins" und den „outs", zwischen den Alten und den Jungen. Je nach Anzahl und Stärke der Herausforderer empfiehlt es sich, einige zu kooptieren und damit die eigenen Kräfte zu stärken, andere aber abzuweisen. Wer sich dabei durchsetzt, ist für die Geltung des Oligarchiegesetzes völlig belanglos. Nach Michels (1970, S. 196/197): „Sind aber die neuen Führer an ihr Ziel gelangt, d. h. ist es ihnen gelungen, im Namen der verletzten Rechte der anonymen Masse die hassenswerte Tyrannis ihrer Vorgänger zu stürzen, und haben sie nunmehr selbst die Stellen, die ihnen den Besitz der Macht verleihen, eingenommen, so geht in ihnen jene Umwandlung vor, an deren Endpunkt sie, wenn nicht in der Form, so doch der Substanz nach, den entthronten Tyrannen ähnlich sehen wie ein Haar dem anderen ... Die Revolutionäre der Gegenwart sind die Reaktionäre der Zukunft ... Der Wert des dadurch für die Demokratie Erreichten schrumpft jedoch schnell in nichts zusammen."

Bei den dem Proletariat entstammenden Führern findet eine Verwandlung statt, die den Glauben an sozialistische Ideale aufgibt. Die ökonomische Abhängigkeit der Familienväter gewordenen Führer von ihrer Partei, das Bedürfnis in Arbeit und Brot zu bleiben, nicht wieder ins Proletariat hinabzusinken, überlagern die alten Ideale. Nach Michels (1970, S. 204): „Der einmal Angekommene aber geht nicht leicht wieder in frühere, im politischen Sinne subalterne Verhältnisse zurück ... Jedes

Machtbewußtsein verleiht Großmannsdünkel, und Herrscherqualitäten – je nachdem gute oder schlechte – schlummern in jedes Menschen Brust . . . Das Bewußtsein vom eigenen Wert und die Einsicht vom Führungsbedürfnis der Masse konvergieren und haben die Wirkung, im Führer die Herrschernatur zu wecken. Anders ausgedrückt: Aus demokratischen Idealisten werden im Laufe der Zeit notwendig Zyniker. Ideologisch äußert sich das vielfach im Revisionismus, dem „Sozialismus der Nichtsozialisten mit sozialistischer Vergangenheit" (1970, S. 207).

Obwohl die Sozialdemokratie primär in der Arbeiterschaft verankert bleibt, saugt sie doch auch kleinbürgerliche Elemente auf. Mehr noch, sie produziert sogar kleinbürgerliche Existenzen in ihren eigenen Reihen. Nach Michels (1970, S. 260): „Die Arbeiterbewegung hat somit für die deutsche Arbeiterschaft eine ähnliche Bedeutung wie die katholische Kirche für gewisse Bestandteile des Kleinbürgertums und der Bauernschaft. Beide dienen den intelligenten Schichten einzelner Klassen als Hebel zu sozialem Emporkommen." Der Bauernsohn wird Landpfarrer, der Arbeitersohn Parteifunktionär.

Die Konsequenzen dieser Mobilitätschancen für den revolutionären Elan der organisierten Arbeiterschaft sind nach Michels (1970, S. 268) weitreichend: „Die Sozialdemokratie dient demnach gewissen Schichten der Lohnarbeiterschaft als . . . Klassenerhöhungsmaschine . . . ihr ist die geschichtliche Aufgabe zuteil geworden, proletarische Bestandteile, und zwar vielfach die fähigsten, klügsten, zu entproletarisieren. Die materialistische Geschichtsauffassung selbst lehrt, daß der sozialen und ökonomischen Entfremdung die geistige auf dem Fuße folgen muß."

Organisatorische Notwendigkeiten zwingen die sozialistische Bewegung zur Anstellung hauptberuflicher Funktionäre, damit Teilen der Arbeiterschaft individuelle Mobilitätschancen zu vermitteln, obwohl individuelle Mobilität Alternative zur kollektiven, revolutionären Aktion ist. Die Vorbereitung der Revolution untergräbt die Motivation dazu. Michels nennt eine Fülle von Beispielen für Verbürgerlichungstendenzen in der Sozialdemokratie: von den Parteiwirten über militärfreundliche Rüstungsarbeiter bis zu ständischen Abschließungstendenzen, die sich im Ruf nach ‚closed shop' oder in den USA nach Einwanderungsbeschränkungen äußern.

Das Referendum erscheint als ein Mittel, die Macht der Führer zu begrenzen. Aber erstens wird es auch in der Arbeiterbewegung selten angewendet. Zweitens erzeugt dieses Instrument leicht negative Resultate, z. B. die gleichzeitige Herabsetzung von Gewerkschaftsbeiträgen und Heraufsetzung von Streikgeldern. Darüber hinaus kann das Referendum auch als Disziplinierungsinstrument der Oligarchen gegenüber den aktiven Versammlungsbesuchern dienen. Mittels Referendum und Unterstützung der passiven Mitglieder können die Oligarchen sich gegen die Mitspracheansprüche der aktiven Mitglieder sichern. Auch ist von Bedeutung, daß das Referendum ein wichtiges Herrschaftsmittel des Bonapartismus ist.

Als zumindest teilweise geeignetes Instrument, die Führer an die Geführten zu binden, erkennt Michels die Angleichung der Lebensbedingungen und des Lebensstandards an.

Dem Anarchismus bescheinigt Michels das tiefste Verständnis für die oligarchischen Tendenzen des Gruppenlebens und des politischen Kampfes. Letzten Endes aber läuft auch der Anarchismus nur auf die Substitution der Herrschaftsmittel und Führertypen hinaus. An die Stelle der organisierten Herrschaft der Parteibürokraten tritt die der rhetorisch begabten Demagogen. Je mehr es dem Anarchismus gelingt, Organisation und Oligarchie auf seiten der Arbeiterschaft zu verhindern, desto stärker ist diese außerdem der Herrschaft der Bourgeoisie ausgeliefert.

Um im politischen Kampf durchsetzungsfähig zu werden, muß sich die Arbeiterbewegung organisieren. Dadurch erhält sie Anteil an der Macht. „Die Teilnahme aber an der Macht macht stets konservativ", wie Michels (1970, S. 343) bemerkt. Der Kampf gegen eine bestehende Herrschaftsordnung kann zwar diese verändern oder beseitigen, nicht aber die Existenz von Herrschaft überhaupt. Die Tragik sozialdemokratischen Bemühens sieht Michels (1970, S. 344/345) so:

„Entstanden, um die zentralisierte Macht des Staates zu überwinden und von der Erwägung ausgehend, daß die Arbeiterklasse nur einer genügend großen und festen Organisation bedürfe, um über die Organisation des Staates Herr zu werden, hat die Partei der Arbeiter sich selber machtvoll zentralisiert und ihr stolzes Gebäude auf die gleichen staatlichen stattlichen Grundpfähle aufgebaut: Autorität und Disziplin. So ward sie zu einer Regierungspartei, d. h. zu einer Partei, die organisiert wie die Regierung im Kleinen, der Hoffnung lebt, dereinst die Regierung im Großen zu übernehmen."

Mit bürokratischer Organisation und oligarchischen Tendenzen erhalten aber immer mehr und wichtigere Parteigenossen ein Interesse am Status quo. Die Organisation wird zum Selbstzweck, der Immobilismus zur Strategie, der Klassenkampf verkommt zur Rhetorik. Die Teilnahme an der Macht durch die deutsche Sozialdemokratie, deren Prussifikation seit dem Ersten Weltkrieg, kann solche Tendenzen nicht verhindern, sondern höchstens verstärken.

In Anlehnung an Mosca (1950) hebt Michels (1970, S. 352) das „Resultat aller Klassenkämpfe" hervor: „eine Minderheit löst eine andere Minderheit in ihrer Herrschaft über die Masse ab". Im Gegensatz zu Marx betont Michels (1970, S. 359), daß auch die Vergesellschaftung des Produktionskapitals den oligarchischen Charakter von Herrschaft nicht überwinden kann, sondern nur eine neue Klasse an die Macht bringen: „Die Verwaltung eines unermeßlichen Kapitals, zumal wenn es sich um der Kollektivität gehörende Gelder handelt, übermittelt den Verwaltern mindestens die gleiche Quantität Macht als der Besitz eigenen Kapitals, der Privatbesitz." Dabei sieht Michels auch schon erbsozialistische Tendenzen voraus, wie Mitgliedschaften von Söhnen der Parteiführer im ZK oder Politbüro sozialistischer Parteien.

Die Quintessenz von Michels' (1970, S. 367) Oligarchiegesetz kommt in folgendem Zitat zum Ausdruck: „Die Sozialisten könnten demnach siegen, nicht der Sozialismus, der im Augenblick des Sieges seiner Bekenner untergeht. Man wäre versucht, es eine Tragikomödie zu nennen: die Massen begnügen sich damit, unter Aufbringung aller Kräfte ihre Herren zu wechseln."

Die eher lebhafte als systematische Darstellung bei Michels und seine oft provozierenden Aussagen dürfen aber den nutzentheoretisch formulierbaren Kern des Oligarchiegesetzes nicht verwischen. Deshalb will ich in Anlehnung an Wippler (1982) diesen Kern rekonstruieren: Ob eine Organisation oligarchisch ist oder im Laufe der Zeit wird, hängt von – möglicherweise im Laufe der Zeit veränderlichen – strukturellen Merkmalen ab: von ihrer Größe, von der Kontaktdichte unter ihren Mitgliedern und von ihrer Homogenität in bezug auf die Fähigkeiten ihrer Mitglieder. Diese Variablen beeinflussen die Kosten-Nutzen-Kalküle der Akteure. Je größer die Organisation ist, je geringer die Kontaktdichte unter den Mitgliedern ist, je stärker die meisten Mitglieder der Führung an Wissen, Intelligenz und Tatkraft unterlegen sind, desto passiver werden die meisten Mitglieder sein, weil ihre Bemühungen einzeln kaum sichtbar, nicht leicht zu koordinieren und ineffizient sein werden. Je passiver und apathischer die meisten Mitglieder sind, desto ungestörter kann die Führung ihre eigenen Ziele verfolgen, auch da wo diese von den Zielen der anderen Organisationsmitglieder abweichen.

Im allgemeinen entwickeln sich Oligarchien erst im Laufe der Zeit. Am Anfang sind viele Organisationen klein. Sie verfügen über wenige, oft ähnlich kompetente Mitglieder und eine relativ hohe Kontaktdichte. Unter diesen Bedingungen sind die Mitglieder recht aktiv und die Führung muß sich an den Vorstellungen der Mitglieder orientieren. Eine erfolgreiche Organisation wächst im Laufe der Zeit. Mit steigender Mitgliederzahl sinkt oft die Kontaktdichte. Die Durchsetzungschancen der meisten Mitglieder müssen sinken, die Koordinationskosten bei von der Führung abweichenden Vorstellungen aber steigen. Viele Mitglieder werden apathischer. Das vergrößert im Laufe der Zeit die Überlegenheit der Führung. Zunehmende Apathie und zunehmende Heterogenität erlauben es der Führung zunehmend, eigene Interessen und Vorstellungen anstelle der der Geführten zu verfolgen. Je mehr sich derartige Verhaltensmuster verfestigen, desto oligarchischer ist die Organisation geworden.

Bei Michels (1970) – nicht bei Wippler (1982) – vernachlässigt ist die Frage, ob Oligarchisierung irreversibel ist oder ob es Bedingungskonstellationen gibt, unter denen der Oligarchisierung Grenzen gesteckt sind. Offensichtlich spielen hier die Möglichkeiten, die Organisation zu verlassen oder gar zu einer konkurrierenden Organisation überzulaufen, eine Rolle.[4] Außerdem ist von Bedeutung, ob innerhalb der Organisation verschiedene konkurrierende Möchtegern-Eliten um die Macht kämpfen. Aber das soll hier nicht weiterverfolgt werden.

5. Zur Erklärung sozialer Konflikte aus der Perspektive der Wert-Erwartungstheorie

Eine auf der Wert-Erwartungstheorie basierende Konflikttheorie sieht die Ursachen von Konflikten also in 1. egoistischer (eigennütziger) oder 2. kurzsichtiger Vernachlässigung der Nutzenfolgen des eigenen Handelns für andere, 3. in der Existenz von Positionsgütern, wo die Nutzung des einen die Nutzungschancen oder -qualität der anderen beeinträchtigt. Eine konfliktfreie Gesellschaft kann es folglich grundsätzlich nicht geben. Aber Konflikte können natürlich gemildert werden – etwa durch Altruismus, d. h. freiwillige Berücksichtigung der Nutzenfolgen eigenen Handelns für andere.

Soziale Konflikte setzen die Existenz von Konfliktparteien voraus und damit interne Kooperation. Was einer Konfliktpartei als Kollektivgut erscheint, kann aus der Perspektive eines umfassenderen Kollektivs allerdings negativ zu bewerten sein. Inwieweit eine durch gemeinsame Interessen an einem Kollektivgut definierte latente Konfliktpartei diese Interessen durchsetzen kann, hängt u. a. davon ab, ob ihre Mitglieder Ressourcen für die Erreichung der gemeinsamen Ziele einzusetzen bereit sind. Wo die Zielverwirklichung auf die Bereitstellung von Kollektivgütern hinausläuft, da können große Gruppen bzw. latente Konfliktparteien das nur durch Ausübung von Zwang oder anderen selektiven Anreizen sicherstellen. Ohne diese Hilfsmittel wären ja alle in Versuchung, Trittbrettfahrer zu werden.

Latente Konfliktparteien mit gemeinsamen Interessen unterscheiden sich in der Fähigkeit zur Kooperation, Ressourcenmobilisierung und damit Konfliktfähigkeit nach außen. Olson (1968) hat auf die Vorteile kleiner Gruppen hingewiesen. Elitäre Gruppeninteressen sind deshalb leichter als Masseninteressen organisierbar. Produzenteninteressen sind deshalb leichter als Konsumenteninteressen organisierbar. Die Durchsetzungschancen in sozialen Konflikten sind dann besonders gut, wenn auf kleine Gruppen konzentrierte Vorteile auf Kosten großer Gruppen, d. h. bei breiter Streuung der Kostenbelastung, beschafft werden können. Die Mitglieder der kleinen Gruppe haben dann einen starken Anreiz, das Kollektivgut zu beschaffen, während die Mitglieder der großen Gruppe unter einem schwachen Anreiz leiden, die relativ hohen Organisationskosten zu tragen, nur um für jeden einzelnen relativ geringfügige Kostenbelastungen zu vermeiden. Sofern deshalb latente Konfliktparteien überhaupt nicht manifest werden, kann der Konflikt latent bleiben.

Bei großen Gruppen mit gemeinsamen Interessen ist die Kontaktdichte unter den Mitgliedern eine zur Organisierbarkeit beitragende Bedingung. Schon Marx (1852, 1966) hat darauf hingewiesen, daß die in Städten und Fabriken konzentrierte

Arbeiterschaft eher als auf dem Lande verstreut lebende Kleinbauern oder Tagelöhner organisierbar ist. Ceteris paribus gilt auch nach der Wert-Erwartungstheorie, daß steigende Kosten die damit verbundenen Handlungen unwahrscheinlicher werden lassen.

Ob Interessenten sich zur Konfliktpartei zusammenschließen, hängt auch wesentlich von der Intensität ihrer gemeinsamen Interessen ab. Die Intensität der mit sozialen Positionen, Schichten- oder Klassenzugehörigkeit verbundenen Interessen wird wesentlich durch das Ausmaß der Positionshaftung bestimmt. Wenn jeder, der mit seiner Position in der Gesellschaft unzufrieden ist, diese ohne weiteres gegen eine andere, stärker privilegierte oder bevorzugte austauschen könnte, bestünde ja kein Anlaß für kollektive Aktionen. Wer aber einer Position permanent angehört, wird eher gemeinsam mit den Inhabern ähnlicher oder identischer Positionen gemeinsame Interessen vertreten (vgl. Dahrendorf 1972, Rogowski 1974).

Aus der Perspektive der Wert-Erwartungstheorie erscheint die marxistische Annahme, daß vor allem die Position im Produktionsprozeß (bzw. die Zugehörigkeit zum Proletariat) solidarisches Gruppenhandeln bestimmt, ausgesprochen unplausibel. Schichten- oder Klassenzugehörigkeit lassen sich zwar nicht leicht, aber in vielen Gesellschaften zumindest überhaupt überwinden. Soziale Mobilität des Individuums ist eine Alternative zu solidarischem Klassenhandeln.

Bei unterschiedlicher ökonomischer oder politischer Privilegierung von rassisch, ethnisch oder auch religiös definierten Gruppen in einer Gesellschaft sind die Möglichkeiten des Positionswechsels wesentlich geringer. ‚Aufstieg‘ in eine privilegierte Rasse ist keine denkbare Alternative zu kollektivem Handeln. Bei ethnisch oder sprachlich definierten Gruppen ist ein solcher Aufstieg vielleicht über Generationen möglich, aber selten so schnell wie beruflicher Aufstieg. Wechsel der Religionsgruppe sieht nur aus der Perspektive des Ungläubigen leicht aus und kann mit der Zunahme des Unglaubens auch leichter als berufliche Mobilität werden.

Ob mit sozialen Positionen verbundene gemeinsame Interessen zu solidarischem Handeln führen, hängt auch vom Ausmaß der Konsolidierung potentieller Konfliktfronten ab (vgl. Dahrendorf 1972, Rogowski 1974, von der Mehden 1973). Wenn alle, die bei der einen Streitfrage einander gegenüberstehen, auch bei anderen Streitfragen einander gegenüberstehen, dann werden Konflikte verschärft. Wenn dagegen die Kameraden in einem Konflikt die Gegner in anderen Konflikten sind und umgekehrt, dann werden die Konflikte entschärft. Bei zunehmender Konsolidierung der Konfliktfronten aber steigen die Kosten der Niederlagen und der Nutzen des Sieges, weil man sich gleichzeitig an (fast) allen Fronten durchsetzt oder (fast) überall unterliegt. Nach der Wert-Erwartungstheorie hängt die Einsatzbereitschaft ja vom erwarteten Nutzen ab. Darüber hinaus impliziert die Konsolidierung sozialer Konflikte üblicherweise, daß schon für andere Zwecke organisierte Gruppen für kollektive Aktionen mobilisiert werden können, daß nur noch Gruppen und nicht mehr Individuen organisiert werden müssen, wodurch die Kosten der Ressourcenmobilisierung stark gesenkt werden können (Oberschall 1973, Kriesberg 1982).

Gewalt ist ein Mittel zur Durchsetzung der eigenen Interessen, das selektiv nach innen, um Solidarität zu erzwingen, und nach außen eingesetzt werden kann. Aus der Perspektive der Wert-Erwartungstheorie ist zu erwarten, daß die Gewaltbereitschaft von der Existenz alternativer, gewaltloser, von den Kosten her „preiswerterer" Einflußkanäle abhängt, vom erwarteten Ausmaß und der Durchschlagskraft von Gegengewalt bzw. Repression, soweit vorhanden u. U. auch von normativen Vorstellungen über den gerechtfertigten Einsatz von Gewalt (vgl. Muller 1980). Soweit vorhanden, kann ein „schlechtes Gewissen" die Kosten von Gewalthandeln beträchtlich erhöhen.

Gewalteinsatz dürfte in der Regel die Positionshaftung von Individuen und damit die Intensität von Konflikten steigern. Plastisch ausgedrückt: Wo geschossen wird, ist es schwerer, die ,Front' zu wechseln, als dort, wo nur geredet wird.

Soweit allgemein anerkannte normative Vorstellungen in einer Gesellschaft deren Teilgruppen Gewaltanwendung verbieten, die Kosten von Gewaltanwendung also auch ohne Anwendung von Gegengewalt hoch sind, kann man diese Normen als Kollektivgüter betrachten. Nach der Wert-Erwartungstheorie und Olsons (1968) Logik des kollektiven Handelns ist allerdings zu erwarten, daß die Konfliktparteien nur zögernd, wenn überhaupt, zur Erhaltung dieses Kollektivgutes beitragen. Staatlicher Zwang gegen die gesellschaftlichen Teilgruppen kann zur Erhaltung des Kollektivgutes ,innerer Frieden' notwendig werden. Andernfalls besteht die Gefahr, daß die gesellschaftliche Teilgruppe, die als erste Gewalt einsetzt, bei der Verfolgung ihrer Interessen kurzfristige Vorteile erzielt, damit bei anderen Teilgrupen den ,Lernprozeß', daß vor allem Gewalt Erfolg verspricht und Gewaltlosigkeit Mißerfolg, in Gang setzt. Die Eskalationstendenz bei Konflikten ist mit dem Menschenbild des Nutzenmaximierers der Wert-Erwartungstheorie durchaus kompatibel. Denn der Nutzenmaximierer ist ja oft kurzsichtig oder eigennützig.

Wie andere soziale Normen oder die rechtliche Regelung sozialen Handelns kann man auch die Regelung der Eigentumsrechte[5] als Kollektivgut auffassen. Das hat Tullock (1974) mit einem Gedankenexperiment erläutert. In einer Gesellschaft völlig ohne Eigentumsrechte gäbe es keine Produktionsanreize. Wer etwa ein Feld bebaut oder einen Garten pflegt, muß damit rechnen, daß er die Arbeit und jemand anders die Ernte hat. Man könnte auch sagen, daß Diebstahl in einer Gesellschaft ohne Eigentumsrechte legal ist. Aus der Perspektive jedes einzelnen wäre dann Diebstahl lohnender als Arbeit in der Produktion. Individuell rationale Interessenverfolgung würde dann ein kollektiv irrationales Ergebnis sicherstellen.

In der eigentumslosen Gesellschaft von Tullocks (1974) Gedankenexperiment wird die Produktion nicht beliebig sinken können. Wenn niemand mehr produziert, kann man auch niemandem etwas wegnehmen. Aber, wer sich deshalb für Arbeit etwa auf dem Feld entscheidet, gerät in einen Interessengegensatz zu den anderen. Er wird sein Feld einzäunen und Felder, Scheunen und Silos nachts bewachen (lassen) müssen, um sicherzustellen, daß er, der Produzent, und nicht etwa andere, Diebe, die Produktion erhalten. Solche Schutzmaßnahmen seitens der Produzenten sind zwar notwendig, um Produktionsanreize zu erhalten, aber insofern konterproduktiv, als sie sicher zu Gegenmaßnahmen, wie Gruppenbildung und Anlegen von Verstecken für die Beute, auf seiten der Diebe führen. Weil Maßnahmen seitens der Produzenten und Gegenmaßnahmen seitens der Diebe in der eigentumslosen Gesellschaft einander teilweise neutralisieren, läge es im Interesse aller, wenn solches Gegeneinander unterbliebe, wenn Eigentumsrechte durchgesetzt werden könnten. Einige ehemalige Diebe würden sich dann für produktive Arbeit entscheiden, weil deren Früchte dann mit großer Wahrscheinlichkeit bei ihnen verblieben. Die hartnäckige Minderheit der Diebe würde möglicherweise ebenfalls von der neuen Rechtsordnung profitieren. Je weniger Diebe es noch gibt, desto unrentabler und unwahrscheinlicher werden Investitionen zum Schutz vor Diebstahl, desto leichter wird ihre Tätigkeit.

Tullocks (1974) Gedankenexperiment zeigt, daß Eigentumsrechte ein Kollektivgut sind, daß sie im allgemeinen Interesse liegen, um Gegeneinander und letztlich unfruchtbares Konfliktverhalten auszuschalten bzw. zu minimieren. Olsons (1968) Logik des kollektiven Handelns zeigt uns, daß die Durchsetzung dieses kollektiven Interesses nicht einfach ist, vor allem nicht in Großgesellschaften. Das geht nicht ohne Zwang. Die Produktionsanreize sicherstellende Rechtsordnung kann grundsätzlich auf zweierlei Art entstehen.

Entweder die Produzenten schließen sich zusammen, teilen die Felder etc. auf, beschließen, wer was für seine Arbeit erhält, bezahlen Polizei und Staatsapparat zur Bekämpfung der Diebe. Oder einige Diebe, besorgt über die abnehmende Profitabilität anarchischen Diebstahls bei stagnierender oder sinkender Produktion, schließen sich zusammen, um ein Diebstahlsmonopol für ihre Organisation durchzusetzen. Diebstahl von Außenseitern oder Mitgliedern der eigenen Organisation auf eigene Faust wird nicht mehr geduldet, sondern verfolgt. Unvorhersehbare Enteignungen gibt es nicht mehr, sondern festgesetzte Ablieferungspflichten, die schon eine gewisse Ähnlichkeit mit der Besteuerung haben. Weil damit der Ressourcen verschwendende Konflikt zwischen Produzenten und anarchischen Dieben weitgehend unterdrückt und überwunden wäre, ist schon ein bloßes Diebstahlsmonopol ein öffentliches Gut. Weil die kleine Gruppe der Diebe einen stärkeren selektiven Anreiz zum Handeln spürt – nämlich die Aussicht, eine ausbeutende herrschende Klasse zu werden, die sich selbst auf Kosten der Produzenten privilegiert – als die große Gruppe der Produzenten, vor allem, wenn letztere egalitär und demokratisch eingestellt sein sollten, ist die Etablierung von Herrschaft oder „Recht und Ordnung" auf dem weniger wünschenswerten Weg dennoch die wahrscheinlichere Lösung.

Zwang – ob primär von den Produzenten gegen die Diebe oder umgekehrt eingesetzt – kann aber nur ein Element bei der Durchsetzung einer Gesellschafts- und Rechtsordnung sein. Ob einige Diebe oder einige Produzenten diese durchsetzen wollen, sie stehen immer noch dem Dilemma gegenüber, daß die angestrebte Ordnung für das einzelne Mitglied der herrschen-wollenden Gruppe immer noch ein Kollektivgut ist. Hier ermöglichen selektive Anreize kollektives Handeln. Diejenigen, die eine politische Ordnung durchsetzen, rechnen nicht nur mit Beteiligung am Kollektivgut „Recht und Ordnung", sondern darüber hinaus noch mit bevorzugter Versorgung mit solchen Gütern, die zwar einige, aber nicht alle erhalten – wie etwa gut bezahlte oder sonstwie privilegierte Positionen in Staat und Verwaltung. Aus der Sicht der Wert-Erwartungstheorie kann man jede bestehende politische Ordnung geradezu als Nebenprodukt des auf selektive Anreize reagierenden Handelns von Individuen auffassen. Auch Zwang kann als selektiver Anreiz aufgefaßt werden. Denn wer sich konform verhält, bleibt vom Zwang, dem andere unterworfen werden, verschont.

Soziale Normen, Verfügungsrechte, Gesetze und eine Regierung haben notwendigerweise immer ein doppeltes Gesicht. Auf der einen Seite erhöht ihre Existenz die Kosten illegaler Verfolgung des eigenen Interesses auf Kosten anderer. Vor allem private Gewaltausübung wird dadurch teurer und damit seltener. Soweit sind soziale Normen und die Existenz einer Regierung ein kollektives Gut. Andererseits aber müssen Normen, Eigentumsrechte und Gesetze durchgesetzt und verwaltet werden. Für einen kleinen Stamm mag ein Häuptling genügen, komplexere Gesellschaften benötigen einen Regierungsapparat und eine Verwaltung. In beiden Fällen entsteht eine Differenzierung zwischen mehr oder weniger herrschenden Positionen. Weil selbstsüchtige Verfolgung eigener Interessen unter Menschen nun mal ziemlich häufig ist, werden die in den beherrschenden Positionen sich selbst privilegieren.

Nach Tilly (1978) sollte man zwischen den Mitgliedern und Nichtmitgliedern eines politischen Systems unterscheiden, d. h. zwischen denen, die routinemäßig bei Gesetzgebung und Verwaltung Gehör finden, und denen, die routinemäßig kein Gehör finden. Üblicherweise profitieren die Mitglieder des Systems von staatlicher Begünstigung ihrer Bemühungen bei der Organisation, Mobilisierung und Interessenartikulation, während die Nichtmitglieder unter staatlicher Behinderung und Repression zu leiden haben oder, günstigstenfalls, unter wohlwollender Nichtbeachtung.

Die ungleiche Verteilung von Positionsgütern, die Trennung der Gesellschaft in Herrschende bzw. an Herrschaft Partizipierende und nur Beherrschte (vgl. Dahrendorf 1972), ist einerseits notwendig, um Anreize für die Produktion von Kollektivgütern und zur Begrenzung sozialer Konflikte zu liefern, schafft aber andererseits neue Konflikte zwischen Mitgliedern und Nichtmitgliedern des Systems, zwischen Herrschenden und Beherrschten, zwischen den „Ins" und den „Outs". Während die Existenz eines Herrschaftssystems einige Konfliktgründe neutralisiert, schafft sie notwendig andere und neue Konflikte.

Am einfachsten sind diese herrschaftsbedingten Konflikte in Entwicklungsländern zu verstehen. Deshalb werde ich an dieser Stelle kurz Spittlers (1978) Studie „Herrschaft über Bauern" referieren, die sich auf eine Provinz des Niger bezieht, einen der ärmsten Staaten der Welt. Der herrschaftsbedingte Konflikt zwischen Verwaltung und Bauern besteht nach Spittler (1978, S. 13) darin: „Die Verwaltung versucht, die Bauern qua Steuern auszubeuten und forciert in diesem Zusammenhang die Einbeziehung in den Agrarexportmarkt." Dieser Dauerkonflikt zwischen Verwaltung und Bauern führt zu eigenartigen Herrschaftsformen. Vor allem fehlt der Herrschaft die Legitimität. Die Bauern sehen keine Gründe, warum sie sich der Verwaltung freiwillig fügen sollten, aber sie verfügen auch über keine Maßstäbe zur Kritik der Herrschenden. Sie wissen nur, daß es immer Herrschaft gegeben hat und geben wird, daß sie auf Ausbeutung der Schwachen durch die Starken hinausläuft.

Die Kommerzialisierung der Landwirtschaft und der Erdnußexport sind im Herrschaftszusammenhang vor allem deswegen bedeutsam, weil davon die Besteuerung berührt wird. Einerseits erzwingt die einkommensunabhängige Kopfsteuer, die in Geld erhoben wird, den Übergang zur Produktion marktfähiger Erzeugnisse. Andererseits erleichtert die Einbeziehung der Bauern in das Marktgeschehen, die teilweise Abkehr von der Subsistenzwirtschaft, dem Staat das Eintreiben der Steuern.

90% der Bevölkerung des Niger leben von der Landwirtschaft. Sonst sind nur der Handel und der öffentliche Dienst von größerer wirtschaftlicher Bedeutung. Verglichen mit den Bauern oder auch der Industrie wird der öffentliche Dienst hervorragend bezahlt. In manchen Landesteilen erreicht er das vierfache, in anderen das zwölffache Bauerneinkommen. Würde man das faktisch – wegen der Kopfsteuerbasis – weitgehend regressive Steuersystem berücksichtigen, dann wären die Unterschiede noch größer. Der öffentliche Dienst beansprucht auch über $2/3$ des Staatshaushalts, so daß Investitionen – wenn überhaupt – nur vom Ausland finanziert werden können. Während die in den Städten konzentrierte Beamtenschaft die Steuergelder ausgibt, bevorzugt als eigene Gehälter, bringen vor allem die Bauern sie auf, teilweise indirekt über die Außenhandelsabgaben (Erdnußexport), teilweise direkt über Kopf- und Viehsteuern.

Der Interessengegensatz zwischen der privilegierten Administration und den ausgebeuteten Bauern hat so gut wie gar nichts mit der Verfügungsgewalt über Produktionsmittel zu tun. Land ist immer noch ausreichend vorhanden, so daß es nur im Umkreis der Städte oder in besonders fruchtbaren Flußtälern kommerziellen Wert hat. Die Werkzeuge, wie Sichel oder Hacke, sind primitiv und im Besitz der bäuerlichen Haushalte. Die Basis des Interessengegensatzes ist also die Verfügung über Macht seitens der Administration und über Nahrungsmittel und Steuergelder seitens der Bauern. Dabei agiert die Administration offensiv, der Bauer defensiv, oft fluchtartig. Er will nichts von der Verwaltung, sich nur vor deren Zumutungen schützen. Das ist angesichts der hohen steuerlichen Belastungen der ärmeren Haushalte (bis zu 40% des Haushaltseinkommens, nach Spittler 1978, S. 161) auch naheliegend.

Die bäuerlichen Haushalte sind voneinander weitgehend isoliert. Die Dörfer sind klein. Das erschwert die Organisation der Bauern gegen staatliche Zumutungen. Aber es erschwert auch den Zugriff der Administration. Deren Hauptaktivität besteht im Eintreiben von Steuern, wobei es häufig zur Androhung oder Anwendung von Gewalt gegen die Bauern kommt. Innerhalb der Bürokratie wird das Herrschaftsproblem als Domestikation der Bauern verstanden, nach außen redet man von Partizipation und Entwicklung. Zur Realitätsnähe und Funktion dieser Rhetorik meint *Spittler* (1978, S. 82): „Die Dominanz der Entwicklungsrhetorik in allen Äußerungen lenkt vom Kern der Beziehung zwischen Verwaltung und Bauern völlig ab. Die erste Frage in einem Agrarstaat, die nach dem Abgabesystem, interessiert hier nicht. Wie wird das Staatswesen finanziert, wie hoch ist die Belastung für die Bauern, wie lassen sich diese Abgaben rechtfertigen – alle diese Fragen, die bei einem Agrarstaat im Vordergrund stehen müßten, werden überhaupt nicht gestellt . . . Die dominante Phraseologie verdrängt nicht nur wesentliche Probleme aus der Diskussion, sondern sie rechtfertigt auch die Position der politischen und administrativen Elite . . . da sie den Reichtum der Elite als Resultat ihrer Modernität interpretiert . . .“

Schon die Grundschule bereitet auf die Übernahme von Herrschaftsrollen vor. Wer die Examina bestand, hatte zumindest in den Jahren nach der Unabhängigkeit eine Chance, in den gut bezahlten öffentlichen Dienst zu kommen. Das erstreben viele, auch bäuerliche Eltern für ihre Kinder, obwohl sie wissen, daß es durch Schulerziehung zur Entfremdung von Eltern und Kindern kommt. Nach *Spittler* (1978, S. 135) gilt nämlich: „In Antizipation seiner künftigen Beamtenstellung kennt ein Schüler schon in groben Zügen das Modell modernisierende Elite – traditionale Massen.“ Schüler arbeiten weniger als ihre gleichaltrigen Geschwister auf den Feldern der Eltern mit, erhalten dafür auch noch bessere Kleidung. Schulerziehung ist eine Investition in Zugang zu Macht und Einkommen, wobei man hofft, daß die erfolgreichen Kinder später ihren Eltern den Lebensunterhalt erleichtern.

Bei Spittler (1978) sieht es so aus, als ob der Verwaltungsapparat im Niger *nur* die Bevölkerung ausbeutet, als ob die Bauernbevölkerung ganz ohne diesen Apparat besser leben könnte. Das kann übertrieben sein. Aber die Existenz der bei Spittler beschriebenen reinen Herrschaftskonflikte bleibt auch dann noch bestehen.

6. Exkurs: Marx' Theorie des Klassenkampfes und des revolutionären sozialen Wandels

M. E. eignet sich keine Schrift so gut wie das ,*Manifest der kommunistischen Partei*' als Einstieg in die marxistische Konfliktsoziologie. Der Ausgangspunkt dort ist eine allgemeine Überlegung über den Zusammenhang von Herrschaft und Konflikt (Marx und Engels 1966, S. 59, aber hier wie bei den folgenden Zitaten *meine* Hervorhebungen, E. W.): „*Die Geschichte aller bisherigen Gesellschaft ist die Geschichte von Klassenkämpfen.* Freier und Sklave, Patrizier und Plebejer, Baron und Leibeigener, Zunftbürger und Geselle, kurz *Unterdrücker und Unterdrückte* standen in stetem Gegensatz zueinander, führten einen ununterbrochenen, bald versteckten, bald offenen Kampf, einen Kampf, der jedesmal mit einer revolutionären Umgestaltung der ganzen Gesellschaft endete oder mit dem gemeinsamen Untergang der kämpfenden Klassen." Damit wird also ein konfliktzentriertes Gesellschaftsbild entworfen, wird zunächst der allgemeine Gegensatz zwischen „Unterdrücker und Unterdrückten", zwischen Herrschern und Beherrschten, hervorgehoben.

Die *Parteien* in den Konflikten bezeichnen Marx und Engels als *Klassen*. In den meisten historischen Epochen und Gesellschaften hat es eine Klassenvielfalt gegeben. Erst im bürgerlichen Zeitalter kommt es zumindest tendenziell (Marx und Engels 1966, S. 60: „mehr und mehr") zur Herausbildung von nur noch zwei Klassen, die einander feindlich gegenüberstehen: Bourgeoisie und Proletariat. Die Zugehörigkeit zur einen oder zur anderen Klasse hängt vom Besitz der Produktionsmittel ab (Marx und Engels 1966, S. 243, Anmerkung 1). Die *eigentumsrechtliche* Abgrenzung der Klassen und tendenzielle *Dichotomisierung* der Gesellschaft in nur zwei Klassen ist also *spezielles* Phänomen einer bestimmten *historischen* Epoche, während der Machtkampf zwischen Klassen ein allgemeines Phänomen der Geschichte ist.

Verglichen mit älteren historischen Epochen hat das bürgerliche Zeitalter große produktionstechnische (Handwerk → Manufaktur → Industrie), wirtschaftliche und sogar politische Fortschritte gebracht. Aber die bürgerliche Gesellschaft hat auch „idyllische Verhältnisse zerstört", „nackte Interessen" herausgestellt, „rührend-sentimentale Schleier" abgerissen. Man könnte das bürgerliche Zeitalter vielleicht auch das der Dominanz des Ökonomischen nennen. Denn ökonomische Kriterien, wie der Besitz von Produktionsmitteln, determinieren die Klassenzugehörigkeit, ökonomische Kriterien („gefühllose ,bare Zahlung'") bestimmen die Beziehung zwischen den Menschen, selbst der *Staat* ist in die Hände der wirtschaftlich Mächtigen gefallen. Mit den Worten von Marx und Engels (1966, S. 61): „Die moderne Staatsgewalt ist nur ein Ausschuß, der die gemeinschaftlichen Geschäfte der ganzen Bourgeoisklasse verwaltet."

Das bürgerlichee Zeitalter ist gleichzeitig *Produkt des Fortschritts* der Produktivkräfte und Produktionsverhältnisse und eine Periode der *Beschleunigung des Fortschritts.* Denn nach Marx und Engels gilt (1966, S. 62): „Die Bourgeoisie kann nicht existieren, ohne die Produktionsinstrumente, also die Produktionsverhältnisse, also sämtliche Verhältnisse fortlaufend zu revolutionieren." Oder (S. 63): „sie (die Bourgeoisie, E. W.) schafft sich eine Welt nach ihrem Bilde." Das schließt u. a. einen Weltmarkt und weltweite Interdependenz ein.

Das bürgerliche Zeitalter, die Herrschaft der Bourgeoisie, ist das Produkt einer gesetzmäßigen Entwicklung. Treibende Kraft dabei ist der *Widerspruch* zwischen *Produktivkräften* (oder Produktionspotentialen) und *Produktionsverhältnissen* (oder Eigentumsverhältnissen). Marx und Engels (1966, S. 63) sehen das so: „Auf einer gewissen Stufe der Entwicklung dieser Produktions- und Verkehrsmittel entsprachen die Verhältnisse, worin die feudale Gesellschaft produzierte und austauschte, die feudale Organisation der Agrikultur und Manufaktur, mit einem Wort die feudalen Eigentumsverhältnisse den schon entwickelten Produktivkräften nicht mehr. Sie hemmten die Produktion, statt sie zu fördern. Sie verwandelten sich in ebenso viele Fesseln. Sie mußten gesprengt werden, sie wurden gesprengt." Vor allem der letzte Teil dieses Zitats impliziert m. E. die Behauptung einer Gesetzmäßigkeit: Auf die Dauer werden die Produktionsverhältnisse den Produktivkräften angepaßt (nicht etwa umgekehrt).

Die dynamische Entwicklung von Produktivkräften und Produktionsverhältnissen endet aber nicht mit dem bürgerlichen Zeitalter. Betrachten wir zunächst die *Erfolge der Bourgeoisie,* d. h. Zentralisation und Produktion: „Die Bourgeoisie hebt mehr und mehr die Zersplitterung der Produktionsmittel, des Besitzes, der Bevölkerung auf. Sie hat die Bevölkerung agglomeriert, die Produktionsmittel zentralisiert und das Eigentum in wenigen Händen konzentriert. Die notwendige Folge hiervon war die politische Zentralisation (Marx und Engels 1966, S. 63)." Man beachte die *Abhängigkeit der Politik* von den Produktions- und *Eigentumsverhältnissen,* die deren Abhängigkeit von den *Produktivkräften* ergänzt. Weiter Marx und Engels (1966, S. 63) zu den Leistungen der Bourgeoisie: „Die Bourgeoisie hat in ihrer kaum hundertjährigen Klassenherrschaft massenhaftere und kollosalere Produktionskräfte geschaffen als alle vergangenen Generationen zusammen."

Nicht zuletzt die Erfolge der Bourgeoisie bei der Entwicklung der Produktivkräfte erzwingen die Überwindung der Produktionsverhältnisse. In den Worten von Marx und Engels (1966, S. 64): „Seit Dezennien ist die Geschichte der Industrie und des Handels nur noch die Geschichte der *Empörung der modernen Produktivkräfte gegen die modernen Produktionsverhältnisse,* gegen die Eigentumsverhältnisse, welche die Lebensbedingungen der Bourgeoisie und ihrer Herrschaft sind." Konkret äußert sich der Widerspruch zwischen Produktivkräften und Produktionsverhältnissen in Überproduktion und Unterkonsumption, in immer wiederkehrenden Krisen.

Nach Marx und Engels (1966, S. 65) müssen die Arbeiter unter bürgerlichen Produktionsverhältnissen verelenden: „Die Kosten, die der Arbeiter verursacht, beschränken sich daher fast nur auf die Lebensmittel, die er zu seinem Unterhalt und zur Fortpflanzung seiner Race bedarf. Der Preis einer Ware, also auch der Arbeit, ist aber gleich ihren Produktionskosten. In demselben Maße, in dem die Widerwärtigkeit der Arbeit wächst, nimmt daher der Lohn ab."

Die historische Entwicklung bedeutet also Verelendung des Proletariats. Gleichzeitig wird das Proletariat in den Städten und Fabriken *zusammengeballt*. Aus der Gleichheit der Interessen der Proletarier und der Kontaktdichte unter ihnen resultiert dann die *Organisierbarkeit* der Arbeiterschaft für einen gemeinsamen Kampf. Mit der Verelendung produziert die Bourgeoisie also das Motiv für den Kampf der Proletarier, mit der Zusammenballung senkt sie deren Organisationskosten (vgl. Marx und Engels 1966, S. 69), mit dem dauernden *Abwärtsmobilitätsdruck* erhöht sie die *Zahl* der Proletarier und damit deren Durchsetzungschance im Klassenkampf. Zur zunehmenden Kapitalkonzentration, dem Abwärtsmobilitätsdruck und der Tendenz zur *Dichotomisierung* der Gesellschaft in nur zwei Klassen wieder ein Zitat von Marx und Engels (1966, S. 65/66): „Die bisherigen kleinen Mittelstände, die kleinen Industriellen, Kaufleute und Rentiers, die Handwerker und Bauern, all diese Klassen fallen ins Proletariat herab, teils dadurch, daß ihr kleines Kapital für den Betrieb der großen Industrie nicht ausreicht und der Konkurrenz mit den größeren Kapitalisten erliegt, teils dadurch, daß ihre Geschicklichkeit von den neuen Produktionsweisen entwertet wird. So rekrutiert sich das Proletariat aus allen Klassen der Bevölkerung."

Zunehmende Verelendung und Erbitterung, zunehmende Anzahl durch das Verschwinden der Zwischenschichten und zunehmende Organisation im und durch den Klassenkampf bereiten den Sieg des Proletariats vor. In der Endphase schließen sich auch Intellektuelle bzw. „Bourgeoisideologen" zunehmend dem Proletariat an.

Nach Marx und Engels besteht die Geschichte aus Klassenkämpfen zwischen Unterdrückern und Unterdrückten. Die Vielzahl der Klassen und Unterklassen vor dem bürgerlichen Zeitalter hat aber verhindert, daß es jemals zu einem Kampf der *geeinten* und unterdrückten Majorität gegen die herrschende Minorität kam. *Historisch neu* am Proletariat ist nicht, daß es unterdrückt wird und für seine Interessen kämpft, sondern daß es die *überwältigende Mehrheit* der Bevölkerung darstellt. Die Annahme eines Trends zur *Klassendichotomisierung* ist deshalb von *zentraler Bedeutung* nicht nur für die Prognose des *Sieges* des Proletariats über die Bourgeoisie, sondern auch für das politische *System nach dem Sieg*, für die Prognose, daß erstmalig in der Geschichte eine Mehrheit herrscht. Bei diesem Geschichtsbild, bei dem geringen und abnehmenden Gewicht anderer sozialer Differenzierungen als der zwischen Bourgeoisie und Proletariat, ist bemerkenswert, daß *innerhalb des Proletariats* eine wichtige Differenzierung stattfindet – zwischen *Kommunisten* und *bloßen Proletariern*. Die folgende Stelle (Marx und Engels 1966, S. 70) kann als Vorbereitung leninistischen Kaderdenkens gelten: „Die Kommunisten sind also praktisch der entschiedenste, immer weiter treibende Teil der Arbeiterparteien aller Länder, sie haben theoretisch vor der übrigen Masse des Proletariats die Einsicht in die Bedingungen, den Gang und die allgemeinen Resultate der proletarischen Bewegung voraus."

Diese interne Differenzierung des Proletariats wirft m. E. zwei Probleme auf:

1. Wie ist es *angesichts* der marxistischen *Wissenssoziologie* möglich, daß eine homogene, verelendete Arbeiterschaft sich nach Erkenntnis intern differenziert? Die marxistische Wissenssoziologie kommt in folgendem Zitat (Marx und Engels 1966, S. 75) deutlich zum Ausdruck: „Was beweist die Geschichte der Ideen anderes, als daß die geistige Produktion sich mit der materiellen umgestaltet? Die herrschenden Ideen einer Zeit waren stets nur die Ideen der herrschenden Klasse." Der erste Satz behauptet die Abhängigkeit des Bewußtseins vom Sein und kann damit die interne Differenzierung der Arbeiterschaft in Kommunisten und andere nicht erklären, der zweite läßt bei den Unterdrückten falsches Bewußtsein zu, kann aber ebenfalls nicht erklären, warum einige (die Kommunisten) dafür weniger anfällig als andere sind.

2. Wenn es zur internen Differenzierung des Proletariats in Kommunisten und andere kommt, dann stellt sich die doppelte Frage nach der Rolle dieser proletarischen Elite im Klassenkampf und nach dem proletarischen Sieg. Hier ist das Manifest merkwürdig unbestimmt.

In diesem Zusammenhang ist auch die Unbestimmtheit der Äußerung über den politischen Charakter der Herrschaft nach dem proletarischen Sieg von Belang. Dazu noch ein Zitat (Marx und Engels 1966, S. 76): „Wir sahen schon oben, daß der erste Schritt in der Arbeiterrevolution die Erhebung des Proletariats zur herrschenden Klasse, die Erkämpfung der *Demokratie* ist. Das Proletariat wird seine politische Herrschaft dazu benutzen, der Bourgeoisie nach und nach alles Kapital zu entreißen, alle Produktionsinstrumente in den Händen des Staates, d. h. des als herrschende Klasse organisierten Proletariats zu zentralisieren und die Masse der Produktionskräfte möglichst rasch zu vermehren. Es kann dies zunächst nur geschehen vermittels *despotischer Eingriffe* in das Eigentumsrecht . . ."

Schwankt das siegreiche Proletariat kurz nach dem Sieg noch zwischen Demokratie und despotischen Eingriffen, auf lange Sicht hebt nach Marx und Engels (1966, S. 77) das Proletariat „mit diesen Produktionsverhältnissen die Existenzbedingungen des Klassengegensatzes, der Klassen überhaupt, und damit seine eigene Herrschaft als Klasse auf. An die Stelle der alten bürgerlichen Gesellschaft mit ihren Klassen und Klassengegensätzen tritt eine Assoziation, worin die *freie Entwicklung eines jeden* die Bedingung für die freie Entwicklung aller ist."

Der proletarische Sieg im Klassenkampf ist nach Marx und Engels eine *Weltrevolution* bzw. zumindest eine simultane Revolution in den fortgeschrittenen Ländern: „Vereinigte Aktion, wenigstens der zivilisierten Länder, ist eine der ersten Bedingungen seiner Befreiung. In dem Maße, wie die Exploitation des einen Individuums durch das andere aufgehoben wird, wird die Exploitation einer Nation durch eine andere aufgehoben. Mit dem Gegensatz der Klassen im Innern der Nation fällt die feindliche Stellung der Nationen gegeneinander" (Marx und Engels 1966, S. 75). Die Prognose eines simultanen Erfolgs der Proletarier in den zivilisierten Ländern, die Prognose des Endes der Unterdrückung nach dem Sieg des Proletariats, wird also ergänzt durch die Prognose friedlicher internationaler Beziehungen. Daneben werden auch noch andere konkrete und überprüfbare Prognosen, wie etwa das Verschwinden der Prostitution, aufgestellt.

Bisher habe ich nur versucht, die marxistische Theorie des Klassenkampfes und des revolutionären sozialen Wandels mit Zitaten aus dem kommunistischen Manifest zu belegen. In der Beurteilung dieser Konfliktsoziologie kann ich mich weitgehend an Popper (1958, S. 169) orientieren, der bei Marx drei zentrale Argumente entdeckt:

I.   „Marx . . . findet eine Tendenz auf eine Zunahme der Produktivität der Arbeit, die verbunden ist mit technischen Verbesserungen und mit dem, was er die Akkumulation der Produktionsmittel nennt. Von hier aus führt ihn das Argument zu dem Schluß, daß diese Tendenz im Bereiche der sozialen Beziehungen zwischen den Klassen zur Anhäufung von mehr und mehr Reichtum in weniger und weniger Händen führen muß; das heißt, es wird geschlossen, daß eine Tendenz zur Zunahme des Reichtums und des Elends eintreten wird, und zwar des Reichtums der herrschenden Klasse, der Bourgeoisie, und des Elends der beherrschten Klassen, der Arbeiter."

Anders ausgedrückt: Mit zunehmenden Fortschritten in Wirtschaft, Technik und Produktivität der Arbeit nehmen auch die Einkommensunterschiede zwischen Kapitalbesitzern und Arbeitern zu. Dieses erste Argument wird bei der Entwicklung des zweiten als gültig vorausgesetzt.

II. „Zwei Schlüsse werden aus ihm gezogen; erstens, daß alle Klassen, außer einer kleinen herrschenden Bourgeoisie und einer großen ausgebeuteten Arbeiterklasse, verschwinden oder bedeutungslos werden müssen; zweitens, daß die wachsende Spannung zwischen diesen beiden Klassen zu einer sozialen Revolution führen muß."

Anders ausgedrückt: Der historische Trend geht zur Zweiklassengesellschaft, in der es nur noch viele verarmte Arbeiter und wenige reiche Kapitalbesitzer gibt. Der Klassenkampf mündet dann in die soziale Revolution. Läßt man auch dieses Argument gelten, dann folgt daraus:

III. „daß es nach dem Siege der Arbeiter über die Bourgeoisie eine Gesellschaft geben wird, die aus nur einer Klasse besteht und die daher eine klassenlose Gesellschaft ist, eine Gesellschaft ohne Ausbeutung; das heißt der Sozialismus".

Setzen wir zunächst das zweite Marx'sche Argument als gültig voraus. Akzeptieren wir zunächst, daß sich schließlich viele verarmte Arbeiter und wenige reiche Kapitalisten gegenüberstehen, daß das Proletariat in einer siegreichen Revolution die Kapitalisten beseitigt. Für Schumpeter (1950, S. 40) kann das die klassenlose Gesellschaft nur tautologisch erklären. Nur weil Marx die Klassen über das Eigentum an Produktionskapital *definiert*, weil er den Gegensatz zwischen Kapitaleignern und Proletariern als Paradigma des Gegensatzes von Unterdrückern und Unterdrückten *definiert*, folgt aus der Enteignung der Kapitalisten und der Abschaffung des Privateigentums die klassenlose Gesellschaft – ohne Ausbeutung und Unterdrückung. Wenn man an diesen Definitionen festhält – und prinzipiell kann man das tun – dann kann es per definitionem nach der Abschaffung von Privateigentum keine Unterdrückung oder Ausbeutung mehr geben. Für das System „Gulag" muß man dann eben andere Begriffe verwenden. Der Sprachgebrauch der KPdSU ist konsistent – nur für westliche Ohren etwas ungewöhnlich. Auf jeden Fall ist das III. grundsätzliche Argument dann keine Hypothese mehr, die mit beobachtbaren Tatsachen in Widerspruch treten kann. Mit dem Informationsgehalt verliert die Aussage dann jeden wissenschaftlichen Wert, was die Brauchbarkeit für Agitprop nicht herabsetzen muß.

Man kann die III. These aber auch als informationshaltig interpretieren, wenn man die definitorische Koppelung von Unterdrückung und Privateigentum an Produktionsmitteln für kapitalistische und historisch nachfolgende Gesellschaften fallen läßt. Überlegen wir, ob die III. These unter dieser Voraussetzung und bei weiterhin unterstellter Gültigkeit der II. These sinnvoll ist. Aus dem Antagonismus der vielen verarmten Proletarier und der wenigen Kapitalisten läßt sich dann die Revolution und der Sieg des Proletariats ableiten, aber – im Gegensatz zu Marx und vielen Marxisten – *nicht,* daß die Einheit des Proletariats nach dem revolutionären Sieg erhalten bleibt, auch *nicht,* daß es keine neue herrschende Klasse – z. B. die Parteibürokratie – geben wird, auch *nicht,* daß eine eventuell entstehende neue herrschende Klasse darauf verzichten wird, mit ideologischen Mitteln falsches Bewußtsein bei den Beherrschten zu fördern. Die Einwände bedeuten noch nicht, daß die Marx'schen Schlußfolgerungen falsch sind, sondern zunächst nur, daß die klassen- und ausbeutungslose Gesellschaft nach dem Sieg des revolutionären Proletariats nur eine Denkmöglichkeit darstellt, aber eben nicht die einzige. Marx kann seine These der klassen- und ausbeutungslosen Gesellschaft m. E. nur dann ableiten, wenn er die Gesetzmäßigkeit unterstellt, daß nur Privateigentum an Produktionsmitteln, nicht aber politische Herrschaft eine potentielle Basis für Ausbeutung abgibt. Solange man auf Tautologisierung oder sonstige degenerative Problemveränderungen verzichtet, muß diese Unterstellung ebenso wie die davon abgeleitete Prognose der klassen- und ausbeutungslosen Gesellschaft fast 70 Jahre nach der ersten nominell marxistischen Revolution wohl als empirisch widerlegt gelten.

Aus der Perspektive der Wert-Erwartungstheorie und der Neuen Politischen Ökonomie ist die Marx'sche Hoffnung auf eine egalitäre, klassenlose und ausbeutungsfreie Gesellschaft nach einer revolutionären Machtergreifung ausgesprochen unplausibel. Mit der Wert-Erwartungstheorie eher kompatibel als die revolutionäre Machtergreifung proletarischer Massen ist die durch eine elitäre Kaderorganisation, für die die Macht in Staat und Gesellschaft hinreichend selektive Anreize bereitstellt, die Zwangsmittel bereitwillig und im großen Maß auch gegen die Massen einsetzt. Der hierarchische Charakter der sowjetischen Gesellschaft paßt also wesentlich besser zur Theorie der Neuen Politischen Ökonomie als zum Marxismus.

Selbst wenn das dritte Marx'sche Argument, das Hoffnungen auf eine grundsätzlich bessere Welt nach der Revolution ausdrückt, falsch ist, könnten noch die Marx'schen Argumente richtig sein, die sich auf die kapitalistische Gesellschaft und deren Konflikte beziehen.

Betrachten wir das zweite Argument von Marx, in welchem a) die zunehmende Bedeutungslosigkeit aller Klassen außer Bourgeoisie und Proletariat vorhergesagt wird, in welchem b) nach Dichotomisierung der Klassenstruktur die soziale Revolution prognostiziert wird. Die Gültigkeit des ersten Arguments mit den Hinweisen auf Kapitalkonzentration und Verelendung soll dabei zunächst vorausgesetzt werden. Gegen den Teil a) des zweiten Arguments wendet Popper (1958, S. 181/182) ein, daß nicht einzusehen ist, 1. warum die ländliche Mittelklasse der landbesitzenden Bauern verschwindet, 2. warum das ländliche Proletariat mit dem städtischen Proletariat gemeinsame Sache machen sollte, 3. warum jede interne Differenzierung des städtischen Industrieproletariats entweder überhaupt unterbleibt oder folgenlos ist. Außerdem kann man sich fragen, warum der öffentliche Sektor ganz außerhalb der Betrachtung bleibt. Schon jede oberflächliche Betrachtung der gesellschaftlichen Wirklichkeit muß m. E. zeigen, daß alle drei Einwände Poppers gerechtfertigt sind, daß die Dichotomisierung der Klassenstruktur in Kapitalbesitzer und Proletarier weder aus der Prämisse von Kapitalkonzentration und Verelendung der Arbeiterschaft ableitbar noch empirisch haltbar ist. Mit Begriffen wie „Arbeiterelite" oder „Lumpenproletariat" haben auch die Marxisten eine weitergehende soziale Differenzierung zugestanden. Warum sollte diese soziale Differenzierung nur ein taktisches Problem für Revolutionäre darstellen und nicht die proletarische Revolution auch strategisch in Frage stellen?

Bei der Entwicklung des zweiten Marx'schen Arguments, bei der Herleitung der Klassendichotomie, stoßen wir wieder auf denselben marxistischen Grundgedanken wie bei der Kritik des dritten Arguments. Der Trend zur Dichotomisierung der Sozialstruktur und zur Solidarisierung der beiden Klassen ist nur dann plausibel, wenn Privatbesitz von Produktionsmitteln die dominante Basis von sozialer Differenzierung und daraus resultierenden Interessengegensätzen ist. Diese Vorstellung muß offensichtlich dem harten Kern der Marx'schen Überzeugungen zugerechnet werden. Da nicht nur das dritte Argument über die klassen- und ausbeutungslose Gesellschaft nach Abschaffung des Privateigentums, sondern auch das zweite Argument über die Tendenz zur Dichotomisierung der Sozialstruktur, sowohl den harten Kern als Prämisse impliziert als auch empirisch nicht haltbar ist, ist das marxistische Forschungsprogramm offensichtlich in Schwierigkeiten. Mit dem folgenden Zitat deutet Popper (1958, S. 159) eine konkurrierende Theorie an: „Wir müssen in diesen Dingen sozusagen noch materialistischer denken als Marx. Wir müssen einsehen, daß die Kontrolle der physischen Gewalt und der physischen Ausbeutung das zentrale politische Problem ist und bleibt." Primäre Basis sozialer Differenzierung wäre danach nicht Eigentum an Produktionsmitteln, sondern Kontrolle über politische Macht.

Wenn der Teil a) des zweiten Arguments richtig wäre, wenn es also einen historischen Trend zur Klassendichotomisierung und zur Irrelevanz aller klasseninternen Unterschiede gäbe, dann wäre auch Teil b) plausibel, nämlich die Prognose der proletarischen Revolution. Aber Teil a) ist zumindest fragwürdig, wenn nicht falsch.

Prämissen des ersten Marx'schen Arguments sind die Akkumulation von Kapital und wachsende Produktivität. Die Konklusion – nämlich, daß Reichtum der Bourgeoisie und Armut der Arbeiter zunehmen – impliziert, daß es sich der Kapitalismus nicht leisten kann, das Elend der Arbeiter zu lindern. Sowohl bei der Vorhersage der Kapitalkonzentration als auch bei der Vorhersage der Verelendung übersieht Marx die potentielle Rolle politischer Maßnahmen. Progressive Besteuerung und Erbschaftssteuer – zusätzlich zur Erbteilung – können die Kapitalkonzentration hemmen und vielleicht sogar umkehren. Ähnlich kann auch die Verelendung der Arbeiterschaft eingeschränkt oder gar verhindert werden – selbst dann, wenn man den Trend zur Kapitalkonzentration unterstellt. Dazu Popper (1958, S. 218): „Denn die Tendenz zur Zunahme des Elends operiert nach Marxens eigener Analyse nur in einem System, das einen freien Arbeitsmarkt besitzt – in einem völlig schrankenlosen Kapitalismus. Aber sobald wir die Möglichkeit von Gewerkschaften, Kollektivverträgen und Streiks zugeben, sind die Annahmen der Analyse nicht länger anwendbar, und das ganze prophetische Argument bricht zusammen." Auch das erste grundsätzliche Argument von Marx verweist also wieder zurück auf den harten Kern seiner Überzeugungen, darauf, daß politische Macht nur Begleiterscheinung oder Überbau zu ökonomischer Macht, also Besitz von Produktionskapital, sein kann.

Popper (1958) kritisiert an der Marx'schen Verelendungstheorie vor allem die Annahme, daß Verelendung des Proletariats im Kapitalismus unausweichlich ist. Weil sich der Lebensstandard und sogar die relativen Einkommensanteile der arbeitenden Bevölkerung im 20. Jahrhundert in den westlichen Industrieländern deutlich gebessert haben (Heilbroner 1980, Kuznets 1976), ist Poppers Kritik sicher gerechtfertigt. Mit Hilfe der Wert-Erwartungstheorie und der Neuen Politischen Ökonomie kann man die marxistische Verelendungstheorie weitergehend kritisieren. M. E. kann Verelendung weder in der absoluten noch in der relativen Variante revolutionären Machtwechsel erklären, weil die Verelendeten allein keine Erfolgsaussichten und deshalb keinen Anreiz zum Handeln haben, weil das Kollektivgut einer besseren Gesellschaft Apathie und Trittbrettfahrertum nahelegt. Die Tatsache, daß von verelendeten Massen auch nur nennenswert mitgetragene Revolutionen so viel seltener als Staatsstreiche mit starker Eliten- und minimaler Massenbeteiligung sind, spricht m. E. stark gegen Verelendungstheorien und für auf der Wert-Erwartungstheorie aufbauende Konflikttheorien.

Während der Marxismus mit revolutionärem Wandel die Hoffnung auf eine bessere Gesellschaft – oder in unserer Terminologie: eine bessere Versorgung auch mit Kollektivgütern – verbindet, läßt die hier dargestellte Konflikttheorie eher pessimistische Prognosen zu. Aus der Wert-Erwartungstheorie folgt, daß Zwang und Gewalt menschliches Handeln beeinflussen können. Falls bei einer innenpolitischen Auseinandersetzung die eine Seite skrupellos Menschen bedroht und exekutiert, während die andere sich an rechtsstaatliche und humanitäre Grundsätze gebunden fühlt, dann wird das Nutzenkalkül des Normalbürgers so aussehen: In den Verdacht zu geraten, man sympathisiere mit der humanitären Seite, kann schreckliche Folgen haben. In den Verdacht zu geraten, man sympathisiere mit der skrupellosen Seite, ist nicht schlimm. So gesehen, kann Inhumanität zum Sieg beitragende Bedingung sein. Eine auf der Wert-Erwartungstheorie gegründete Konflikttheorie wird den Fehler vermeiden, Einschüchterung der Massen mit Parteinahme der Massen zu verwechseln, hat keinerlei Schwierigkeiten zu erklären, warum nach revolutionären Siegen oft Hunderttausende flüchten, warum nach revolutionären Siegen die Wirtschaft oft verkommt und der Lebensstandard der Massen sinkt, aber die Repression zunimmt.

Von der Kritik an Marx aus der Perspektive der Neuen Politischen Ökonomie zurück zur Kritik an Marx durch Popper (1958). Nach seiner Auffassung spricht die Erfahrung im ganzen gegen die marxistischen Trendaussagen: 1. Es gibt *nicht* den historischen Trend zur Konzentration des Reichtums und der Verelendung der Arbeiterschaft – jedenfalls innerhalb westlicher Industriegesellschaften. Im Gegenteil, die Ungleichheit der Einkommen ist in entwickelten Industriegesellschaften geringer als in der Industrialisierungsphase.

2 a. Es ist auch *nicht* so, daß die Interessengegensätze zwischen Kapitalbesitzern und Arbeitern alle anderen Interessengegensätze – z. B. zwischen ethnischen, religiösen oder nicht durch Besitz von Produktionsmitteln definierten Schichten – überlagern, neutralisieren und dominieren. 2 b. Es ist auch *nicht* so, daß – wie nach Marx zu erwarten – sozialistische Revolutionen bevorzugt in entwickelten Industriegesellschaften stattgefunden haben.

3. Es ist aber auch *nicht* so, daß in Ländern, wo eine nominell sozialistische Revolution erfolgt ist, soziale Ungleichheit und darauf basierende Interessengegensätze verschwunden sind.

Deshalb faßt Popper (1958, S. 229) seine Marx-Kritik so zusammen: „Die Erfahrung zeigt, daß die Prophezeiungen Marxens falsch waren. Aber Erfahrung kann immer hinweg erklärt werden." Damit kritisiert Popper die Versuche mancher Marxisten, die marxistische Theorie durch Modifikation und Verlagerung auf die internationale Ebene zu retten.[6] Immerhin verdient bei aller Kritik festgehalten zu werden, daß zumindest der Marx'sche Marxismus nicht tautologisch war, daß er der sachlichen Kritik zugänglich ist. Das kann man leider nicht von vielen sozialwissenschaftlichen Theorien sagen.

Bisher habe ich die marxistische Konfliktsoziologie als ein System von Aussagen betrachtet, welches sich nicht bewährt hat, und habe die marxistischen Erwartungen vor allem auch anhand der historischen Entwicklung seit der Veröffentlichung des Manifests kritisiert. Wieder im Anschluß an Popper (1974) kann man noch grundsätzlicher argumentieren und den marxistischen Gedanken von der *geschichtlichen Notwendigkeit* des Ablaufs der Klassenkämpfe und der Entwicklung hin zum Sozialismus oder Kommunismus in Frage stellen. Der Marx'sche Versuch der Großprognose weltgeschichtlicher Abläufe übersieht nach Popper (1974, S. XI):

„(1) Der Ablauf der menschlichen Geschichte wird durch das Anwachsen des menschlichen Wissens stark beeinflußt . . .

(2) Wir können mit rational-wissenschaftlichen Methoden das zukünftige Anwachsen unserer wissenschaftlichen Erkenntnisse nicht vorhersagen . . .
(3) Deshalb können wir den zukünftigen Verlauf der menschlichen Geschichte
nicht vorhersagen."
Danach ist das Scheitern der Marx'schen Großprognosen über die Entwicklung der
Klassenkämpfe nicht nur einzelnen theoretischen Mängeln zuzuschreiben, sondern
dem Versuch, das Unmögliche zu leisten.

Wie gerechtfertigt die Poppersche Skepsis gegenüber Großprognosen ist, die
die Entwicklung des menschlichen Wissens und damit des für den Menschen Mögli-
chen und Machbaren nicht einbeziehen können, das soll eine Prognose illustrieren,
die immerhin vom Mitverfasser des Manifests stammt, von Friedrich Engels[7] (1878;
1962, S. 158): „Mit dem Deutsch-Französischen Krieg (von 1870/71 E. W.) ist ein
Wendepunkt eingetreten von ganz anderer Bedeutung als alle früheren. Erstens sind
die Waffen so vervollkommnet, daß ein neuer Fortschritt von irgendwelchem
umwälzenden Einfluß nicht mehr möglich ist. Wenn man Kanonen hat, mit denen
man ein Bataillon treffen kann, soweit das Auge es unterscheidet, und Gewehre, die
für einen einzelnen Mann als Zielpunkt dasselbe leisten und bei denen das Laden
weniger Zeit raubt als das Zielen, so sind alle weiteren Fortschritte für den Feldkrieg
mehr oder weniger gleichgültig. Die Ära der Entwicklung ist nach dieser Seite hin
also im wesentlichen abgeschlossen."

Seitdem Engels diese Zeilen geschrieben hat, hat der waffentechnologische
„Fortschritt" sich enorm beschleunigt. Es ist denkbar geworden, daß hundertmillio-
nen oder mehr Menschen innerhalb einer Stunde getötet werden, daß zumindest die
nördliche Halbkugel innerhalb weniger Tage unbewohnbar wird, daß nicht die
Entwicklung von Produktivkräften, Produktionsverhältnissen und Klassenkämpfen
den Gang der menschlichen Geschichte bestimmt, sondern die der Destruktions-
kräfte, die wir einem Fortschritt der wissenschaftlichen Erkenntnisse „verdanken".
Großprognosen über die künftige Entwicklung wären nur möglich, wenn wir
wissen könnten, ob es etwa technologische Durchbrüche bei der Ortung von U-
Booten oder der Verteidigung gegen anfliegende Raketen geben wird, wie gut
welche Systeme funktionieren werden, ob es zu gleichzeitigen oder einseitigen
technologischen Durchbrüchen, tatsächlichen oder bloß eingebildeten Durchbrüchen kommt. Popper hat recht: Weil der Ablauf der Geschichte von der Entwicklung
unserer Erkenntnisse abhängt und wir diese nicht abschätzen können, muß die
Geschichte unvorhersagbar bleiben.

7. Nutzentheoretische oder deprivationstheoretische Erklärung individuellen Konfliktverhaltens

Nicht nur bei Marx, aber auch bei Marx findet man die Vorstellung, daß Verelendung Protest, Gewalt und sogar revolutionären sozialen Wandel erzeugt. Ob nur absolute Verelendung oder auch relative Verelendung die Gesellschaft bzw. deren politisches System destabilisiert, ist eine Frage, die nicht einheitlich beantwortet wird. Wenn nur absolute Verelendung Gesellschaften destabilisieren würde, dann müßten wirtschaftlich hoch entwickelte Gesellschaften, mit hohen Durchschnittseinkommen und einer gewissen Angleichung der Einkommensverhältnisse, stabil sein. Dieser Standpunkt wird zwar zuweilen vertreten (vgl. Huntington 1968, S. 41), aber seit Ende der 60er Jahre aus naheliegenden Gründen immer seltener. Weiter verbreitet ist die Vorstellung, daß relative Verelendung oder relative Deprivation oder Unzufriedenheit oder auch Frustration[8] soziale und politische Instabilität erzeuge (etwa Feierabend and Feierabend 1966, Gurr 1970, kritisch: Kriesberg 1982).

Bei dieser theoretischen Konstruktion wird denkbar, daß absolut deprivierte Akteure ziemlich zufrieden und politisch passiv sind, daß aber privilegierte Akteure unzufrieden und politisch aggressiv sind, weil sie etwa nicht hinnehmen wollen, daß andere noch mehr als sie selbst privilegiert sind. Damit relative Deprivationstheorien überhaupt prüfbar werden, muß man entweder Zusatzannahmen darüber formulieren, unter welchen Bedingungen Menschen sich relativ depriviert oder unzufrieden fühlen, und dann diese Hintergrundbedingungen in Beziehung zu Protest, Gewalt und Instabilität bringen (vgl. 8. Kapitel). Oder man muß relative Deprivation bzw. Unzufriedenheit direkt messen, etwa durch Befragung der Akteure.

Aus der Perspektive der Wert-Erwartungs- oder Nutzentheorie ist zu erwarten, daß Deprivationstheorien nicht allzu erfolgreich bei der Erklärung von Protesthandeln, Gewalt, Revolution oder Instabilität sind. Beliebige Ausmaße des Elends oder der Unzufriedenheit können ja nur dann zum Konflikthandeln motivieren, wenn nennenswerte Durchsetzungschancen gegeben sind oder wahrgenommen werden. In Anbetracht des Interesses der Herrschenden daran, die Durchsetzungschancen von oppositionellen Aktionen klein zu halten, ist diese Bedingung oft nicht gegeben. Außerdem sind Akteure oft deshalb unzufrieden oder relativ depriviert, weil Angehörige ihrer Gruppe, Klasse, Schicht oder auch rassisch-ethnischen Kategorie unzureichend mit Kollektivgüter versorgt werden. Für einen Fließbandarbeiter sind höhere Löhne ein Kollektivgut.[9] Sofern die Gewerkschaft seiner Branche oder Firma höhere Löhne durchsetzt, profitiert er unabhängig von den eigenen Anstrengungen davon. Für die Schwarzen in Südafrika ist die rassische Diskriminierung ein kollektives Übel. Wenn dieses Übel verringert oder abgeschafft wird, profitieren alle Schwarzen davon, unabhängig von ihrem persönlichen Beitrag dazu.[10] Wo es aber um die Beschaffung von Kollektivgütern für große Gruppen geht, ist nach den nutzentheoretischen Überlegungen Olsons (1968) zu erwarten, daß Trittbrettfahrer häufig auftreten, daß nur noch selektive Anreize oder Zwang die Beschaffung des Kollektivgutes ermöglichen.

Die Studie von Walsh and Warland (1983) erlaubt es, die Größenordnung des Trittbrettfahrerproblems abzuschätzen. In der genannten Studie sind die Bewohner der Gegend um den (1979) defekten Atomreaktor ‚Three Mile Island' befragt worden, ob sie sich durch den defekten Reaktor bedroht oder depriviert fühlten. Unter denen, die diese Frage bejaht haben, haben aber 87% dennoch *nichts* unternommen, also keine der Protestorganisationen durch Mitarbeit oder Geldspenden unterstützt. Das illustriert deutlich, daß ernsthaft empfundene Bedrohung durch ein kollektives Übel allein nicht ausreicht, um kollektives Handeln bzw. Konfliktaktivität auszulösen, obwohl natürlich das Gefühl der Bedrohung mit dem Aktivitätsgrad korreliert hat.

Um zu erläutern, wie man nutzen- und deprivationstheoretische Hypothesen mit Individualdaten prüft, bespreche ich zunächst Mullers (1978, 1979) Studie zur aggressiven politischen Partizipation. Muller möchte erklären, warum sich Menschen aggressiv am politischen Leben beteiligen. Seine Einheit der Analyse ist also das Individuum. Seine Daten entstammen einer Befragung von 2662 Erwachsenen im Jahre 1974. Muller verwendet allerdings keine übliche Zufallsstichprobe, sondern eine gezielte Stichprobe, in der aggressive politische Partizipation häufiger als sonst ist. Eine übliche repräsentative Stichprobe hätte ja den Nachteil, daß nur sehr wenige Befragte sich zu aggressiver politischer Partizipation bekennen, daß sich die meisten Befragten wegen ihres Verzichts auf aggressives politisches Verhalten auch nicht voneinander unterscheiden, daß also auch kaum die unterschiedlichen Hintergrundbedingungen von aggressiver Partizipation und dem Verzicht darauf aufgeklät werden könnten. Oder: Die Ursachen von Aggression lassen sich nicht durch Befragung der Friedfertigen ermitteln.

Bei seiner gezielten Stichprobe hat Muller sich bemüht, Stadt und Land zu berücksichtigen. 569 Befragte stammen aus 4 Dörfern, wovon je 2 im Norden und im Süden der BRD liegen. 990 Befragte stammen aus Bremen oder Nürnberg, wobei vor allem Arbeiterviertel berücksichtigt worden sind. Aber weder Stadt noch Land liefern das nötige Aggressionspotential für die Studie, obwohl in den Dörfern extremistische Parteien besonders hohe Stimmengewinne erzielt hatten, obwohl die Dörfer gerade deshalb für die Untersuchung ausgewählt wurden. 1104 Befragte sind Studenten aus Berlin, Bochum, Köln, Frankfurt, Heidelberg oder München. In allen 12 Kontexten (4 Dörfer, 2 Großstädte, 6 Universitäten) ist zwar die überwiegende Mehrheit der Befragten zufällig ausgewählt worden, aber daneben sind 10 bis 20% der Befragten wegen ihres besonderen Einflusses berücksichtigt worden. Die Stichprobe unterscheidet sich also von einer repräsentativen vor allem durch die besondere Berücksichtigung von Studenten und damit auch der jüngeren Altersgruppe.

Muller (1978, S. 518) definiert zunächst ziemlich abstrakt „aggressive politische Teilnahme als Verhalten . . ., das diese Eigenschaften besitzt: (1) es muß gegen das Regime gerichtet sein in dem Sinne, daß es von legalen oder formalen Normen abweicht, die in dem Regime politische Teilnahme regeln, d. h. eine politische Aktion, die illegal ist; (2) es muß politische Bedeutung haben, d. h., es muß einen Versuch darstellen, die Regierung zu beeinflussen, der den normalen Regierungsablauf stört oder unterbricht; (3) es muß sich um eine Gruppenaktivität seitens der Nicht-Eliten handeln. Aggressive politische Beteiligung kann nach dieser Definition Gewalt beinhalten oder nicht. Ausgeschlossen sind durch diese Definition – neben dem konventionellen Wahlverhalten – legale Protestaktionen wie Boykotte, einfache Arbeitsstreiks ohne politische Zielsetzungen, individualistische Aktionen, wie z. B. Verweigerung des Militärdienstes und Attentate. Militärische Staatsstreiche und Repression durch die Regierung werden natürlich deshalb ausgeschlossen, weil sie Elitenverhalten verkörpern".

Diese abstrakt-programmatische Definition verrät uns eher, was Muller nicht unter aggressiver politischer Partizipation erfassen will, als wie er sein Explanandum bzw. seine abhängige Variable operational erfassen will. Dazu verwendet er die folgenden 5 Fragen bzw. Antworten: 1. Beteiligung an wilden oder illegalen Streiks, 2. Weigerung, Mieten oder Steuern zu zahlen, 3. Beteiligung an widerrechtlicher Besetzung von Gebäuden, 4. Beteiligung an Schlägereien bzw. Kämpfen mit der Polizei und/oder anderen Demonstranten, 5. Beteiligung an einer Gruppe, die die Regierung mit Gewalt stürzen will. Damit ist klar, daß Muller streng genommen nicht aggressive politische Partizipation, sondern stellvertretend Aussagen über die eigene aggressive politische Partizipation verwendet. Zwar ist das schon deshalb nicht unproblematisch, weil manche Befragte aus Mißtrauen gar nicht die Wahrheit verraten wollen, weil andere Befragte sich vielleicht auch gar nicht so genau erinnern. Jedenfalls wurde bei der Studie mit Hinweisen auf den rein wissenschaftlichen Charakter der Befragung, mit dem Verstecken dieser Aggressionsfragen unter unverfänglichen Fragen, mit nicht-verbaler Beantwortung einiges getan, um Mißtrauen abzubauen und die Antwortbereitschaft zu erhöhen.

Bei jeder der 5 Fragen konnten die Befragten entweder sagen, daß sie es getan haben oder daß sie es nicht getan haben. Außerdem ist die Verhaltensabsicht mit den drei Kategorien „nicht, könnte, würde" erfaßt worden. Bei 5 Fragen, 3 Antwortmöglichkeiten für zukünftige Verhaltensabsicht und 2 Antwortmöglichkeiten über bisheriges Verhalten stellt sich die Frage, wie man die Antworten bewerten und numerisch zusammenfassen will, um einen Maßstab für aggressive politische Partizipation zu erhalten. Muller (1978, S. 521) hat zunächst für jede der 5 Einzelfragen die Absichts- und Verhaltenseingeständnisse folgendermaßen bewertet:

Punktwert für aggressive politische Teilnahme		Verhalten	
		Habe nicht getan (1)	Habe getan (2)
Absicht	würde tun (3)	3	6
	könnte tun (2)	2	4
	würde nicht tun (1)	1	2

Verhalten und Absichten sind dabei multiplikativ zusammengefaßt, denn jede Gesamtbewertung (Zelle) ist das Produkt der Absichts(Zeilen)- und Verhaltens-(Spalten)bewertung. Man beachte, daß die Absicht in Zukunft aggressiv zu werden, auch bei bisher Inaktiven zu einem höheren Punktwert, nämlich 3, führt als das reumütige Eingeständnis vergangener Aggression gekoppelt mit der Absicht, in Zukunft illegale Aktionen zu meiden.

Die 5 Fragestellungen erfassen Verhalten, das in unterschiedlichem Ausmaß illegal ist, unterschiedlich stark von der Bevölkerung abgelehnt wird, unterschiedlich hart bestraft wird. Bevor Muller die Antworten zu den 5 Fragen zusammengefaßt hat, hat er den Punktwert zu jeder Frage für jede Person mit dem Ausmaß der Ablehnung durch die Gesamtheit der Befragten gewichtet. Beispiel: Wer sich zur Absicht „würde tun" bekennt und bisher noch nichts dergleichen getan hat, erhält zunächst den Punktwert 3. Falls – wie bei der Weigerung, Mieten oder Steuern zu zahlen – 85% der Bevölkerung oder eine Proportion 0,85 dieses mißbilligen, dann wird der Wert 3 mit 0,85 multipliziert, wird danach also 2,55 für diese Frage vergeben. Die fünf so gewichteten Punktwerte werden für jeden einzelnen aufsummiert und ergeben den Rohwert auf der Skala für aggressive politische Partizipation. Die Verteilung der Rohwerte ist sehr schief, was die statistische Analyse belastet bzw. die Interpretation der Ergebnisse erschwert. Deshalb hat Muller (nach einer überflüssigerweise vorgeschalteten additiven Transformation) die Daten logarithmisch (ln) transformiert, was das Ausmaß der Schiefe reduziert. Damit sind die Meßwerte für aggressive politische Partizipation endlich gegeben.

Was kann aggressive politische Partizipation erklären? Das ist zunächst und vor allem eine theoretische Frage. Im Anschluß an den Sozialpsychologen Fishbein unterstellt Muller, daß Verhalten generell von drei Determinanten abhängig ist, 1. von der utilitaristischen Motivation bzw. Nützlichkeitsüberlegungen des Individuums, wobei in diese sowohl die Wertschätzung der Verhaltenskonsequenzen als auch die Erfolgschancen des Verhaltens eingehen, weshalb man diese Determinante auch als Erwartungswert der Verhaltenskonsequenzen bezeichnet, 2. von den persönlichen normativen Vorstellungen und der daraus hervorgehenden Motivation des Individuums, 3. von den normativen Vorstellungen von Referenzgruppen bzw. des sozialen Kontextes, die bestimmte Verhaltensarten entweder fördern oder hemmen können. Soziale Normen spielen bei diesem Erklärungsansatz also eine doppelte Rolle: einmal als im Laufe des Sozialisationsprozesses internalisierte Verhaltensvorschriften bzw. -einschränkungen, außerdem als externe und durch Sanktionsdrohung gestützte Anreize oder Hemmungen für Verhalten.

Nach diesen kurzen theoretischen Überlegungen sind wir wieder bei der Operationalisierung – jetzt der unabhängigen oder erklärenden Variablen. Beginnen wir mit den Nützlichkeitsüberlegungen bzw. dem Erwartungswert von aggressiver politischer Partizipation. Muller nennt seine Variable „utilitaristische Rechtfertigung für politische Aggression". Sie enthält zwei Komponenten, nämlich einmal die Überzeugung, daß die Konsequenzen politischer Aggressionen vorteilhaft statt nachteilig sind, daß also illegale Aktivitäten wirksame Instrumente zur Durchsetzung seiner Ziele sind, zum andern das Gefühl, daß die eigenen politischen Einflußchancen mit legalen und konventionellen Mitteln nicht hinreichend sind. In Mullers (1978, S. 526) Worten: „Nur diejenigen, die positive Konsequenzen einer politischen Aggression wahrnehmen *und* Grund haben, eine solche Handlungsweise wegen ihrer unzureichenden eigenen politischen Einflußmöglichkeiten positiv einzuschätzen, werden ... eine hohe utilitaristische Rechtfertigung mit einer aggressiven Handlung verbinden."

Bisher haben wir allerdings erst ein Operationalisierungsproblem (für utilitaristische Rechtfertigung für politische Aggression) durch zwei solche Probleme (für Konsequenzen von Aggression und für die Beurteilung eigener, konventioneller Einflußchancen) ersetzt. Bei der Lösung des ersten Teilproblems stützt sich Muller auf die Lerntheorie Banduras, nach welcher man für Handlungen, die bei anderen zu Belohnungen führen, auch bei sich Belohnungen erwartet – sogar dann, wenn einer allerdings großen Zahl von Beobachtungen der Belohnung anderer eine kleine Zahl von selbst erlebten Fehlschlägen und Bestrafungen gegenübersteht. Nach Bandura lernt man nicht nur aus eigenen Erfahrungen, sondern auch am Modell, auch aus den Erfahrungen anderer, die man beobachtet. Deshalb wurde in Mullers Studie erfragt, ob man 1. von Störung von Vorlesungen oder Versammlungen, 2. von Besetzung öffentlicher Gebäude oder Kämpfen mit der Polizei oder 3. von Stadtguerilla-Taktiken vorteilhafte oder schädliche Konsequenzen erwartet. Wer sich für vorteilhafte Konsequenzen ausspricht, erhält den Wert 2, wer unentschieden ist, den Wert 1, wer nachteilige Konsequenzen erwartet, den Wert 0. Bei drei Einzelfragen und diesem Bewertungsschema kann die Summe aller drei Antworten zwischen 0 und sechs variieren. Um die 0 zu eliminieren, wird diesem Summenwert bei jedem Individuum 1 addiert, so daß dieser zwischen 1 bei extrem negativer und 7 bei extrem positiver Beurteilung der Wirksamkeit von Aggression im politischen Bereich variiert.

Nach Muller ist die utilitaristische Rechtfertigung von Gewalt allerdings nur dann hoch, wenn man sowohl Aggression für wirksam hält *als auch* die Fähigkeit zur eigenen politischen Einflußnahme auf konventionellem Wege negativ beurteilt. Deshalb hat Muller auch letztere Selbsteinschätzungen erfragen lassen und die Antwortkategorien unzureichender Einfluß (numerische Bewertung 2), zureichender Einfluß (1), Einfluß unnötig (0) vorgegeben. Konkret veranschaulicht die folgende Tabelle die Konstruktion der Variablen „utilitaristische Rechtfertigung für Aggression":

Utilitaristische Rechtfertigung für Aggression			Wirksamkeit politischer Aggression schädlich						vorteilhaft
			1	2	3	4	5	6	7
Fähigkeit	unzureichend	2	2	4	6	8	10	12	14
zur politischen	zureichend	1	1	2	3	4	5	6	7
Einflußnahme	unnötig	0	0	0	0	0	0	0	0

Wer politischen Einfluß für schlicht unnötig hält, wird danach schon deshalb Aggression nicht utilitaristisch rechtfertigen wollen. Bei den anderen steigt die utilitaristische Rechtfertigung mit der Perzeption positiver Konsequenzen, verdoppelt sich aber mit dem Gefühl eines unzureichenden Einflusses.

Damit ist neben der abhängigen Variablen „aggressive politische Partizipation" auch eine erste unabhängige Variable, nämlich „utilitaristische Rechtfertigung von Gewalt" gegeben, so daß sich der Zusammenhang beider ermitteln läßt. Das ist gleichzeitig ein erster, partieller Test von Muller Erklärungsansatz. Falls die aggressive Partizipationsneigung nicht mit utilitaristischer Rechtfertigung stiege, dann spräche das gegen Mullers Theorie. Tatsächlich berichtet Muller (1978, S. 531) einen erklärten Varianzanteil von 23,4%; d. h., fast ein Viertel aller Unterschiede in Aggressionsneigung lassen sich durch utilitaristische Rechtfertigung erklären. Weil Mullers Theorie auch noch andere unabhängige Variablen kennt, ist ohnehin nicht zu erwarten, daß utilitaristische Rechtfertigung allein aggressive politische Partizipation erklären kann. Der erste bivariate Test spricht für den nutzentheoretischen Erklärungsansatz.

Mullers zweite unabhängige Variable bezieht sich auf die normative Rechtfertigung für Aggression, soweit man sich diese zu eigen gemacht hat. Nach Muller wird man Aggression nur dann normativ rechtfertigen, wenn man die Legitimität der Herrschaft in Frage stellt, wenn man dem System bzw. den es repräsentierenden Amtsträgern die Unterstützung entzieht, wenn man politisch dem System entfremdet ist. Die Entfremdung erfaßt Muller (1978, S. 533) über die Reaktionen zu folgenden 8 Sätzen:

1. Es macht mir Sorge, wenn ich an den Unterschied zwischen dem denke, was Leute wie ich im Leben wollen, und was tatsächlich in unserem politischen System geschieht;

2. die politischen Einrichtungen der Bundesrepublik sind mir lieb und wert, und ich achte sie hoch;

3. meine Freunde und ich fühlen uns in unserem politischen System eigentlich doch sehr gut vertreten;

4. ich bin immer wieder erschrocken und betroffen darüber, daß die wesentlichen Rechte der Bürger in der deutschen Politik so wenig beachtet werden;

5. heutzutage bin ich gegenüber unserem politischen System sehr kritisch eingestellt;

6. die Gerichte in der Bundesrepublik gewähren jedermann einen fairen Prozeß –
    es spielt dabei keine Rolle, ob er arm oder reich, gebildet oder ungebildet ist;

7. die Grundeinstellung der Leute, die bisher in der Bundesrepublik politisch
    tonangebend waren, war immer in Ordnung;

8. alles in allem genommen, verdient die Polizei in der Bundesrepublik großen
    Respekt."

Bei jeder Frage konnte man sich für 7 Antwortmöglichkeiten von vollständiger
Nichtübereinstimmung (Wert 0) bis hin zu vollständiger Übereinstimmung (Wert
6) entscheiden. Aufsummieren über alle 8 Fragen bedeutet, daß die Individuen
Entfremdungswerte zwischen 0 und 48 haben können. (Muller wählt hier die um-
ständliche Skalenbezeichnung: politische Unterstützung – Entfremdung.) Weil bei
den Fragen 2, 4, 6, 7 und 8 Zustimmung Legitimation des und nicht Entfremdung
vom politischen System indiziert, müssen hier die 7-Punkte-Skalen so „umgedreht"
werden, daß bei vollständiger Nichtübereinstimmung 6, bei vollständiger Zustimmung 0 vergeben wird, bevor man die Einzelkomponenten der Entfremdungsskala
aufsummiert.

      Damit ist ein zweiter partieller Test des Mullerschen Erklärungsansatzes mög-
lich. Entfremdung vom politischen System korreliert über 0,5 mit aggressiver
politischer Partizipation, kann 25,1% der Varianz darin erklären. Auch dieser zweite
partielle Überprüfungsversuch spricht für Muller. Wenn man die Entfremdungsskala durch Quadrieren transformiert, also im Bereich niedriger Entfremdung relativ
komprimiert, im Bereich hoher Entfremdung relativ auseinanderzieht, wird der
Zusammenhang noch enger. Der erklärte Varianzanteil steigt dann auf 28,2%.

      Entfremdung vom politischen System ist immer noch nicht mit normativer
Rechtfertigung für Gewalt identisch, sondern nur eine Voraussetzung dafür. Man
kann ja dem System entfremdet sein, Aggression aber dennoch ablehnen. Hier
unterstellt Muller, daß – jedenfalls im Jahre 1974 in der BRD – die linke Ideologie
bzw. der Marxismus vor allem in seinen radikalen oder linksextremen Varianten die
Umsetzung von Entfremdung in normative Rechtfertigung von Gewalt fördert.
Deshalb hat er seine Befragungspersonen auf einer 10-Punkte-Skala angeben lassen,
ob sie rechts oder links gesonnen seien, den Rechtesten den Wert 1, den Linkesten den
Wert 10 gegeben. Erst wenn man die (quadrierte) Entfremdungsskala mit der Links-
skala multipliziert, also der linken Entfremdung ein wesentlich größeres Gewicht als
der rechten Entfremdung verleiht, erhält man Mullers endgültige Operationalisierung für die normative Rechtfertigung politischer Aggression. Damit kann Muller
schon 39,5% der Varianz in aggressiver politischer Partizipation erklären. Ein fast
40%iger Erklärungserfolg mit nur einer einzigen – wenn auch in sich recht komple-
xen – Variablen ist in der quantitativen Sozialforschung ungewöhnlich hoch.

      Muller konnte mit seiner ersten unabhängigen Variablen fast 25%, mit seiner
zweiten fast 40% der Varianz erklären. Weil die beiden unabhängigen Variablen
auch miteinander korrelieren, weil diejenigen, die Aggression utilitaristisch rechtfertigen, sie auch normativ rechtfertigen, darf man allerdings nicht einfach die beiden

partiellen Erklärungserfolge addieren, um den Gesamterfolg der beiden ersten Mullerschen Prädiktoren für aggressive politische Partizipation zu ermitteln. Tatsächlich liegt der nicht knapp unter 65%, sondern mit 44,5% weit darunter. Wenn auch der Erklärungserfolg beider Prädiktoren nur etwas über dem des besten Prädiktors liegt, hat die gleichzeitige Berücksichtigung beider Prädiktoren sich doch aus einem anderen Grunde als nützlich erwiesen. Aus der standardisierten Vorhersagegleichung läßt sich nämlich entnehmen, daß normative Rechtfertigung von Aggression ungefähr doppelt so bedeutsam wie utilitaristische Rechtfertigung ist.

Mullers dritte unabhängige Variable ist der Einfluß sozialer Normen, soweit diese von Referenzgruppen der Befragten vertreten werden. An dieser Stelle muß Muller sich aus Kostengründen mit einer sehr groben und indirekten Messung zufriedengeben. Anstatt Referenzgruppen oder bedeutsame Bezugspersonen ebenfalls zu befragen, macht Muller Annahmen über die sozialen Normen, die in bestimmten sozialen Kontexten herrschen, d. h. er unterstellt, daß soziale Normen im Universitätsmilieu – jedenfalls Anfang der 70er Jahre – aggressive politische Partizipation erleichtern, daß sie in anderen städtischen oder ländlichen Gegenden eher einen Aggression hemmenden Einfluß ausüben. Um die durch diese Zusatzannahmen angereicherte Hypothese über den Einfluß sozialer Normen von Referenzgruppen zu testen, führt Muller aggressive politische Partizipation in multipler Regression auf zwei sog. Dummy-Variablen, also städtischer Kontext oder Universitätsmilieu, zurück. (Der Einfluß ländlicher Umwelt wird dabei vom Interzept erfaßt.) Dabei zeigt sich, 1. daß wie erwartet das Universitätsmilieu einen gewaltigen Aggression erleichternden Einfluß hat, 2. daß städtische und ländliche Umwelt sich in dieser Beziehung kaum unterscheiden, 3. daß die für soziale Normen stehenden Kontext-Dummies zusammen 37,4% Varianz, also einen beachtlichen Anteil, erklären.

Dagegen, daß der normative Einfluß des Universitätsmilieus aggressive politische Partizipation erleichtert, kann man allerdings folgenden Einwand vorbringen. Möglicherweise sind Studenten nicht deshalb eher zu aggressiver politischer Partizipation bereit, weil sie Studenten sind, sondern weil sie eher für kollektive Aktionen verfügbar sind. Generell sind dafür eher junge als ältere Leute, eher ledige als verheiratete Leute, eher Arbeitslose, Teilzeitbeschäftigte oder in einem Ausbildungsverhältnis befindliche Leute verfügbar. Weil die meisten Studenten jung, ledig und nicht an einen festen Arbeitsrhythmus gebunden sind, ist ihre Verfügbarkeit also hoch.

Wir müssen also Verfügbarkeit unabhängig von Universitätszugehörigkeit messen, um die Effekte von Verfügbarkeit und normativen Einflüssen des Universitätsmilieus trennen zu können. Hauptindikator für Verfügbarkeit ist das Lebensalter, genauer der reziproke Wert des Lebensalters (1/Alter), weil dieser wie die Verfügbarkeit für kollektiven Protest mit zunehmendem Alter immer kleiner wird. Der Reziprokwert des Alters ist nur Teilindikator für Verfügbarkeit. Muller (1978, S. 549) berücksichtigt bei der Bildung des Verfügbarkeitsindex zusätzlich noch Familienstand und Beruf in folgender Weise, ,,daß der Punktwert für Verfügbarkeit einer Person, der aus dem Alter allein abgeleitet ist, um eine Einheit erhöht wird, wenn ihr Familienstand zusätzliche Verfügbarkeit anzeigt (also: ledig, kinderlos E. W.), um zwei Einheiten, wenn ihr Beschäftigungsstatus zusätzliche Verfügbarkeit indiziert (also: keinen festen Arbeitsrhythmus), und um drei Einheiten, wenn beide, Familienstand und Beschäftigtenstatus, zusätzliche Verfügbarkeit gewährleisten".

Der so konstruierte Verfügbarkeitsindex korreliert 0,74 mit der Universitäts-Dummy-Variablen, die für Aggressionen erleichternde soziale Normen steht. Deshalb erklären Universitätsmilieu und Verfügbarkeit zusammen auch nur 41% der Varianz in aggressiver politischer Partizipation, obwohl schon Universität allein 37% und Verfügbarkeit allein 34% erklären. Die multiple Regression zeigt allerdings, daß der Zusammenhang zwischen Universitätsmilieu und aggressiver politischer Partizipation nur partiell normativer Natur, partiell auch durch erhöhte Verfügbarkeit erklärbar ist.

Nachdem Operationalisierungsprobleme für die drei ursprünglichen unabhängigen Variablen (1. für utilitaristische Rechtfertigung, 2. für normative Rechtfertigung, 3. für den normativen Kontext) sowie die zusätzliche Kontrollvariable Verfügbarkeit gelöst sind, nachdem partielle Tests gezeigt haben, daß alle Prädiktoren beachtliche Varianzanteile in aggressiver politischer Partizipation erklären, stellt sich die Frage, was Mullers Erklärungsansatz im ganzen, bei gleichzeitiger Berücksichtigung aller 4 Prädiktoren, zu leisten vermag.

Um das beantworten zu können, muß allerdings vorher entschieden werden, wie die Prädiktoren zusammenwirken. Prinzipiell ist eine additive Verknüpfung der Prädiktoren denkbar, wobei der Effekt jeder Hintergrundbedingung von aggressiver Partizipation unabhängig von den Effekten der anderen Hintergrundbedingung gilt, oder eine Interaktionsverknüpfung, bei der die Effekte der Prädiktoren voneinander abhängig sind, etwa das Universitätsmilieu die Effekte utilitaristischer oder normativer Rechtfertigung von Aggression vergrößert. Im letzteren Falle würden utilitaristischer Erwartungswert und internalisierte Normen nur unter eingeschränkten Bedingungen – d. h. im Universitätsmilieu – zu aggressiver politischer Partizipation führen. Beide Möglichkeiten sind in folgender Regressionsgleichung enthalten:

$$APP_{ln} = a + b_0(UJA) + b_1(NJA)$$
$$+ b_2(UNV) + b_3(A)$$
$$+ c_0(UNV \cdot UJA) + c_1(UNV \cdot NJA) + E$$

wo APP_{ln} aggressive political participation
    UJA   utilitarian justification for aggression
    NJA   normative justification for aggression
    UNV   university context
    A   availability
    E   Vorhersagefehler
    a   Interzept
alle b und c unstandardisierte Regressionskoeffizienten.

Wenn beide c-Koeffizienten 0 wären, gälte ein rein additives Erklärungsmodell, d. h. die Effekte der unabhängigen Variablen wären voneinander unabhängig. Wenn b_0, b_1 und b_2 0 wären, dann gälte eine interaktive Verknüpfung von utilitarischer bzw. normativer Rechtfertigung von Aggression, d. h. diese Variablen würden sich nur im Aggressionen erleichternden normativen Kontext von Universitäten auswirken. Tatsächlich ergibt sich ein Erklärungsmodell, bei dem $c_0 = 0$ wird, nicht aber c_1. Danach gilt generell das additive Verknüpfungsmodell, weil alle b ungleich Null sind, steigert zusätzlich aber das Universitätsmilieu den Effekt normativer Rechtfertigung von Aggression.

Mullers Gesamtmodell erklärt 56,9% der Varianz in der abhängigen Variablen.[11] Verglichen mit den üblichen Erfolgsquoten in der quantitativen Sozialforschung ist das ein hervorragendes Ergebnis. Zwar läßt die ins deutsche übersetzte Version von Mullers Aufsatz nicht zu, die Rangordnung der Prädiktoren nach ihrem Gewicht zu erstellen, aber sein Buch (Muller 1979) erlaubt das. Danach hat persönliche normative Rechtfertigung das größte Gewicht, gefolgt von normativer Erleichterung im Universitätsmilieu, vor den annähernd gleich wichtigen Prädiktoren utilitaristische Rechtfertigung und Verfügbarkeit. Also haben die Variablen, die den persönlichen Anreiz erfassen, einen größeren Einfluß auf die Teilnahme an aggressivem politischen Verhalten als diejenigen, die dem Vorhandensein erleichternder sozialer Normen und der Greifbarkeit für kollektives Handeln zugeschrieben werden können.

Wie gegen jede empirische Studie kann man auch gegen Mullers Studie wichtige und vernünftige Einwände vorbringen. Obwohl das leicht ist und im Gegensatz zu dem Versuch, es besser zu machen, für den Erkenntnisfortschritt ziemlich unergiebig, möchte ich folgendes anmerken: Mullers (1978, 1979) abhängige Variable ist nicht das Konfliktverhalten, sondern dessen verbale Beschreibung durch die Befragten. Weil uns eigentlich das Verhalten interessiert, liegt hier eine Fehlerquelle. Recht problematisch sind auch einige unabhängige Variablen. Am erklärungskräftigsten ist nach Muller (1978, 1979) die persönliche normative Rechtfertigung von Gewalt. Sie wird als Produkt von Entfremdung und Linksorientierung operationalisiert. Wenn auch im Befragungsjahr 1974 eher Linke als Rechte zu aggressiver politischer Partizipation neigten, grundsätzlich kann das rechte Gewaltpotential dem linken durchaus ebenbürtig sein, d. h. in der einen Periode mal niedriger, aber in anderen eben auch höher.

Mullers Operationalisierung der sozialen Normen von Referenzgruppen ist sehr grob und theoretisch mehrdeutig. Studenten sind nicht nur einem normativen Milieu ausgesetzt, das aggressive politische Partizipation erleichtert, sie sind auch nicht nur besonders verfügbar wegen geringer kurzfristig zwingender anderweitiger Verpflichtungen, sondern sie finden vielleicht auch zusätzlich günstigere Voraussetzungen für eine Organisation zum kollektiven Handeln vor. Da ist zunächst die leichte Kommunikation, dann auch noch die öffentliche Förderung von politischen Studentengruppen durch finanzielle Zuschüsse und unentgeltlich zur Verfügung

gestellte Räume. Selbst wenn nach politischer Radikalisierung manchen Studentengruppen die Privilegien gestrichen werden, hat vielleicht doch die öffentliche Hand
in der Frühphase die Schaffung der sich später radikalisierenden Organisation mit-
finanziert. Die Organisation aber könnte Voraussetzung für aggressive politische
Partizipation sein. Schließlich ist selbst der Aspekt der sozialen Normen von Referenzgruppen in sich mehrdeutig. Einmal können die permissiven Einstellungen der
Kommilitonen aggressive politische Partizipation erleichtern, zum anderen aber
auch die geringe Sanktionsbereitschaft der Professoren und Hochschulverwaltun-
gen. Indem Muller Universitätszugehörigkeit als Prädiktor für aggressives politisches Verhalten verwendet, gibt er eine partiell tautologische Antwort auf die Frage,
warum Studenten dazu neigen – und bei anderen Befragten kommt aggressive
politische Partizipation ja kaum vor.

Was gibt Mullers (1978, 1979, 1980) Analyse für die theoretische Frage her, ob
man individuelles Konflikthandeln eher nutzentheoretisch oder eher deprivationstheoretisch erklären sollte? Mit der Wert-Erwartungs- oder Nutzentheorie sind
Mullers Befunde kompatibel: utilitaristische und normative Rechtfertigung erleichtern Protest und Gewalt ebenso wie Verfügbarkeit und eine permissive Umwelt.
Man kann Mullers Erklärungsversuch als Kombination nutzentheoretischer und
zusätzlicher Erklärungen begreifen. Weil die Wert-Erwartungstheorie ein weites
theoretisches Gewand ist, kann die Kompatibilität dieser Theorie mit Mullers Studie
allerdings nicht allzuviel zur Stützung der Theorie beitragen.

Die Deprivationstheorie ist in Mullers Studie nur im Hintergrund enthalten –
mit der unabhängigen Variablen Entfremdung, die allein immerhin über ein Viertel
der Varianz in aggressiver politischer Partizipation erklären kann, bei Muller aber
neben Linksorientierung ein Faktor bei der Bildung der Variablen normative Rechtfertigung von Gewalt bzw. Aggression wird. Relative Deprivation ist demnach nicht
belanglos, vor allem dann nicht, wenn sie politisiert wird, d. h. wenn – wie bei den
Linken im Jahre 1974 – politische Instanzen dafür verantwortlich gemacht werden.
Daß relative Deprivation einen Anreiz zum Konflikthandeln vermittelt, leugnet
auch die Wert-Erwartungstheorie nicht. Sie besteht nur darauf, daß daneben noch
Variablen wie Durchsetzungschancen (utilitaristische Rechtfertigung) oder Kosten
(Verfügbarkeit, Normen der Referenzgruppen) des Konflikthandelns berücksichtigt
werden müssen, wenn man einer vollständigen Erklärung näherkommen will.

Eine einzelne Studie ist eine schwache Basis für die Beurteilung der Erklärungskraft von Deprivations- oder Nutzentheorien. Deshalb möchte ich kurz noch auf
Sammelreferate verweisen, die mit der oben gegebenen Beurteilung kompatibel
sind. In einer Sekundäranalyse von Umfragedaten, die sich mit der Beteiligung an
den amerikanischen Ghettounruhen beschäftigen, kommt McPhail (1971, S. 1064)
zu dem Schluß, daß sich deprivationstheoretische Erklärungsansätze nicht bewährt
haben. Ein Jahr später kommt Muller (1972) anhand amerikanischer – *nicht* wie oben:
deutscher – Umfragedaten zu dem Ergebnis, daß nicht einfach Unzufriedenheit,
sondern Mißtrauen gegenüber den politischen Autoritäten und – wichtiger aus

nutzentheoretischer Sicht – der Glaube an die Effektivität der Gewalt das politische Gewaltpotential erhöhen. Auch in seinem jünsten Literaturüberblick hebt Muller (1980, S. 97) noch einmal den begrenzten Wert deprivationstheoretischer Hypothesen hervor.[12]

8. Nutzentheoretische oder deprivationstheoretische Erklärung nationaler Konfliktanfälligkeiten

Die international vergleichende Konfliktforschung beschäftigt sich mit dem unterschiedlichen Ausmaß von Konflikt, Protest und Gewalt in verschiedenen Gesellschaften, Nationen oder Staaten. Die Mehrzahl der empirischen Arbeiten ist dabei vom deprivationstheoretischen Forschungsprogramm inspiriert. Dessen Grundgedanke ist folgender: Protest und Gewalt sind Folge von Unzufriedenheit. Unzufriedenheit als Diskrepanz von Anspruch und Erfüllung ist Folge von ungleichgewichtigen Zuständen oder Entwicklungen, die sich an nationalen Merkmalen oder Merkmalskombinationen ablesen lassen. Deshalb müssen diese Merkmale zur Erklärung von Protest, Gewalt und politischer Instabilität beitragen können.

Inzwischen gibt es viele Datensammlungen, die über Häufigkeit, geschätzte Teilnehmerzahl oder Opfer etlicher interner Konfliktereignisse wie Demonstrationen, Aufruhr, bewaffnete Angriffe in Nationen informieren (vgl. Rummel 1963; Russett et al. 1964; Tanter 1966; Feierabend and Feierabend 1966; Gurr and Ruttenberg 1967; Gurr 1969; Banks 1971; Taylor and Hudson 1972; Taylor and Jodice 1983). Die Datensammlungen sind durch systematische Auswertung und Verkodung fast ausschließlich amerikanischer Quellen entstanden. Oft liegt ihnen nur eine oder zwei Primärquellen zugrunde wie die New York Times oder deren Index. Generell ist die Objektivität der Auswertung der Primärquellen bzw. der Verkodung sichergestellt worden.

Die Konfliktdatensätze sind mehrfach Faktorenanalysen unterzogen worden (z. B. Rummel 1963; Tanter 1966; Feierabend and Feierabend 1966, Hibbs 1973; Eberwein 1978). Dabei hat sich immer wieder gezeigt, daß interner Konflikt multidimensional ist (vgl. die Zusammenfassung bei Zimmermann 1975), daß es mindestens einen Protest- oder Unruhe-Faktor und einen inneren Krieg- oder Gewalt-Faktor gibt. Die Multidimensionalität internen Konflikts in der Faktorenanalyse (vgl. Arminger 1979; Harman 1967) ist zumindest teilweise auch Folge der unterschiedlichen Häufigkeit der einzelnen Konfliktereignisse. Aufruhr, Demonstration oder Sabotage sind häufiger als Staatsstreiche oder bewaffnete Angriffe, die wiederum häufiger als Guerillakriege sind. Eine Skalogramm-Analyse (Nesvold 1971) hat gezeigt, daß es möglich ist, interne Konfliktereignisse nach ihrer Häufigkeit und Intensität auf einer Dimension anzuordnen, wobei die häufigen und wenig intensiven Ereignisse meist nur Protest artikulieren, die selteneren und intensiveren Ereignisse auch Gewalt bedeuten.

Lange ging der Hauptstrom der makropolitischen Forschung generell davon aus, daß die verschiedenen Konfliktereignisse ähnliche Hintergründe und Ursachen haben, daß man Protest und Gewalt ähnlich erklären kann, daß man die vielen Einzelindikatoren zu einem Index vereinen sollte, bei dem Gewalt praktisch als Steigerung von Protest aufgefaßt wird (vgl. Feierabend and Feierabend 1966; Feierabend, Feierabend and Nesvold 1969; Gurr 1968, 1969, 1972; Nesvold 1971).

Der Grundgedanke des Forschungsprogramms ist es, Protest und Gewalt als Folge von Unzufriedenheit aufzufassen, obwohl viele Autoren lieber mit Begriffen wie relative Deprivation oder Frustration arbeiten (vgl. die Zusammenfassungen bei Huntington 1968, 1971 und Gurr 1970, 1972). Als Indikatoren der makropolitisch nicht direkt faßbaren Variablen Unzufriedenheit dienen ein mittlerer oder niedriger sozio-ökonomischer Modernitätsgrad (Feierabend and Feierabend 1966; Huntington 1968; Flanigan and Fogelman 1970), eine große Geschwindigkeit des sozialen Wandels durch Verstädterung, Bildungsexpansion oder Massenmedien, vor allem wenn diese zusammen mit weniger schnellem Wirtschaftswachstum auftreten (vgl. Feierabend and Feierabend 1966; Feierabend, Feierabend and Nesvold 1969; Huntington 1968; Schneider and Schneider 1971; Schwartzman 1972), eine ungleiche Verteilung von Land in Agrargesellschaften (Russett 1964; Tanter and Midlarsky 1967), eine ungleiche Verteilung von materiellen und ideellen Gütern auf zugeschriebener Basis (Gurr and Ruttenberg 1967; Gurr 1968, 1969) oder eine ungleiche Einkommensverteilung (Sigelman and Simpson 1977; Hardy 1979; Weede 1981; Muller 1985). Anhand ausgewählter Beispiele werde ich typische Probleme und Ergebnisse dieser Arbeiten darstellen (einen in die Einzelheiten gehenden Überblick vermittelt Zimmermann 1977, auch 1981).

Feierabend and Feierabend (1966) fassen Protest, Gewalt und Instabilität, auf deren Messung ich nicht weiter eingehen werde, als Resultat von Frustration auf. Sie vertreten die Auffassung, daß Frustrationen in den Gesellschaften besonders verbreitet und/oder intensiv sind, wo Schreibfähigkeit und Verstädterung hohe Ansprüche begründen und indizieren, wo wenige Radios, Zeitungen, Telephone, Ärzte, Kalorien oder ein geringes Bruttosozialprodukt immer pro Kopf schlechte Befriedigungschancen für diese Ansprüche vermitteln und indizieren. Das Verhältnis von Ansprüchen und Befriedigungschancen wird in einem entsprechend konstruierten Frustrationsindex erfaßt. Dieser sollte das unterschiedliche Ausmaß sozio-politischer Instabilität von Nationen erklären können.

Neben dem Frustrationsindex haben die Feierabends (1966) auch noch einen Modernitätsindex konstruiert, in den dieselben acht oben genannten Merkmale eingehen, die jetzt aber alle schlicht als Modernitätsindikatoren gelten, wobei nicht mehr zwischen einer „Modernisierung" der Ansprüche und den Befriedigungschancen unterschieden wird. Sowohl der Frustrationsindex als auch der Modernitätsindex korrelieren mit dem Instabilitätsindex, können also zur Erklärung des unterschiedlichen Ausmaßes der Konfliktanfälligkeit bei Nationen beitragen. Sofern der deprivationstheoretische Erklärungsansatz der Feierabends (1966) wahr wäre, sollte man allerdings erwarten, daß der Frustrationsindex höher mit Protest, Gewalt und politischer Instabilität korreliert als der Modernitätsindex. Das ist aber *nicht* der Fall. Das unerwartete Ergebnis zu interpretieren, ist für die Feierabends kein Problem: Wenn Unmodernität enger mit Instabilität, Protest und Gewalt zusammenhängt als der sog. Frustrationsindex, dann ist Unmodernität eben der bessere Frustrationsindex. Das ergibt sich ja zwingend aus der höheren Korrelation.

Von ihrem deprivationstheoretischen Ansatz ausgehend, vermuten die Feierabends (1966), daß Modernität nicht linear, sondern kurvilinear mit Instabilität zusammenhängen sollte. In ganz rückständigen Gesellschaften seien Ansprüche und Befriedigungschancen gering, in hochmodernen Gesellschaften seien beide hoch, in Übergangsgesellschaften aber seien nur die Ansprüche, nicht aber die Befriedigungschancen hoch. In Übergangsgesellschaften sei deshalb Frustration weit verbreitet, Protest, Gewalt und Instabilität seien die Folgen. Aber der Zusammenhang zwischen dem Modernisierungsindex und Instabilität ist nicht so deutlich kurvilinear wie erwartet. Daraus wird geschlossen, daß die vorher eingeführte Annahme maximaler Unzufriedenheit bei mittlerer Modernität – weil die Ansprüche schneller als die Befriedigungschancen wachsen – eben falsch sei, weil es keine hinreichend rückständigen und anspruchslosen Nationen mehr gäbe, während Rückschlüsse auf die Erklärung von Protest und Gewalt durch Unzufriedenheit unterbleiben.

Die Feierabends (1966) wollen das unterschiedliche Ausmaß an Konfliktanfälligkeit bei Nationen mit Hilfe der Frustrations-Aggressions-Hypothese erklären. Aber sie übersehen dabei ein grundsätzliches Problem. Die Frustrations-Aggressions-Hypothese erlaubt auf der makropolitischen Ebene ja nur, die Frage nach den Gründen der Aggression durch die Frage nach den Gründen der Frustration zu ersetzen. Die Umformulierung kann dann die Illusion erzeugen, theoretische Arbeit sei schon geleistet, so daß man die theoretische Frage nach den sozialen, ökonomischen oder politischen Bedingungen von Protest oder Unzufriedenheit als reines Indikatorenproblem auffassen und ad hoc behandeln könne, daß man Indikatoren ad hoc wählen und ad hoc fallenlassen könne. Vor die Wahl gestellt, die Annahme fallenzulassen, daß Frustration oder Unzufriedenheit zu Protest oder Gewalt führt, oder die Annahmen über die Hintergründe und Indikatoren von Unzufriedenheit fallenzulassen, entscheiden sich die Feierabends für die Beibehaltung des Grundgedankens, gegen die in der Indikatorenwahl steckenden Zusatzhypothesen. Damit ist der Grundgedanke gegen Kritik immunisiert.[13]

Wie beliebig die Zuordnung der Indikatoren zu Unzufriedenheit nicht nur bei den Feierabends (1966), sondern oft in der deprivationstheoretisch beeinflußten Forschung ist, wird dadurch illustriert, daß für Gurr (1968, 1969) ein Mangel an Schulen Unzufriedenheit indiziert, während andere Autoren (Almond and Coleman 1960; Feierabend, Feierabend and Nesvold 1969; Huntington 1968, 1971) eher die destabilisierenden und Unzufriedenheit produzierenden Effekte von zuviel Bildung bei niedrigem ökonomischen Niveau befürchten. Auch Gurr (1969, S. 570, 571) ging ursprünglich von dieser Annahme aus. Aber die Falsifikation der Erwartungen durch die Daten haben ihn dann dazu veranlaßt, nicht mehr zu viele, sondern zu wenige Schulen als Hinweis auf Unzufriedenheit zu akzeptieren. Die Daten entscheiden

nicht nur, ob ein Indikator positiv oder negativ mit Unzufriedenheit zusammenhängt, es kommt noch schlimmer: In verschiedenen Zweigen des Forschungsprogramms und bei verschiedenen Konfliktdatensätzen haben mal zu viele und mal zu
wenige Schulen und Bildungschancen die Aufgabe, Unzufriedenheit zu erfassen. In
zusammenfassenden Ergebnisberichten (Huntington 1971; Gurr 1970, 1972) wird
diese Merkwürdigkeit nicht immer hervorgehoben.

Nach den Feierabends (1966) hat vor allem Gurr (1968, 1969) versucht, die
unterschiedliche Konfliktanfälligkeit von Nationen deprivationstheoretisch zu
erklären. Was Unzufriedenheit „indiziert", hat Gurr dadurch ermittelt, daß er eine
Vielzahl von Variablen mit Protest und Gewalt korreliert. Nur ungefähr jeder vierte
ausprobierte „Unzufriedenheitsindikator" hat sich in der Korrelationsanalyse
„bewährt", wobei für keinen dieser 13 „bewährten" Einzelindikatoren eine höhere
Korrelation mit Protest und Gewalt als 0,27 berichtet wird (Gurr 1968, S. 1110). Die
additiven Indices für kurzfristige und langfristige Deprivation korrelieren deutlich
höher mit mehreren Protest-, Gewalt- und Instabilitäts-Indices, zwischen 0,26 und
0,48 (Gurr 1968, S. 1117). Man kann darin bivariate Evidenz für einen Zusammenhang zwischen Unzufriedenheit und Protest, Gewalt oder Instabilität sehen. Man
kann aber auch argumentieren, daß Gurrs (1968) Vorgehen eine „Bestätigung" seines
deprivationstheoretischen Ansatzes jedenfalls in der bivariaten Analyse unvermeidbar und eine Falsifikation unmöglich macht. Denn Variablen, die nicht oder negativ
mit Protest, Gewalt und Instabilität korrelieren, sind ja bei Gurr (1968) keine Unzufriedenheitsindikatoren!

In Anbetracht der Art, wie Deprivation bei Gurr (1968) erfaßt wird, ist nicht
verwunderlich, daß Deprivation auch in der multivariaten Analyse zur Erklärung
von Protest, Gewalt und Instabilität beiträgt. Erstaunlicher aber ist, daß nicht etwa
langfristige oder kurzfristige Deprivation, sondern der Fazilitationsindex deutlich
den größten Beitrag zur Erklärung von internen Konflikten liefert (Gurr 1968,
S. 1121). Der Fazilitationsindex ist hoch in Ländern mit schwer zugänglichen Wü-
sten-, Wald- oder Berggebieten, wo kommunistische Parteien die Unzufriedenen für
kollektives Handeln gegen die Regierung schon organisiert haben und wo Aufständi-
sche von außen unterstützt werden. Hinter dem Fazilitationsindex verbergen sich
also Gegebenheiten, die die Kosten-Nutzen-Kalküle der Akteure beeinflussen:
Unzugängliches Terrain erlaubt Aufständischen den vorübergehenden Rückzug.
Ausländische Hilfe erhöht die Durchsetzungschance. Mit der Existenz einer (illegalen) kommunistischen Partei ist das Ressourcenmobilisierungsproblem schon gelöst,
haben politische Unternehmer oder (wie Kommunisten sagen) Kader die Voraussetzungen für kollektives Handeln schon geschaffen. Obwohl Gurr (1968) seine Studie
deprivationstheoretisch interpretiert, ist sie m. E. zumindest im gleichen Ausmaß mit
nutzentheoretischen Überlegungen, mit der Wert-Erwartungstheorie, kompatibel.[14]

Die neuere international vergleichende Konfliktforschung (vgl. dazu Eckstein
1980; Weede 1975; Zimmermann 1977, 1980) trägt erstaunlich wenig zur Entschei-

dung zwischen dem deprivations- und dem nutzentheoretischen Erklärungsansatz bei. Erstens sind die empirischen Befunde nicht eindeutig genug. Zweitens hat ein Teil der Forschung sich vor allem mit der gegenseitigen Abhängigkeit unter verschiedenen Konfliktereignissen beschäftigt (etwa Hibbs 1973). Drittens werden die Implikationen deprivations- und nutzentheoretischer Erklärungsansätze nicht scharf genug voneinander abgegrenzt. Deshalb werde ich nur noch zwei Spezialprobleme aus der neueren Forschung aufgreifen: Wie kann man die unterschiedliche Streikanfälligkeit in westlichen Industriegesellschaften erklären? Schafft Ungleichheit der Einkommen Unzufriedenheit bei den Unterprivilegierten und damit ein Protest- und Gewaltpotential?

Zunächst zum Streik. Hibbs (1976) hat das Streikvolumen, also das Produkt von Häufigkeit, Dauer und Beteiligten, in zehn westlichen Industrieländern während der 50er und 60er Jahre untersucht. Die Rangordnung der Erklärungskraft der unabhängigen Variablen in der multivariaten Analyse ist: 1. die Stärke der kommunistischen Parteien, 2. ein *geringes* Ausmaß an Arbeitslosigkeit und 3. eine (unzufrieden machende) Differenz zwischen erwarteten und tatsächlichen Reallohnzuwächsen. Dabei fällt zunächst einmal auf, daß die deprivationstheoretisch interpretierbare Variable ‚Differenz zwischen erwarteten und tatsächlichen Reallohnzuwächsen' am wenigsten bedeutsam ist. Obwohl gerade bei dieser Variablen mehrere und noch dazu recht komplizierte Operationalisierungen ausprobiert worden sind und dann die empirisch beste verwendet worden ist.

Man kann auch in Arbeitslosigkeit einen Deprivationsindikator sehen. Aber dann muß man bedenken, daß Arbeitslose nicht streiken können. Deprivation durch Arbeitslosigkeit könnte in unserem Erklärungszusammenhang nur bedeuten, daß die Arbeitenden wegen der Arbeitslosigkeit Angst auch um ihre eigenen Arbeitsplätze haben und deshalb unzufrieden werden. Wer so argumentiert, kann aber nicht erklären, warum das Streikvolumen mit *zunehmender* Arbeitslosigkeit *abnimmt*. Aus der Perspektive der Wert-Erwartungstheorie aber ist das leicht zu erklären. Mit zunehmender Arbeitslosigkeit wird die relative Machtposition der Arbeiter schwächer, sinken ihre Durchsetzungschancen. Im Extremfall könnte ein Streik nur den Zeitpunkt der Betriebsschließung und entsprechender Massenentlassungen vorverlegen. Vernünftigerweise streiken die Arbeiter bei hoher Arbeitslosigkeit also seltener.

Hibbs' (1976) bedeutsamste Erklärungsvariable für Streiks in westlichen Industrieländern ist die Stärke kommunistischer Parteien, d. h. straffe Organisation durch kommunistische Kader schafft die besten Voraussetzungen für ein hohes Streikvolumen. Dieser Befund erinnert an Gurrs (1968) oben besprochenes älteres Konfliktmodell, wo ein aus kommunistischer Stärke, ausländischer Unterstützung für Rebellen und unzugänglichem (Guerillas begünstigenden) Terrain zusammengesetzter Index das unterschiedliche Ausmaß an Konfliktanfälligkeit von Gesellschaften besser als jede andere Variable erklären kann. Organisatorisch-politische Gegebenheiten, Konfliktfähigkeit und Durchsetzungschancen von kollektiven Akteuren sind wohl wichtiger als ökonomisch-psychologische wie Deprivation oder Unzufriedenheit.

Dazu paßt auch, daß der gewerkschaftliche Organisationsgrad in anderen Studien (Shorter and Tilly 1974; Snyder 1975) eine wichtige zum Streik beitragende Variable ist.

Deprivationstheoretiker vertreten oft die Auffassung, daß eine ungleiche Verteilung des Einkommens Unzufriedenheit und damit letztlich Konflikt, Protest und Gewalt erzeugen muß. Diese Hypothese ist in mehreren Studien (Sigelman and Simpson 1977; Hardy 1979; Weede 1981; Muller 1985) mit international vergleichenden Daten überprüft worden. Dabei hat sich meistens ergeben, daß Ungleichheit entweder gar nicht oder nur sehr schwach mit Protest, Gewalt und politischer Instabilität zusammenhängt.[15] Wieder mal hat sich die deprivationstheoretische Perspektive nicht bewährt.

Alle Studien, die Unterschiede in den nationalen Konfliktanfälligkeiten erklären wollen, haben einige Mängel gemeinsam, die zu vorsichtiger Interpretation bzw. nur vorläufiger Akzeptierung der Ergebnisse – bis bessere vorliegen! – zwingen:

1. Grundsätzlich bleibt in deprivationstheoretisch orientierten Studien offen, ob die Unzufriedenen rebellieren oder andere. Mit Aggregatdaten allein läßt sich nie ausschließen, daß es in einem Lande viel Unzufriedenheit, viel Gewalt und Instabilität gibt, daß aber nicht die Deprivierten, sondern relativ Privilegierte aufbegehren.

2. Wichtige Variablen sind in allen oder fast allen Studien vernachlässigt: Von Land zu Land unterschiedliche Mobilitätschancen können u. U. den Toleranzgrad für Entbehrungen und den Anreiz für kollektives Handeln berühren. Wer auf persönlichen Aufstieg hoffen darf, muß nicht rebellieren. Aber diese Variable fehlt mangels Daten immer. Recht unbefriedigend sind auch die Versuche, mit Aggregatdaten zu erfassen, wie legitim politische Systeme sind, wieweit die Bevölkerung das politische System für Entbehrungen verantwortlich macht, wie repressiv das System ist und wie hoch deshalb die mutmaßlichen Kosten für Dissidenten sind.

3. Im allgemeinen sind deprivationstheoretische Hypothesen häufiger als nutzentheoretische geprüft worden. Aus dem relativen Mißerfolg der Deprivationstheoretiker auf den Wert der Nutzentheorie zu schließen, erinnert ein wenig an jenen römischen Kaiser, der bei einem Sängerwettstreit nur den ersten von zwei Sängern angehört hat, um dann dem zweiten den Preis zu verleihen.

Meiner Darstellung der quantitativ-empirischen, international vergleichenden Forschung ist wohl zu entnehmen, daß ich glaube, daß eine nutzentheoretische Perspektive besser zu den Befunden paßt als eine deprivationstheoretische. Aber andere Autoren (z. B. Eckstein 1980) neigen zur entgegengesetzten Auffassung und weisen zu Recht auf die Schwierigkeiten bei einer zusammenfassenden Urteilsbildung hin. Was wir benötigen ist im Idealfall ein *unumstrittenes* Faktum, das zwar zur einen, aber nicht zur anderen theoretischen Perspektive paßt. M. E. enthält Tullocks (1974) Revolutionstheorie die nötigen Hinweise. Tullock verwendet einen sehr weiten Revolutionsbegriff. Für ihn ist jede Revolte, jede illegale Machtergreifung eine Revolution – unabhängig davon, ob sie von tiefgreifenden sozio-strukturellen Veränderungen begleitet wird oder nicht. Nach der auch von Tullock (1974) unterstellten Wert-Erwartungstheorie werden die ‚Revolutionäre' in der Regel gerade nicht unterdrückten, verarmten und ausgebeuteten Bevölkerungsschichten entstammen. Das Nutzenkalkül der Angehörigen dieser Schichten ist einfach: Die Wahrscheinlichkeit, daß eigenes Tun zu erwünschten Veränderungen in Staat und Gesellschaft führt, ist extrem gering. Außerdem wäre eine bessere postrevolutionäre Gesellschaftsordnung ein Kollektivgut. Das legt nahe, die Verbesserung der Gesellschaft den anderen zu überlassen. Darüber hinaus muß der arme Revolutionär aus unterprivilegierten Bevölkerungskreisen mit drakonischen Strafen rechnen, falls er gefaßt wird. Der Versuch der Nutzenmaximierung legt also den Massen unabhängig vom Ausmaß der Armut, Unterdrückung und Frustration nahe, nichts zu tun.

Ganz anders sieht das Nutzenkalkül für Mitglieder der politisch-militärischen Elite aus. Ideologische Abneigung gegen das System, das sie persönlich so privilegiert, dürfte kein weit verbreitetes Motiv sein. Dennoch legt das Nutzenkalkül vielen Mitgliedern dieser Elite eine revolutionäre Verschwörung nahe. Wie etwa das Beispiel eines Truppenkommandeurs nahe der Hauptstadt illustriert, können Mitglieder der Elite davon ausgehen, daß ihre Entscheidung gegen die Regierung und für die ‚Revolution' die Wahrscheinlichkeit des Machtwechsels nennenswert erhöht. Die schon privilegierten Verschwörer können außerdem mit selektiven Anreizen bzw. Positionsgütern wie Beförderung, Übernahme eines Ministeriums oder der Ausschaltung persönlicher oder kommerzieller Rivalen rechnen. In der privilegierten Elite gibt es also sowohl Anreize zu ‚revolutionärem' Handeln als auch größere Aussicht zum Erfolg beizutragen als bei den unterprivilegierten Massen. Zudem wäre Neutralität für die Mitglieder der Elite gefährlich. Nach erfolgreicher Revolution muß der Neutrale befürchten, Position und Eigentum zu verlieren, weil die ‚Revolutionäre' damit die Ansprüche ihrer Anhänger befriedigen wollen. Positionsgüter vermitteln also die selektiven Anreize für die schon privilegierte Elite, sich in Machtkämpfe zu verstricken und dabei auf die eine oder die andere Seite zu schlagen. Weil Eliten über Ressourcen verfügen und ihr Handeln einen beachtlichen Einfluß auf das politische Geschehen hat, werden auch dadurch die Anreize zu politischer Aktivität erhöht.

Bei irregulärem Machtwechsel und vorhergehenden Konflikten werden die Akteure nicht von Kollektivgütern, wie ‚Gemeinwohl', bessere oder gerechtere Gesellschaft, effiziente Regierung, motiviert, sondern von selektiven Anreizen, wie der Hoffnung, das Ausmaß der eigenen Privilegien zu erhöhen. Deshalb sind die Akteure auch bereit, eine Beeinträchtigung des ‚Gemeinwohls' oder der Volkswirtschaft hinzunehmen, solange die selektiven Anreize für sie persönlich groß genug sind.

Soweit die grobe Skizze von Tullocks (1974) ‚Revolutions'theorie, die zumindest eine falsifizierbare Implikation hat: Nicht die verarmten, unterdrückten oder ausgebeuteten Massen revoltieren, sondern eher schon privilegierte Mitglieder der herrschenden Elite. Oder: Die meisten irregulären Machtwechsel werden zwar von den jeweiligen Siegern als Revolution bezeichnet, sind in Wirklichkeit aber nur Ergebnis eliteninterner Cliquenkämpfe.

M. E. können Deprivationstheorien nicht ohne weiteres die unbestreitbare Tatsache erklären, die eine zentrale Implikation der auf der Wert-Erwartungstheorie aufbauenden Tullockschen Revolutionstheorie ist: Revolutionen mit bedeutsamer Massenbeteiligung sind selten, nur dem Namen nach ,revolutionäre' Machtergreifungen schon vorher relativ privilegierter Putschisten sind häufig. Das ist m. E. ein starkes Argument gegen eine deprivationstheoretische und für eine nutzentheoretische Konfliktsoziologie. Aus der Perspektive der Wert-Erwartungstheorie ist allerdings nicht leicht zu verstehen, wie sich echte Revolutionen überhaupt jemals ereignen konnten. Das ist unser nächstes Problem.

9. Die großen Revolutionen

Revolutionen implizieren tiefgreifende soziale Veränderungen, einen Strukturwandel. Wie viele Revolutionen es im Laufe der letzten Jahrhunderte gegeben hat, hängt von den Einzelheiten der gewählten Revolutionsdefinition ab. Aber jede Definition, die nicht (wie Tullock 1974, s. o. Kap. 8) Revolution mit jeder beliebigen irregulären Machtergreifung gleichsetzt, läuft auf eine sehr kurze Liste historischer Revolutionen hinaus. Unabhängig von den Einzelheiten der Definition gelten die französische, die russische und die chinesische Revolution als große Revolutionen. Skocpols (1976, 1979) Versuch, diese Revolutionen zu erklären, werde ich im folgenden referieren. Skocpol wendet sich explizit gegen deprivationstheoretische Erklärungsansätze, allerdings ohne deshalb die Wert-Erwartungstheorie zu verwenden. Aber die Wert-Erwartungstheorie hat ja große Schwierigkeiten, systematisch zu erklären, wie jemals das Trittbrettfahrerproblem für die Massen überwunden werden kann; sie kann deshalb Revolten leichter als Revolutionen erklären.

Skocpol setzt sich zunächst mit anderen, älteren Erklärungsversuchen auseinander. Gemeinsam ist diesen sonst unterschiedlichen Perspektiven die Vernachlässigung weltpolitischer Rivalitäten zwischen ungleich entwickelten bzw. ungleich modernen Gesellschaften. Gemeinsam ist auch die ungenügende Beachtung potentiell autonomer Staatsapparate und die ungenügende Analyse der Verflechtung von Staatsapparaten mit sozio-ökonomischen Interessenten. Gemeinsam ist auch die voluntaristische Tendenz dieser Revolutionstheorien. Dazu Skocpol (1979, S. 17): „Tatsache ist, daß historisch keine erfolgreiche soziale Revolution jemals von einer die Massen mobilisierenden, bewußt revolutionären Bewegung ‚gemacht' worden ist. . . . in keiner Weise haben solche (revolutionären) Speerspitzen je die revolutionären Krisen geschaffen, die sie ausgebeutet haben. Statt dessen . . . sind revolutionäre Situationen aus politisch-militärischen Staatskrisen und solchen der Klassenherrschaft entstanden. . . . Außerdem haben die rebellierenden Massen ziemlich oft auf eigene Faust gehandelt, ohne direkt von eingestandenermaßen revolutionären Führern organisiert oder von solchen Zielen ideologisch inspiriert zu sein." Revolutionen haben auch nicht immer den Interessen ihrer entscheidenden Akteure gedient.

Weltpolitische Rivalitäten hält Skocpol auch deshalb für entscheidend, weil dadurch Staatsapparat und herrschende Klassen erschüttert werden können oder in Konflikte untereinander geraten können. Wörtlich (1979, S. 23): „Moderne soziale Revolutionen haben sich nur in solchen Ländern ereignet, die sich im internationalen Umfeld in einer benachteiligten Situation befanden. Besonders die Realitäten militärischer Rückständigkeit und politischer Abhängigkeit haben das Geschehen und den Verlauf sozialer Revolutionen entscheidend geprägt."

Im Gegensatz zu anderen Autoren hebt Skocpol die potentielle Autonomie des Staates hervor. Der Staat ist mehr als eine Arena des Klassenkampfes. Deshalb kann der Staatsapparat auch in Konflikte mit den sozial und ökonomisch herrschenden Klassen geraten. Staatsapparat und herrschende Klassen sind normalerweise in einem teils symbiotischen, teils antagonistischen Verhältnis zueinander. Denn beide wollen aus Wirtschaft und Gesellschaft bzw. von den weniger privilegierten Schichten Ressourcen zur Verfügung gestellt erhalten. Dabei können herrschende Klassen wie Grundbesitzer und Staatsapparat einander gegenseitig stützen oder auch miteinander um knappe Ressourcen konkurrieren. Sicherheitspolitische Herausforderungen können den Konflikt zwischen sozio-ökonomisch und politisch herrschenden Klassen entfachen, weil der Staatsapparat im Interesse der Selbstbehauptung nach außen u. U. auch gegen die Interessen der sozio-ökonomisch dominanten Klassen verstoßen muß.

Skocpols drei theoretische Besonderheiten – Betonung internationaler Rivalitä- ten und der potentiellen Autonomie des Staatsapparats gegenüber den sozio-ökono- misch dominanten Klassen, Ablehnung des Voluntarismus – hängen also zusammen. Um sich nach außen zu behaupten, muß der Staat gegenüber den gesellschaftlichen Kräften teilweise autonom sein. In Reaktion auf weltpolitische Gefährdung kann die politisch dominante Schicht versuchen, Ressourcen auch auf Kosten der ökonomisch herrschenden Klasse zu extrahieren und gegen diese zu arbeiten. Wegen der weltpoli- tischen Verflechtung, die sich innergesellschaftlicher Kontrolle entzieht, müssen voluntaristische Erklärungen von Revolutionen ungenügend bleiben.

Skocpol will das Verständnis von Revolutionen durch vergleichende Analysen vorantreiben. Daß sie (1979, S. 41) gerade Frankreich, Rußland und China wählt, begründet sie folgendermaßen: „Alle drei Revolutionen ereigneten sich in wohl- habenden und politisch ehrgeizigen Agrarstaaten, von denen keiner je als Kolonie unterdrückt wurde. Diese alten Regime waren protobürokratische Autokratien, die plötzlich mit ökonomisch höher entwickelten militärischen Rivalen konfrontiert wurden. In allen drei Revolutionen verbanden sich extern erzeugte Krisen mit internen strukturellen Bedingungen und Trends, um eine Verknüpfung zu erzeugen von: (1) Lähmung der zentralen Staatsapparate des alten Regimes, (2) weit verbrei- tete Rebellion der unteren Klassen, entscheidend vor allem der Bauern, und (3) Ver- suche von Massen mobilisierenden politischen Führungen, die revolutionäre Staats- macht zu konsolidieren. Das revolutionäre Ergebnis war in jedem Fall ein zentrali- sierter, bürokratischer, die Massen vereinnahmender Nationalstaat mit verstärktem Großmachtpotential in der internationalen Arena. Hindernisse gegen nationalen sozialen Wandel, die sich aus den vorrevolutionären Stellungen der landbesitzenden Oberschicht ergaben, wurden abgeschafft (oder stark eingeschränkt) und neue Entwicklungsmöglichkeiten wurden durch größere staatliche Zentralisierung und politische Einbindung der Massen in den neuen Regimen ermöglicht."

In agrarischen Bürokratien extrahieren der Zentralstaat und die landbesitzende Oberschicht in teilweise antagonistischer Kooperation die ländlichen Überschüsse. Bei sicherheitspolitischer Konkurrenz mit höher entwickelten, rivalisierenden Staaten entsteht ein krisenhafter Modernisierungsdruck. Der Zentralstaat braucht einfach mehr Ressourcen, als ihm die landbesitzende Oberschicht freiwillig zugestehen will. Ist die landbesitzende Oberschicht stark genug, das zu verhindern – etwa weil das Personal für den Staatsapparat vorwiegend aus ihr rekrutiert wird –, kann der Staatsapparat entweder unter äußerem oder innerem Druck zusammenbrechen. Innerer Druck entsteht dadurch, daß das Gegeneinander des Staatsapparates und der wirtschaftlich dominanten Klassen beide schwächen kann und damit den unterprivilegierten Schichten Handlungsspielraum schafft. Nach Skocpol (1976, S. 181) gilt nämlich, daß „nicht Unterdrückung, sondern Schwäche Revolutionen erzeugt."

Für die Schwächung, Neutralisierung oder gar Ausschaltung des Staatsapparates des alten Regimes macht Skocpol zwei Faktoren verantwortlich: 1. außenpolitischen Problemdruck, 2. die Beziehungen zwischen landbesitzenden Oberschichten und Administration. Im Falle Frankreichs ist der außenpolitische Problemdruck durch die Niederlage gegen England im Siebenjährigen Krieg und durch die doppelte Notwendigkeit entstanden, sowohl mit den europäischen Landmächten als auch mit dem wirtschaftlich höher entwickelten, maritimen England zu konkurrieren. Das führte im 18. Jahrhundert zu wiederholten Krisen der Staatsfinanzen, auch vor der französischen Revolution. Im Falle Rußlands ist der außenpolitische Problemdruck durch die wirtschaftliche und damit militärische Rückständigkeit des Landes verglichen mit den anderen Großmächten entstanden, wie er sich schon 1905 in der Niederlage gegen Japan zeigte, später in den Kämpfen mit den deutschen Truppen im Ersten Weltkrieg. Im Falle Chinas ist der außenpolitische Problemdruck durch territoriale Verluste in den Randgebieten an europäische Großmächte oder 1895 sogar an Japan, durch ungleiche Verträge mit europäischen Mächten, Reparationen nach verlorenen Kriegen und eine allgemeine Erosion der chinesischen Souveränität vor allem in den Vertragshäfen entstanden. In den 30er Jahren hat sich die Krise durch die japanische Invasion weiter verschärft. Um mit diesen Herausforderungen fertig zu werden, mußten die Regierungen in Frankreich, Rußland und China versuchen, mehr Ressourcen aus Wirtschaft und Gesellschaft zu extrahieren.

Die Realisierbarkeit solcher Ressourcenextraktion hängt weitgehend von den Beziehungen zwischen landbesitzender Oberschicht und Staatsbürokratie ab, d. h. davon, inwieweit sich die Bürokratie aus der landbesitzenden Oberschicht rekrutierte und von ihr autonom handeln konnte. In Frankreich und in China war nach Skocpol der administrative und militärische Apparat weitgehend von der landbesitzenden Oberschicht durchsetzt, die durch Obstruktion eine hinreichende Ressourcenextraktion des Staates zu verhindern wußte. In Rußland war der landbesitzende Adel gegenüber der zaristischen Administration schwächer, weshalb diese nach der Niederlage im Krim-Krieg auch die Abschaffung der Leibeigenschaft durchsetzen konnte, weshalb das zaristische Rußland auch die revolutionäre Krise nach der

Niederlage gegen Japan 1905 erfolgreich überwinden konnte. Aber 1917 war in Anbetracht der auf breiter Front vorrückenden deutschen Truppen der außenpolitische Problemdruck auch noch viel offensichtlicher als im vorrevolutionären Frankreich oder China.

Wo – wie in China und Frankreich – die landbesitzende Oberschicht eine Stärkung des Zentralstaates verhindert hat, hat sie indirekt ihren eigenen Untergang vorbereitet. Dazu Skocpol (1979, S. 81): „die erfolgreiche Opposition der dominanten Klassen gegen autokratische Reformen haben unbeabsichtigt das Tor für sich vertiefende Revolutionen in Frankreich wie in China geöffnet." Denn landbesitzende Oberschicht und Staatsapparat waren ja in partiell antagonistischer Symbiose aufeinander angewiesen. Die landbesitzende Oberschicht verlor mit der Schwächung (Frankreich) bzw. Desintegration (China) des Zentralstaates und seiner Armeen ein letztes Mittel zur Sicherung ihrer eigenen Privilegien.

Zur Überprüfung ihres Erklärungsansatzes zieht Skocpol auch zwei Gesellschaften heran, die ebenfals unter außen- und sicherheitspolitischem Druck standen, aber dennoch Revolutionen vermieden haben: Japan nach der Meji-Restauration und Preußen während der napoleonischen Kriege. In Japan waren die staatstragenden Eliten weitgehend autonom gegenüber den wirtschaftlich dominanten Kreisen und konnten deshalb eine Revolution von oben durchsetzen. Preußen war schon Ende des 18. Jahrhunderts stärker als andere Länder bürokratisiert, womit der Staat trotz Rekrutierung des Führungspersonals aus der Junkerschicht dieser gegenüber mächtiger war und mit den Stein-Hardenbergschen Reformen sich auch über deren Wirtschaftsinteressen hinwegsetzen konnte. Außerdem fehlten in Preußen damals die Voraussetzungen für Bauernrebellionen, die hinzukommen müssen, um in Agrargesellschaften revolutionären sozialen Wandel durchzusetzen.

Großflächige Bauernrevolten hängen nach Skocpol (1979, S. 115) von drei Faktoren ab: „(1) Ausmaß und Art der Solidarität in bäuerlichen Gemeinschaften, (2) Grad der Autonomie der Bauern von alltäglicher Überwachung und Kontrolle durch die Landbesitzer und deren Agenten, und (3) Nachlassen der staatlichen Zwangsmaßnahmen gegen Bauernaufstände." Der zuletzt genannte Faktor entsteht entweder durch eindeutige militärische Niederlagen, wie die der russischen Armee im Ersten Weltkrieg, oder durch Neutralisierung der Armee in Anbetracht der Konflikte zwischen Krone und wirtschaftlich herrschenden Schichten, wie in Frankreich. Die Abnahme des Risikos staatlicher Repression bestimmt aber nur den Zeitpunkt von Bauernrevolten.

Ob es überhaupt dazu kommt, hängt von den beiden anderen (strukturellen) Gegebenheiten ab. Dazu Skocpol (1979, S. 116): „Agrarsysteme, die durch große, mit Leibeigenen oder landlosen Arbeitern bewirtschaftete Güter gekennzeichnet sind, tendieren dazu, spontane, selbst organisierte Unruhen der Bauern zu verhindern. Das ist nicht nur deshalb wahr, weil die Leibeigenen oder Landarbeiter arm sind, sondern weil sie voneinander getrennt sind und weil sie naher und konstanter Überwachung und Disziplinierung durch die Landbesitzer und deren Manager

ausgesetzt sind. Rentier-Agrarsysteme, wo kleine Bauern und deren Familien selbst
das Land besitzen und bearbeiten, sind notorisch anfälliger für Bauernrevolten –
besonders, würde ich sagen, wo sozio-ökonomisch begründete Gemeinschaftsbezie-
hungen die Familien in Opposition gegen die Landbesitzer zusammenbinden."

Im vorrevolutionären Frankreich und mehr noch in Rußland gab es solidarische
Dorfgemeinschaften, mit gemeinsamer Nutzung von Wald- oder Weideflächen
oder gar mit periodischer Neuverteilung von Land an Familien, ohne alltägliche
Überwachung durch Großgrundbesitzer. In Preußen und England dominierte die
alltägliche Junker- oder Gentryaufsicht. Das kann erklären, warum das vorrevolutio-
näre Frankreich oder Rußland, nicht aber Preußen oder England für Bauernaufstände
anfällig waren. Die französischen Bauern haben dabei die Verpflichtungen gegenüber den meist adeligen Grundherren abgeschüttelt, damit aber auch die Solidarisierungsbasis für weitergehende Aktionen aufgehoben. Die russischen Bauern haben
durch egalitäre Landreformen von unten nach den Niederlagen und der Desintegration der zaristischen Armee und durch die Selbstgenügsamkeit der Dorfgemeinschaften versucht, sich weitergehenden gesamtstaatlichen oder gesamtwirtschaftlichen
Verpflichtungen zu entziehen.

China ist ein Sonderfall. Obwohl die chinesische Revolution geradezu als
Prototyp einer Bauernrevolution gilt, ist die chinesische Bauernschaft zunächst
strukturell nicht zu großflächigen, klassenkämpferischen Aufständen fähig gewesen.
Dazu Skocpol (1976, S. 199): „. . . Verwandschafts-, Kontakt- und Klientelbezie-
hungen haben sich mit Klassenunterschieden zwischen Bauern und Grundherren im
traditionellen China überschnitten . . . Deshalb ist nicht verwunderlich, daß die
seßhaften chinesischen Bauern keine klassenkämpferischen Revolten gegen Landbesitzer begannen, weder in vormoderner noch in revolutionärer (1911–1949) Zeit.
Stattdessen hat sich die bäuerliche Unruhe in der Form sich beschleunigender ländlicher Gewalt und sozialem Banditentum manifestiert, von gebirgigen Grenzgebieten
des Reiches oder von Provinzgrenzen her ausgreifend." Diese anfängliche Unfähigkeit der chinesischen Bauern zu solidarischer, klassenkämpferischer Aktion erklärt
das anfänglich langsame Tempo der schon 1911 beginnenden chinesischen Revolution und mußte erst durch mühsame Mobilisierungstätigkeit der chinesischen Kommunisten in den 30er und 40er Jahren überwunden werden. Die chinesischen Kommunisten mußten die Bauern erst organisieren und ihnen militärischen Schutz
anbieten, bevor diese das Land der größeren Grundbesitzer an sich zu bringen wag-
ten.

Die Entstehung von Revolutionen in Agrargesellschaften erklärt Skocpol also
vorwiegend durch die Kombination von außenpolitischem bzw. militärischem
Druck, Konflikten zwischen den politisch und ökonomisch herrschenden Klassen
und strukturell rebellionsfähigen Bauern. Der Verlauf und das Ergebnis von Revolutionen hängen von Art und Ausmaß der Beteiligung der Unterschichten ab. Nach
der Abschaffung der Herrenrechte zerbrach in Frankreich die Solidarisierungsbasis
unter den Bauern für weitergehende revolutionäre Forderungen. In Rußland hat die

zunächst erfolgte Umverteilung des Landes zugunsten der kleineren Bauern einerseits konterrevolutionären Bemühungen einen Riegel vorgeschoben, andererseits aber wegen der Selbstgenügsamkeit des russischen Dorfes die Stabilisierung der Volkswirtschaft gefährdet. Die russische Konsumgüterindustrie hatte den Bauern wenig zu bieten. Diese hatten deshalb wenig Anreiz, die Städte zu versorgen. Die stalinistische Kollektivierung hat die Bauern dann dazu gezwungen, das auch ohne nennenswerte Gegenleistung zu tun. Dabei haben sich die russischen Kommunisten zunächst auf die Arbeiterschaft in den Großstädten und Großbetrieben und bei der Bahn gestützt. Von diesen Zentren her haben sie im Laufe der Zeit und mit viel Gewalt die ländliche Peripherie in ihren Griff gezwungen. In China dagegen mußten die Kommunisten die Bauern erst zur Rebellion mobilisieren und organisieren. Für die Zeit nach der Machtübernahme bedeutete das, daß die chinesischen Kommunisten von Anfang an – im Gegensatz zu den russischen – über eine solide ländliche Basis verfügten.

In allen drei Gesellschaften ist die revolutionäre politische Führung aus relativ gebildeten, am Staatsdienst orientierten Kreisen, sozusagen am Rand der herrschenden Klassen, rekrutiert worden (Skocpol 1976, S. 165). Denn alle drei Gesellschaften haben einen Überschuß an Aspiranten auf Beschäftigung im Staatsdienst produziert (Skocpol 1976, S. 167).

In Frankreich war das Ergebnis der Revolution im wesentlichen eine Abschaffung der Herrenrechte und anderer Überbleibsel aus der Feudalzeit auf dem Lande, damit eine Rationalisierung der Eigentumsrechte, eine Rationalisierung und Stärkung der Bürokratie und der Streitkräfte. In Rußland wurde ein repressives bürokratisches System aufgebaut, um die drohende Anarchie zu verhindern, um die Bauern in die Kollektivierung zu zwingen und eine rasche Schwerindustrialisierung durchzusetzen – nicht zuletzt aus rüstungswirtschaftlichen Überlegungen und der Sorge um die Überlebensfähigkeit der Revolution in nur einem Lande. Während die Sowjets im wesentlichen eine Mobilisierung der Arbeiter und Bauern von oben, durch Kommando, erreicht haben, sind in China – in Anbetracht der historischen Notwendigkeit, zunächst eine ländliche Rebellionsbasis zu erzeugen – die partizipatorischen Züge der Mobilisierung ausgeprägter, ist auch zumindest bis in die 70er Jahre die egalitaristische Tradition stärker als in der Sowjet-Union. Einen stärkeren und zentralisierteren Staatsapparat als vorher haben allerdings auch die chinesischen Kommunisten aufgebaut.

Zum Schluß äußert sich Skocpol (1976) noch zur Generalisierbarkeit ihrer Erklärungsskizze auf andere Revolutionen – allerdings widersprüchlich (vgl. S. 288 oben mit S. 290 unten). Eindeutig bleibt ihre Abgrenzung von marxistischen revolutionären Hoffnungen. Wörtlich (S. 292): „Nichtsdestoweniger bleibt die Tatsache, daß der klassische Marxismus versäumt hat, die autonome Macht von Staaten – im Guten und Bösen – als administrative und Zwangsapparate, die in ein militarisiertes internationales System eingebettet sind, vorherzusehen oder angemessen zu erklären." Wirklich demokratische Revolutionen sind nach Skocpol (1976, S. 293) im

Skocpols Erklärungsversuch für die großen Revolutionen

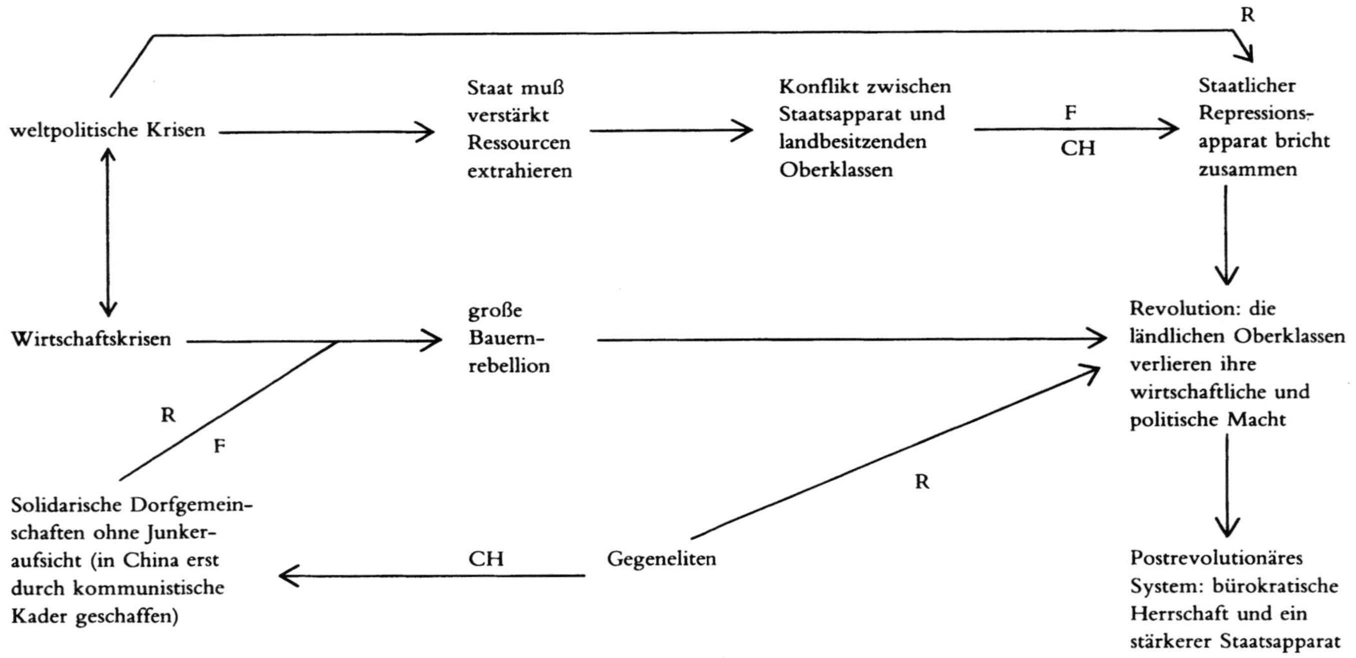

welpolitische Krisen

Staat muß verstärkt Ressourcen extrahieren

Konflikt zwischen Staatsapparat und landbesitzenden Oberklassen

Staatlicher Repressionsapparat bricht zusammen

F
CH

Revolution: die ländlichen Oberklassen verlieren ihre wirtschaftliche und politische Macht

Postrevolutionäres System: bürokratische Herrschaft und ein stärkerer Staatsapparat

R

Wirtschaftskrisen

große Bauernrebellion

Gegeneliten

CH

Solidarische Dorfgemeinschaften ohne Junkeraufsicht (in China erst durch kommunistische Kader geschaffen)

R
F

R

Anmerkung zur Skizze: F, R, CH deuten an, daß die behaupteten Abhängigkeiten vor allem für Frankreich oder Rußland oder China gelten.

bestehenden internationalen System nicht möglich: „Damit echte Demokratisierung in irgendeinem fortgeschrittenen Industrieland möglich wird, müßten demokratische Bewegungen in allen fortgeschrittenen Ländern ungefähr gleichzeitig vorankommen, wobei jede Bewegung ständigen Fortschritt zu Frieden und Abrüstung zu einem wesentlichen Anliegen macht. Damit autoritäre Staatslenker den sich selbst verewigenden Existenzgrund verlieren, müssen die militärischen Rivalitäten gedämpft werden, die in der Vergangenheit geholfen haben, soziale Revolutionen auszulösen und zu formen."

Skocpols Erklärungsversuch für die drei großen Revolutionen läßt sich in einer Skizze zusammenfassen (für deren Angemessenheit ich selbst, nicht Skocpol verantwortlich ist). Die Kompatibilität von Skocpols Erklärungsskizze mit der Wert-Erwartungstheorie bzw. einer darauf aufbauenden Konfliktsoziologie wird m. E. an vier Stellen deutlich: 1. bei der Betonung weltpolitischer Krisen und militärischer Niederlagen, 2. bei der Analyse der Hintergrundbedingungen von Bauernrevolutionen, 3. bei der Analyse von Konflikten zwischen dem Staatsapparat und den landbesitzenden Oberklassen, 4. beim Ergebnis der Revolutionen.

Weltpolitische Krisen und noch deutlicher militärische Niederlagen führen zum Zusammenbruch des staatlichen Repressionsapparates, senken also die Kosten kollektiven Handelns gegen das alte System und erhöhen die Durchsetzungschancen der Herausforderer. Weltpolitische Krisen und militärische Niederlagen geben deshalb den Zeitpunkt an, zu dem rationale Akteure das alte System bekämpfen.

Ob es zur großflächigen Bauernrebellion kommt oder nicht, hängt davon ab, ob es solidarische Dorfgemeinschaften gibt. Damit ist die Fähigkeit der Bauern zu kollektivem Handeln gegen das herrschende System angesprochen. Sind die Bauern vereinzelt, gibt es nicht schon aus anderen Gründen (wie der traditionellen Wirtschaftsweise wegen) handlungsfähige Kollektive, dann mag den Bauern das alte System unerträglich erscheinen, ohne daß sie etwas dagegen unternehmen. Dann kann jeder die Überwindung des alten Systems erhoffen, aber den Versuch dazu den anderen überlassen, d. h. jeder bleibt Trittbrettfahrer beim Versuch der Beschaffung des Kollektivgutes, das man als „bessere" oder „gerechtere" Gesellschaft bezeichnen könnte. Wenn schon solidarische, d. h. zu kollektivem Handeln fähige, Dorfgemeinschaften bestehen, dann ist das Trittbrettfahrerproblem wesentlich geringer, dann können ganze Dörfer für revolutionäres Handeln gewonnen werden. Vor allem Oberschall (1973) hat darauf hingewiesen, daß die en bloc-Rekrutierung von Kollektiven statt Einzelrekrutierung von Personen die Handlungskosten für Herausforderer wesentlich senkt und deshalb eine wichtige Hintergrundbedingung erfolgreicher sozialer Bewegungen ist.

Mit Hilfe der Wert-Erwartungstheorie und der Logik des kollektiven Handelns läßt sich das Dilemma der herrschenden Klassen bei weltpolitischen Krisen nachvollziehen. Einerseits muß der Staat mehr Ressourcen beanspruchen, um mit den externen Herausforderungen fertig zu werden. Das ist vor allem auch ein Kollektivgut für die privilegierten Kreise oder herrschenden Klassen des betroffenen Landes. Aber für jedes einzelne Mitglied der herrschenden Klasse überwiegt das Interesse, selbst keine Opfer zu bringen, also weder selbst überhaupt Steuern oder mehr Steuern zu zahlen noch Abgaben der Bauern verstärkt an den Staat abzuführen, die sich bisher die Mitglieder der herrschenden Klassen individuell aneignen konnten. Trittbrettfahren ist für jedes einzelne Mitglied der herrschenden Klasse rational, weil jeder sich mit Recht sagt, daß die Opfer der anderen und nicht die eigenen die Überlebensfähigkeit des Systems bestimmen. Für die herrschende Klasse als Ganzes ist das Ergebnis fatal.

Die herrschende Klasse ist am ehesten noch zu kollektivem Handeln, zur Verteidigung ihrer gemeinsamen Interessen, in der Lage, wenn es große Ungleichheiten innerhalb der herrschenden Klasse gibt. Wenn wenige Mitglieder über wesentlich mehr Ressourcen als die anderen verfügen, so daß sie die Beschaffung des Kollektivgutes „Systemerhaltung" in die Hand nehmen können, dann können die Interessen der herrschenden Klasse wirksamer vertreten werden. Dabei wird in der Regel auch Zwang von den stärkeren Mitgliedern der herrschenden Klasse, etwa dem Monarchen, oder seinen Agenten, der Bürokratie, auf die anderen Mitglieder dieser Klasse (und den Rest der Bevölkerung) ausgeübt werden. Es ist zwar im Interesse der herrschenden Klasse, sich zwingen zu lassen, aber ohne größere Ungleichheiten – etwa zwischen einem starken Monarchen und einem schwachen Adel – innerhalb der herrschenden Klasse, ist diese nicht zur Wahrnehmung ihrer Interessen in der Lage. Soweit ein Monarch oder Herrscher eine loyale und monokratische Bürokratie aufgebaut hat – oft in Auseinandersetzungen mit dem Adel –, verfügt die herrschende Klasse über eine Struktur, die sie zum kollektiven Handeln fähig macht. Andernfalls muß die herrschende Klasse bei weltpolitisch-wirtschaftlichen Doppelkrisen und strukturell rebellionsfähigen Bauern die Folgen dieser Handlungsunfähigkeit tragen.

Aus der Perspektive der Wert-Erwartungstheorie wird auch verständlich, warum alle drei Revolutionen trotz egalitärer Programmatik nicht zu egalitären Gesellschaften, sondern zu einer Verstärkung von Hierarchie (wenn auch anderen Hierarchien), bürokratischer Herrschaft und Staatsapparaten geführt haben. Wie alle anderen politischen Unternehmer verfolgen auch erfolgreiche Revolutionäre nicht primär altruistische oder Kollektivinteressen, sondern egoistische Interessen einschließlich des Erwerbs von Positionsgütern, die Hierarchien und Bürokratien bereitstellen. Weil die Beschaffung von Kollektivgütern oder auch nur der Versuch dazu im allgemeinen nicht ohne die Hinnahme von Positionsgütern möglich ist, haben auch Revolutionen das eherne Oligarchiegesetz (Michels 1910) nur illustriert, nicht aber überwunden.

10. Verteilungskonflikte innerhalb von und zwischen zeitgenössischen Gesellschaften

Oben – im 2. und 5. Kapitel – habe ich darauf hingewiesen, daß Positionsgüter und Privilegien oft notwendige Anreize bei der Beschaffung von Kollektivgütern sind, etwa bei der Begründung von Recht und Ordnung. Gleichzeitig dienen Positionsgüter und Privilegien aber auch dazu, Ressourcen in die Beschaffung öffentlicher Übel umzulenken. Nehmen wir das Beispiel des Monopolisten. Die Stellung eines Monopolisten ist ein Positionsgut. Weil Monopolisten üblicherweise dadurch ihre Profite maximieren, daß sie kleinere Mengen zu höheren Preisen liefern als ein Wettbewerbsmarkt, werden einige Leute unter dem Monopol leiden, ohne daß irgend jemand von diesem Schaden profitiert. Diejenigen, die einfach aufhören, die verteuerten Produkte zu Monopolpreisen zu kaufen, wären besser dran, wenn sie noch zu Wettbewerbspreisen kaufen könnten. Aber noch nicht mal der Monopolist gewinnt durch diesen Wohlfahrtsverlust der potentiellen Käufer seines Produkts. Das ist natürlich nicht die einzige negative Auswirkung von Monopolen. Üblicherweise führen Monopole zu einer regressiven Umverteilung von im allgemeinen ärmeren Konsumenten zum reicheren Monopolisten.

Schlimmer aber noch ist, daß die Profitabilität von Monopolen dazu führt, daß nutzenmaximierende Akteure bzw. Unternehmer Ressourcen in den Versuch investieren, selbst Monopolisten zu werden (vgl. Buchanan, Tollison und Tullock 1980). Zumindest ein Teil der Monopolprofite wird also durch vorhergehende Bemühungen erkauft, erst mal Monopolist zu werden. Wenn Monopole profitabel sind, ist darüber hinaus zu erwarten, daß nicht nur ein einziger, schließlich erfolgreicher Unternehmer Monopolist werden will, sondern daß viele vergeblich versuchen, Monopolist zu werden. Auch der endlich siegreiche Monopolist hat nichts von den kostenwirksamen Investitionen seiner anfänglichen Konkurrenten – im Gegenteil: Hätte die Konkurrenz gleich aufgegeben, wäre er billiger zu seinem Monopol gekommen. Wieder entsteht ein reiner sozialer Verlust, verschwinden Ressourcen, ohne daß irgend jemand einen Nutzen daraus zieht. Schon die bloße Hoffnung, ein Monopol zu bekommen, veranlaßt also ein Negativsummenspiel, in welchem Ressourcen von der Produktion zu teilweise fruchtlosen Versuchen, Monopolist zu werden, umgelenkt werden.

Monopole sind aber nur ein Beispiel dafür, daß knappe Ressourcen dafür verwendet werden, Transfers durchzusetzen, wobei die Summe aller Verlierer mehr verliert, als die Summe aller Gewinner gewinnt. Gewerkschaftlich organisierte Arbeiter, also Arbeitnehmerkartelle, sollen uns als zweites Beispiel dienen. Auch für die Arbeiter ist es angenehm, in ihrer Branche oder ihrem Betrieb mehr zu verdienen, als sie anderswo verdienen könnten. Weil Arbeiter meist ärmer als Arbeitgeber sind, kann man Transfers aus der Tasche des Arbeitgebers in die seiner Arbeiter als progressive Umverteilung betrachten. Aber das ist nicht der einzige Effekt von relativ zum Wettbewerbspreis überhöhten Arbeitseinkommen. Wenn der Arbeitgeber überhöhte Löhne zahlen muß und seine Profite darunter leiden, wird er in der Regel weniger Arbeitsplätze anbieten, als er sonst im eigenen Profitinteresse anbieten würde. Diejenigen, die *deshalb* keinen Arbeitsplatz finden, erleiden einen Wohlfahrtsverlust (Hayek 1971; McKenzie and Tullock 1978b, S. 256; Olson 1982, S. 201).

Um überhöhte Löhne durchzusetzen, müssen die Arbeiter Ressourcen investieren, d. h. sich organisieren, sich auf Streiks vorbereiten und sicherstellen, daß der Arbeitgeber nicht mit unorganisierten und bisher vielleicht arbeitslosen Kräften die Produktion aufrechterhalten kann. Weil die Arbeitgeber überhöhte Löhne und schrumpfende Profite nicht mögen, werden sie wahrscheinlich ebenfalls Ressourcen investieren, um die Bemühungen der Arbeiter und ihrer Gewerkschaften zunichte zu machen. Wer auch immer diesen Verteilungskampf gewinnt, einige Ressourcen werden einfach verschwendet.

Monopole und Kartelle schaden in der Regel[16] der Volkswirtschaft, nützen aber dem Monopolisten oder den Mitgliedern des Kartells. Denn Monopolisten oder Kartellmitglieder erzielen ja höhere Einkommen bzw. Erträge als auf einem Wettbewerbsmarkt durchsetzbar sind. Zahlungen an den Besitzer einer Ressource, die über das hinausgehen, was diese Ressource in einer alternativen, nächstbesten Verwendung auf einem Wettbewerbsmarkt erzielen würde, nennt man auch *Renten* (Buchanan, Tollison, and Tullock 1980; Tollison 1982, S. 577). Wo Verteilungskämpfe um *so definierte* Renten weit verbreitet sind, spricht man von der ‚Renten suchenden Gesellschaft‘ (‚rent-seeking society‘).

Nach Buchanan, Tollison and Tullock (1980) und anderen Kritikern der „rent-seeking society" ist die Schaffung von Privilegien oder auch Positionsgütern ebenso wie die von öffentlichen Gütern ein Resultat von Staatstätigkeit. Man muß sich dazu nur vorstellen, was etwa die völlige Abschaffung von Zöllen und anderen Außenhandelshemnissen für Monopolisten bedeuten würde. Viele Monopole würden augenblicklich zusammenbrechen. In der politischen Praxis ist es natürlich wahrscheinlicher, daß die konzentrierten Interessen der Unternehmer bzw. des Monopolisten und der Arbeitskräfte im durch Freihandel bedrohten Importsubstitutionssektor sich gegenüber den stärker zersplitterten Interessen der Konsumenten, Unternehmer und Arbeitskräfte im exportorientierten Wirtschaftsbereich durchsetzen können. Die Volkswirtschaft bezahlt eine solche Politik mit dem öffentlichen Übel einer weniger effizienten Ressourcenallokation.

Tatsächlich aber verzichten die meisten westlichen Regierungen nicht nur auf Maßnahmen, die Suche nach Renten zu erschweren, sondern sie unterstützen sie sogar. Viele Monopole werden von Regierungen gewährt. Einige Regierungen helfen einigen Branchen, Erzeugerkartelle zu organisieren. Oder sie begünstigen die gewerkschaftliche Organisation der Arbeiter. Oder sie reglementieren und unterstützen die Landwirtschaft und überwinden dadurch weitgehend den Wettbewerb auf einem Markt, wo sonst alle Produzenten Wettbewerbspreise hinnehmen müßten. Oder sie schränken durch eine Vielzahl von Vorschriften die Konkurrenz unter den Ärzten ein und wundern sich gleichzeitig über die Folgen ihrer Politik: schnell steigende Preise für medizinische Leistungen.

Ober- und Mittelschichten mögen wegen ihrer besseren Ressourcenausstattung erfolgreicher sein, für sich Sondervorteile durchzusetzen, als die Unterschicht, aber letztere versucht das natürlich auch. In der Auseinandersetzung um Zollschutz für einheimische Produkte kämpfen Unternehmer und Arbeitnehmer der betroffenen Branche überlicherweise Seite an Seite gegen die allgemeinen Interessen. Beim Versuch Lohnerhöhungen durchzusetzen sind die Arbeitnehmer oft auf sich gestellt. Mit Minimallohngesetzen greift allerdings manchmal die Regierung ein. Diejenigen, die auch nach Erhöhung des Minimallohns beschäftigt bleiben, profitieren davon. Aber diejenigen, die deshalb und deswegen nicht mehr beschäftigt werden, haben den Schaden (vgl. Hayek 1971 oder McKenzie und Tullock 1978b, S. 256). Weil die Effizienz der Volkswirtschaft unter solchen Eingriffen leidet, verliert auch die Gesellschaft im ganzen.

Während öffentliche Güter – wie ein Diebstahlsmonopol oder, besser noch, Gesetz und Ordnung – das Nebenprodukt politischer Aktivität sind, ist der Versuch, private Gewinne und Sondervorteile zu erzielen, üblicherweise die treibende Kraft. Deshalb implizieren staatliche Eingriffe in die Wirtschaft oft eine merkwürdige Logik. Damit, daß jeder eine Wohnung braucht, haben mehr als eine westdeutsche Regierung begründet, daß Mieter vor den Marktkräften geschützt werden müssen, daß die Mieten niedrig bleiben müssen. Bei künstlich niedriggehaltenen Mieten sinkt notwendig das Angebot bei gleichzeitig steigender Nachfrage, entsteht also die sog. neue Wohnungsnot.

Jeder braucht eine Wohnung. Wenn deshalb die Regierung für niedrige Mieten sorgen muß, ist unverständlich, warum dieselben Regierungen für teure Nahrungsmittel sorgen müssen. Schließlich braucht auch jeder etwas zu essen. Dennoch haben mehrere westdeutsche Regierungen viel dafür getan, daß die Nahrungspreise hoch sind und bleiben, daß Einkommen von den Konsumenten weg hin zu den Bauern umverteilt wird.

Die Bauern sind in den meisten offenen Industriegesellschaften wohlorganisierte Minoritäten mit konzentrierten Interessen, die auf Kosten der Gesamtheit befriedigt werden können. In den Entwicklungsländern aber sind Bauern, Pächter, Teilpächter und landlose Bauern oder Landarbeiter der überwältigende Teil der Bevölkerung. Wegen der hohen Organisationskosten für große, zersplitterte und arme Gruppen, die noch dazu durch Stammes- oder Kastenbindungen voneinander getrennt sind, ist die Landbevölkerung der Dritten Welt meist schlechter als die Städter organisiert. Üblicherweise reagieren die Politiker auf diesen Unterschied in der politischen Durchsetzungsfähigkeit, indem sie die Nahrungspreise künstlich niedrighalten und die Austauschbedingungen zwischen Stadt und Land zuungunsten des Landes verschieben (vgl. Lipton 1977). Diese positive Reaktion auf die besser organisierten und mächtigeren Gruppen trägt zur politischen Stabilisierung bei. Städtische Unternehmer oder Kapitalisten *und* städtische Arbeitnehmer, Kleingewerbetreibende oder Arbeitslose profitieren von dieser Politik. Außerdem profitieren Politiker und Bürokraten davon, daß vielfältige Gelegenheiten zur Korruption und persönlichen Bereicherung in einer gleichzeitig überregulierten und verarmten Wirtschaft geschaffen werden (vgl. Andreski 1968 b, 1969; Lipton 1977). Aber eine solche Politik läuft auf eine regressive Einkommensumverteilung von der ärmeren Landbevölkerung zu den etwas besser gestellten Städtern hinaus. Außerdem behindert sie das Wirtschaftswachstum (Lipton 1977, World Development Report 1981, S. 82 und 105).

Erfolgreiche politische Unternehmer müssen die mächtigeren und besser organisierten Interessen zuerst befriedigen – bei Strafe der Entmachtung notfalls auch auf Kosten der Ärmsten oder der Gesamtheit. Die Kosten solcher regressiven Einkommensumverteilungen, von Korruption und Mißwirtschaft für die herrschenden Eliten hängen u. a. auch von der weltpolitischen Lage ab. Wenn die herrschenden Eliten sich – wie etwa in Südkorea, Taiwan oder Israel – von außen bedroht fühlen, wenn sie die Dienstbereitschaft einer Wehrpflichtigenarmee benötigen, d. h. die aller Schichten oder Klassen, dann kann der Preis einer Ausbeutungs- und Privilegienpolitik so steigen – bis hin zur militärischen Niederlage und Entmachtung der Elite –, daß die Herrschenden lieber Wachstum und Verteilungsgerechtigkeit fördern (Andreski 1968, Weede and Jagodzinski 1981).

Manche Autoren (in Buchanan, Tollison und Tullock 1980) hoffen, daß Demokratie westlichen Typs die Produktion spezieller Privilegien und öffentlicher Übel stärker als andere Regierungssysteme behindert. Sie verweisen dabei auf die höheren Beschaffungskosten für Privilegien in einem System, wo eine Mehrheit zumindest zur stillschweigenden Hinnahme solcher Privilegien veranlaßt werden muß. Diese Hoffnung betrachtet aber nur das verteuerte „Angebot" an Privilegien in Demokratien. Möglicherweise gibt es auch einen Nachfrageeffekt in dem Sinne, daß in der Demokratie jeder versuchen kann, für sich oder seine Gruppe Vorteile zu Lasten der Allgemeinheit durchzusetzen, während andere Systeme den Kreis der Mitspieler begrenzen – etwa auf Militär, Geheimdienst, Bürokratie, Großindustrie oder früher den Adel. M. E. definiert die Demokratie westlichen Typs eher die Spielregeln, nach denen Gruppen und Individuen um besondere Vorteile kämpfen, als daß sie die Produktion öffentlicher Übel erfolgreich unterbindet.

Die Demokratie kann gleichzeitig die Suche nach Renten durch die Vergrößerung der Anzahl der Teilnehmer verstärken und durch Erschwerung des Erwerbs von Renten verringern. Ich bin geneigt, den ersten Effekt für stärker als den zweiten zu halten. Nach der Theorie von Olson (1982, S. 77), der ich mich in diesem Punkte anschließe, gilt, daß „Länder, die demokratische Organisationsfreiheit ohne Um-

sturz oder Invasion am längsten gehabt haben, am meisten unter wachstumsunter-
drückenden Organisationen und Verbindungen leiden werden." Danach erlauben
stabile Demokratien mit unveränderten Grenzen die Bildung von Verteilungskoalitionen bzw. Kartellen, die die Trittbrettfahrertendenzen der potentiellen Mitgliedschaft im Laufe der Zeit überwinden. Im Grunde ist das Ziel solcher Interessengruppen die Suche nach Renten, die Umverteilung zugunsten der eigenen Gruppe. Zu
den Auswirkungen einer derartigen Suche nach Renten gehören weniger Wachstum
und mehr Arbeitslosigkeit. Die Kollektivgüter der Verteilungskoalitionen werden
kollektive Übel, wenn man zur umfassenderen gesamtgesellschaftlichen Betrachtungsweise übergeht.[17]

Die hier vorgestellte theoretische Perspektive zur Analyse von Verteilungskon-
flikten hat einige im internationalen Vergleich prüfbare Implikationen. Nach Olson
(1982, 1983) sollten alte Demokratien, weil sie den latenten Interessengruppen viel
Zeit zur Bildung manifester Verteilungskoalitionen gewährt haben, ein langsameres
Wirtschaftswachstum als junge Demokratien verzeichnen. Die totalitäre Zerschla-
gung von Interessengruppen oder die Niederlage im Krieg mit anschließender
Besetzung durch fremde Truppen kann aber später zur Beschleunigung des Wirtschaftswachstums beitragen, wie etwa der Vergleich der japanischen und deutschen
Zuwachsraten in der Nachkriegszeit mit den englischen oder amerikanischen illustriert. Aus Olsons Theorie läßt sich auch ableiten, daß die älteren östlichen Staaten
der USA wegen stärker etablierter Verteilungskoalitionen langsamer als die jüngeren, westlichen Staaten wachsen sollten, daß die im Bürgerkrieg siegreichen Nord-
staaten langsamer als die unterliegenden Südstaaten wachsen sollten, daß Gewerk-
schaftsstärke und Juristendichte die Wachstumsraten der amerikanischen Einzelstaaten negativ beeinflussen sollten. Diese Erwartungen über die unterschiedlichen
Wachstumsraten amerikanischer Einzelstaaten oder kapitalistischer Demokratien
werden auch dann noch bestätigt, wenn man die davon unabhängige Aufholtendenz
relativ wenig entwickelter Gebiete (in Regressionsrechnungen) berücksichtigt (vgl.
Olson 1982; Choi 1983 a, b; Weede 1984 c).

Eine weitere prüfbare Implikation der hier dargestellten (und vertretenen)
Theorie der Verteilungskonflikte ist, daß ein hoher Interventionsgrad des Staates in
die Wirtschaft die Transformation der Markt- und Wettbewerbswirtschaft in eine
‚nach Renten suchende Gesellschaft' beschleunigt (vgl. Buchanan 1980, S. 9, oder
Tullock 1980, S. 211) und damit ebenfalls zur Verlangsamung des Wirtschaftswachstums beiträgt. Wenn man den Anteil der öffentlichen Einnahmen am Bruttoinlands-
produkt oder die Sozialleistungen als Indikator für die staatliche Begünstigung der
‚nach Renten suchenden Gesellschaft' nimmt, dann kann man auch hier im Vergleich
kapitalistischer Demokratien die erwarteten negativen Wachstumseffekte bei hohen
Staatsquoten und Sozialleistungen aufzeigen (Weede 1984 c).

Die noch in der Entwicklung begriffene Theorie der ‚rent-seeking society' ist
nicht nur auf entwickelte, demokratische Industriegesellschaften, sondern ebenso auf
meist undemokratisch regierte Entwicklungsländer anwendbar. Rentenerträge

können ja nur dann erzielt werden, wenn zumindest einige Preise von Wettbewerbspreisen abweichen. Preisverzerrungen sind deshalb gleichzeitig ein Instrument bei
und ein Indikator für die Suche nach Renten. Die Weltbank (World Bank 1983,
S. 60–63) hat für 31 Entwicklungsländer einen Preisverzerrungsindex entwickelt
und gezeigt, daß dieser ca. $^1/_3$ der Varianz in den unterschiedlichen wirtschaftlichen
Zuwachsraten dieser Länder erklären kann. Auch wenn man zusätzlich andere
Determinanten des Wirtschaftswachstums berücksichtigt, bleiben die starken
negativen Effekte der Preisverzerrungen nachweisbar (Weede 1986). Üblicherweise
werden die weitgehend vom Staat zu verantwortenden Preisverzerrungen mit
egalitären Motiven verbrämt. Im Gegensatz zum starken negativen Wachstums-
effekt läßt sich aber ein positiver Verteilungseffekt *nicht* aufzeigen (World Development Report 1983; Weede 1986).

Unter wessen politischer Verantwortung die Transformation der Markt- und
Wettbewerbswirtschaft in eine ‚nach Renten suchende Gesellschaft' stattfindet, ob
unter einer rechten bzw. konservativen oder unter einer linken bzw. sozialdemokratischen Parlamentsmehrheit, scheint keine Rolle zu spielen. Sozialistische Politik, die
den öffentlichen Sektor und die Sozialleistungen aufbläht, hat gleich negative Auswirkungen, unabhängig davon ob sie von Leuten verfolgt wird, die sich für Sozialisten oder für Konservative halten. Indem von Hayek (1976) seinen ,,Weg zur
Knechtschaft" ,,den Sozialisten in allen Parteien" gewidmet hat, hat er ja schon auf
die Fähigkeit von Nicht-Sozialisten zu sozialistischen Irrtümern hingewiesen. –
Starke sozialistische Parteien tragen *nicht* zur Egalisierung der Einkommen bei
(Jackman 1981; Weede 1982), schwache sozialistische Parteien sind keine Garantie
gegen die ‚nach Renten suchende Gesellschaft' (Weede 1984c), wie sich im internationalen Vergleich zeigen läßt.

Man kann nicht nur einzelne Gesellschaften oder Volkswirtschaften, sondern
auch die Weltgesellschaft und Weltwirtschaft aus der Perspektive der Suche nach
Renten analysieren. Renten setzen Wettbewerbsbeschränkungen voraus. Meines
Wissens verwenden *alle* Staaten ihre Souveränität u. a. auch dazu, den Wettbewerb
zwischen inländischen und ausländischen Arbeitnehmern, zwischen inländischem
und ausländischem Kapital, zwischen inländischen und ausländischen Waren zu
beeinflussen und damit zu verzerren. Im allgemeinen dürften diese Staatseingriffe
vor allem den unqualifizierten Arbeitnehmern in den Industriestaaten und den
Kapitalisten in den Entwicklungsländern nutzen, den unqualifizierten Arbeitnehmern in den Entwicklungsländern, also der mit Abstand ärmsten Gruppe (!), und
eventuell den Kapitalisten in den Industrieländern schaden (vgl. Emmanuel 1972;
Becker 1982[18]; Krauss 1983).

Aus weltweiter Perspektive kann man sogar das Bürger- und Arbeitsrecht in
westlichen Wohlfahrtsstaaten als Privileg und Positionsgut auffassen. Die meisten
Staaten behindern die internationale Mobilität von Arbeitskräften auf eine Art, die
vor dem Ersten Weltkrieg in Europa weitgehend unbekannt war. Heutzutage muß
man in (fast?) allen modernen Staaten entweder Bürger sein oder eine besondere

Arbeitsberechtigung erwerben. Solche Regelungen halten die ungelernten Arbeitermassen aus der Dritten Welt den Arbeitsmärkten der westlichen Industriestaaten fern. Ohne solche mit politischen Mitteln durchgesetzte Hindernisse wäre die weltweite Effizienz bei der Ressourcenallokation höher und einigen (vielen) armen Arbeitnehmern aus den Entwicklungsländern ginge es besser als jetzt, aber im Gegenzug ginge es einigen (vielen) ungelernten Arbeitnehmern aus den westlichen Industrieländern schlechter (zu diesem Interessengegensatz vgl. Emmanuel 1972). Aus weltweiter Perspektive und der der am wenigsten privilegierten Menschen dieser Welt ist vielleicht das Bürger- und Arbeitsrecht in einem industrialisierten Wohlfahrtsstaat das attraktivste Positionsgut überhaupt. Es gibt also einen starken Interessenkonflikt zwischen den Unterschichten der Industrieländer und der Dritten Welt. Die Unterschicht der Dritten Welt würde viel von der Abschaffung aller Gesetze und Verordnungen profitieren, die auf Arbeitsplatzreservierung für Staatsbürger hinauslaufen, aber die ungelernten Arbeitskräfte in den Industrieländern hätten den Schaden davon.

Die moralischen Implikationen dieses Interessenkonflikts sind in der Welt im ganzen nicht allzu unterschiedlich von denen im südafrikanischen Mikrokosmos. Dort gibt es – ich bin versucht zu sagen: *auch* – Arbeitsplatzreservierung für weiße Bürger und Kontrolle des Zustroms der farbigen Bürger. Sicher profitieren vor allem die ungelernten Weißen auf Kosten der ungelernten Schwarzen davon. Warum verfolgt Südafrika eine solche Politik, die u. a. auch die Ressourcenallokation beeinträchtigt und das Wirtschaftswachstum hemmt? Vermutlich, weil die weißen Südafrikaner eine weiße Nachbarschaft für ein wertvolles öffentliches Gut halten, so wie auch viele Europäer die ethnische und kulturelle Homogenität ihres Stadtteils bzw. ihrer Gesellschaften für ein öffentliches Gut halten.

In Anbetracht der konfliktverschärfenden Effekte konsolidierter Rassen- und Klassengegensätze (vgl. Rogowski 1974, von der Mehden 1973), in Anbetracht der praktischen Unmöglichkeit, Mobilität zur Alternative zum Konflikt zwischen rassischen Gruppen zu machen, kann eine solche Homogenität tatsächlich aus gesellschaftlicher – nicht aber aus weltgesellschaftlicher – Perspektive ein öffentliches Gut sein. Dennoch beraubt der Versuch, kulturelle, ethnische oder rassische Homogenität von Gesellschaften zu erhalten, immer auch viele besonders arme Menschen der Chance, ihre Lebensumstände zu verbessern. Gleichzeitig wird dabei auch die global effiziente Ressourcenallokation beeinträchtigt.

11. Internationale Konflikte und Kriegsgefahr

Bei weltpolitischen Analysen unterstellt man oft, daß Staaten einheitlich handelnde Akteure sind. Diese Abstraktion von den innenpolitischen Auseinandersetzungen und Machtkämpfen, die ja auch die Außen- und Verteidigungspolitik betreffen (können), ist sicher eine Vereinfachung der Realität. Die Fruchtbarkeit dieser Vereinfachung ist umstritten (vgl. etwa Allison 1971 mit Waltz 1979) und dürfte von Problem zu Problem variieren. Bei einem ersten groben Überblick über die zwischenstaatlichen Beziehungen – und diese „entfalten sich erst im Schatten des Krieges" (Aron 1963, S. 14) – sollte man m. E. auf diese Vereinfachung nicht verzichten. Später werde ich dann auch auf die Problematik dieser Vereinfachung eingehen.

Kriegsgefahr entsteht m. E. nur dann, wenn schwerwiegende und unlösbare Interessengegensätze von den nationalen Entscheidungsträgern wahrgenommen werden, wenn gleichzeitig zumindest eine Seite eine militärische Durchsetzungschance bei diesen Interessenkonflikten sieht bzw. erhofft. Kriegsgefahr kann also immer dann ausgeschlossen werden, wenn entweder keine schwerwiegenden und möglicherweise unversöhnbaren Interessengegensätze vorliegen oder keine Seite militärische Durchsetzungschancen sieht. Solange nicht angegeben wird, unter welchen Bedingungen Interessenkonflikte und damit Anreize zum *Nachdenken* über kriegerische Lösungen entstehen, unter welchen Bedingungen militärische Durchsetzungschancen und damit Anreize zum Losschlagen gesehen werden, bleibt das allerdings zu unbestimmt.

Nach meiner Auffassung gibt es vor allem zwei Probleme, die wirklich schwerwiegende und tendenziell unlösbare Interessenkonflikte erzeugen: das Sicherheitsdilemma und das Abgrenzungsdilemma. Beide Dilemmata können nur entstehen, wenn die nationalen Akteure keiner effektiven übergeordneten Autorität unterworfen sind. Beide Dilemmata setzen das Nebeneinander von nationalen Einheiten voraus, die Souveränität beanspruchen.

Eine der beiden wichtigsten Ursachen von Kriegen sind Sicherheitsdilemmata (Herz 1974; Frei 1977). Solange es keine effektive übergeordnete Instanz gibt, die Frieden zwischen den Staaten notfalls auch erzwingen kann, solange nicht weltweit freiwillig anerkannte Normen dasselbe leisten, wird die Weltpolitik immer durch zumindest latente Kriegsdrohung und Kriegsfurcht gekennzeichnet bleiben. Für jeden Staat bzw. für die Entscheidungsträger eines jeden Staates stellt sich deshalb die Frage, wie man eigene Interessen sicherstellen kann – vor allem: das Interesse am Überleben des eigenen Staates als unabhängiger Staat. In einem anarchistischen internationalen System liegt folgende Lösung nahe: ‚Sicherheit durch Überlegenheit' oder ‚Frieden durch Stärke'.

Diese ‚Lösung' des Sicherheitsdilemmas ist nicht für alle Staaten gleichermaßen attraktiv – sicher eher für Amerikaner als für Luxemburger, eher für Russen als für Ungarn. Generell sollte gelten: Je mächtiger ein Staat ist, desto eher wird er zu einer Politik der Stärke neigen, was sich u. a. darin äußert, daß Großmächte überproportional viel in die Rüstung investieren (vgl. Olson and Zeckhauser 1966; Weede 1975 a, 1977 a), daß sie besonders häufig in Kriege verwickelt sind (Richardson 1960; Wright 1965; Singer and Small 1972, 1982; Weede 1975 a).

Für Großmächte ist die Politik der Stärke als Lösung des Sicherheitsdilemmas ein attraktiver Weg, aber sicher ein eigennütziger, denn der Nutzen dieser Politik für die eine Großmacht muß zum Schaden rivalisierender Großmächte und auch anderer Staaten werden. Denn militärische Überlegenheit ist nun mal ein Positionsgut. Wer es für sich beansprucht, muß es anderen verweigern. Es ist noch nicht einmal denkbar, daß alle bzw. alle Großmächte es gleichzeitig genießen. Auch eine gewisse Kurzsichtigkeit ist unverkennbar: Im allgemeinen kalkulieren Großmächte bei Rüstungsentscheidungen die dadurch provozierten Reaktionen der Gegenseite zumindest nicht voll ein. Wettrüsten und Eskalationsgefahr ist in eine Politik der Stärke quasi eingebaut. Selbst wenn bei weltpolitischer Rivalität zwischen den Großmächten der Frieden gewahrt bleibt, strengen sich alle Beteiligten an, den Anstrengungen der anderen den Erfolg zu versagen, was die Verschwendung von Ressourcen impliziert.

Einsichten in die Mängel einer Politik der Stärke als ‚Lösung' von Sicherheitsdilemmata reichen nicht aus, um solche Lösungsversuche zu überwinden. Solange Krieg denkbar ist, bleibt Sicherheit ein Positionsgut, beeinträchtigt die Sicherheit des einen die des anderen. Nichts spricht dafür, daß staatliche Entscheidungsträger weniger eigennützig bei der Verfolgung ‚nationaler Interessen' sind als Individuen oder Verteilungskoalitionen bei der Verfolgung ihrer Interessen. Falls nationale Entscheidungsträger nationale Interessen zugunsten subnationaler, d. h. persönlicher oder gruppenspezifischer Interessen vernachlässigen, ist kaum zu erwarten, daß dadurch die Vereinbarkeit rivalisierender nationaler Interessen gefördert wird.

An dieser Stelle sollte man vielleicht kurz die Vereinfachung des Staates als einheitlich handelnden Akteurs hinterfragen. Jeder Staat hat eine interne Herrschaftsstruktur. Herrschaft beruht nicht nur auf Drohung und Gewaltanwendung, sondern auch auf der Zustimmung zumindest einiger Beherrschter, auf Konsens, auf freiwilligem oder gewohnheitsmäßigem Gehorsam, auf Legitimität der Herrschaft für zumindest einige der Beherrschten (vgl. Deutsch 1968, 2. Kap; Easton 1965; Weber 1964). Wenn Herrschaft unabhängig von der Regierungsform immer auch die Suche nach Zustimmung und politischer Unterstützung – ob durch das ganze Volk, ‚big business', das Militär, den Parteiapparat oder die Geheimpolizei – ist, dann ist Außen- und Verteidigungspolitik immer auch ein Koordinationsproblem unter den politisch einflußreichen Kräften innerhalb von Nationen. Zumindest einige einflußreiche

Gruppen bzw. deren Sprecher, also die ‚Kader', ‚politischen Unternehmer' oder Entscheidungsträger, müssen ihre Zielvorstellungen, Lagebeurteilungen und Entscheidungen koordinieren.

Mit Schelling (1960, S. 68, auch 1966) bin ich der Meinung, daß bei solchen Koordinationsproblemen prominente, naheliegende, offensichtliche, eindeutige, einfache, klare, traditionelle Lösungen eine besondere Rolle spielen. Für Großmächte ist nach meiner Auffassung ‚Frieden durch Stärke' oder ‚Sicherheit durch Überlegenheit' die prominente Lösung des Sicherheitsdilemmas, auf die sich die relevanten subnationalen Akteure einigen werden. Um diese Hypothese zu vertreten, muß man keine besondere Begeisterung für ‚Frieden durch Stärke' bei den relevanten Entscheidungsträgern oder ein Übersehen der inhärenten Probleme einer derartigen Politik unterstellen (oder teilen), sondern nur die Unfähigkeit, sich auf *eine* konkrete sicherheitspolitische Alternative zu einigen.

Sicherheitsdilemmata können aber nicht nur zwischen konkurrierenden Großmächten, sondern generell zwischen konkurrierenden Staaten entstehen. In der Regel sind alle Staaten in der Lage, zumindest gegen ihre Nachbarn Krieg zu führen. Geographische Nachbarschaft ist damit neben Großmachtstatus eine andere Hintergrundbedingung von Sicherheitsdilemmata und Kriegsgefahr (Richardson 1960; Pearson 1974a; Weede 1975a; Starr and Most 1976)[19].

Neben dem Sicherheitsdilemma ist das Abgrenzungsdilemma ein Zentralproblem der Weltpolitik. Aus historischen Gründen stimmen staatliche und ethnolinguistische Grenzen an vielen Orten nicht miteinander überein. Weil Kriegsverlierer oft an die Sieger Territorium verlieren, stimmen auch momentane und historische Grenzen oft nicht überein. Dann liegt ein latentes Territorialproblem vor. Wie werden eingennutzmaximierende Politiker, Parteien oder auch Offizierscliquen darauf reagieren? In der Regel dürfte es innenpolitisch am ‚sichersten' sein, die eigenen Ansprüche zu maximieren: Man will eroberte Territorien behalten, verlorene wiederhaben, von Angehörigen der eigenen Volksgruppe besiedelte Gebiete anschließen, solche, die von Fremdvölkern besiedelt sind, aber nicht freigeben. Wenn die innenpolitische Rivalität um Macht zu dieser ‚Lösung' von Territorialproblemen und Ansprüchen führt, dann ist der internationale Konflikt schon vorprogrammiert, weil die territorialen Ansprüche unvereinbar werden müssen. Tatsächlich läßt sich zeigen, daß ein Auseinanderfallen historischer und momentaner, ethno-linguistischer und staatlicher Grenzen Rüstungsanstrengungen und Kriegswahrscheinlichkeit erhöht (Luard 1968, 1970; Weede 1975a, 1977b).

Eigennützige und z. T. kurzsichtige Lösungen des Sicherheits- und Abgrenzungsdilemmas sorgen für Interessengegensätze. Ob bei solchen latenten Konflikten auch manifeste Gewalt eingesetzt wird, ob es deswegen zum Krieg oder auch nur zur Kriegsvorbereitung kommt, ist auch eine Frage der Durchsetzungschancen. Für kleinere Staaten sind sie geringer, deshalb rüsten sie weniger und führen seltener Krieg. Außerdem spielen kleinere Staaten eine andere Rolle als größere innerhalb von Allianzen.

Sicherheit aller Mitglieder einer Allianz vor Angriffen von außen kann man als Kollektivgut betrachten. Nach Olson (1968, auch Olson and Zeckhauser 1966) ist zu erwarten, daß die kleinen Mitglieder von Allianzen die großen ausbeuten, daß die kleinen Trittbrettfahrer und Konsumenten von Sicherheit, die großen aber Produzenten von Sicherheit werden. Das äußert sich darin, daß die Großen nicht nur absolut, sondern auch relativ größere Verteidigungslasten tragen. Auf die NATO angewendet: Holländer oder Dänen können kalkulieren, daß ihre Sicherheit mehr von fremden als von eigenen Anstrengungen abhängig ist. Amerikaner und selbst Westdeutsche können das nicht.

Vor Erfindung und Verbreitung von Atomwaffen konnte man bei weltpolitischen Rivalitäten davon ausgehen, daß zumindest eine Seite auf militärische Durchsetzungschancen hofft. Im Nuklearzeitalter haben die Kosten des Krieges eine andere Qualität angenommen. Grundsätzlich ist die Vernichtung aller Rivalen im Atomkrieg denkbar oder gar wahrscheinlich, sind die Aussichten auf ein als ‚Sieg' interpretierbares Kriegsende gesunken. Deshalb kann nukleare Abschreckung zum Frieden (absentia belli) beitragen – zunächst zwischen den Atommächten. Wegen der Eskalationsgefahr werden auch konventionelle Kriege zwischen Atommächten abgeschreckt. Aber Abschreckung kennzeichnet nicht nur die Beziehungen zwischen annähernd gleichwertigen Atommächten, wie den USA und der UdSSR, sondern zwischen Ost und West überhaupt (vgl. Schelling 1966; Weede 1975 a, 1983).

Wie ist eine solche Ausweitung der Abschreckung zwischen den Supermächten auf die Beziehung zwischen den von ihnen geführten Blöcken möglich? Wieder spielt die Eskalationsgefahr eine vermittelnde Rolle. Weil der mit einem großen Atomkrieg verbundene Schaden vermutlich extrem groß ist, reicht schon eine relativ geringe Eskalationsgefahr aus, um den Einsatz kriegerischer Mittel zwischen Ost und West abzuschrecken. Diese Eskalationsgefahr wird u. a. dadurch konstituiert, daß Supermachttruppen einander in Europa, vor allem in Deutschland, direkt gegenüberstehen.

Die von den zeitgenössischen Supermächten geführten Allianzen sind Allianzen zwischen extrem Ungleichen, die ich als Blöcke bezeichne werde. Formal sind Blöcke Allianzen. In Anbetracht der überwältigenden Überlegenheit der jeweils führenden Supermächte laufen sie auf (fast) einseitige Garantien für die jeweiligen Klienten oder auf Einflußsphären für die Supermächte hinaus. Weil Abschreckung zwischen den Blöcken aber nicht nur ein zumindest grobes Gleichgewicht des Schreckens und damit zusammenhängend beiderseitige Angst vor der Eskalationsgefahr voraussetzt, sondern auch eindeutige und stabile Blockzuordnungen, kann diese extendierte Abschreckung nur funktionieren, solange die kleineren Partner freiwillig oder gezwungen der Führung ‚ihrer' Supermacht folgen. Militärische Maßnahmen seitens der Supermächte gegen unbotmäßige ‚Alliierte' sind mit Abschreckung zwischen den Blöcken sicher vereinbar, wie die UdSSR in Osteuropa und die USA in Zentralamerika oder der Karibik gezeigt haben – möglicherweise sogar Voraussetzung für extendierte Abschreckung (vgl. Weede 1975 a, 1976 b, 1978).

Die erwarteten Kosten des Atomkrieges schrecken den Krieg zwischen den Supermächten, auch den Krieg zwischen den Blöcken in Europa, ab. Innerhalb beider Blöcke sind die militärischen Durchsetzungschancen ebenfalls wesentlich gesunken. Ein Krieg zwischen Klienten derselben Supermacht ist weitgehend undenkbar geworden. Welche rivalisierenden Kleinstaaten oder auch Mittelmächte, die eindeutig demselben Block angehören bzw. in der engeren Einflußsphäre derselben Supermacht liegen, können sich schon deren ‚Vermittlungsvorschlägen' entziehen? Dabei kommt es nicht so sehr auf aktive, beobachtbare Vermittlung an als darauf, daß schon die Möglichkeit ‚zwingender' Vermittlung jeden Gedanken an militärische Durchsetzung von vornherein obsolet erscheinen läßt.

Kosten-Nutzen-Kalküle können also erklären, warum Kriege zwischen den Blöcken ebenso wie Kriege zwischen den Klienten derselben Supermacht seltener als anderswo sind, auch warum anderswo extremes Machtungleichgewicht zwischen Staaten zum Frieden beitragen kann (vgl. Garnham 1976; Weede 1976a; kritisch: Siverson and Sullivan 1983)[20]. Das Gleichgewicht des Schreckens und die hierarchischen Elemente in der Weltordnung unserer Zeit können also erklären, warum lokale Sicherheits- und Abgrenzungsdilemmata in Afrika und Asien soviel destabilisierender als in Europa sind, warum in Europa und Lateinamerika militärische Interventionen im allgemeinen der Stabilisierung der Blöcke gegen innergesellschaftlich bedingte Auflösungserscheinungen dienen sollen.

Die Hypothesen zur Entstehung von Kriegen, die ich oben entwickelt habe, lassen sich systematisch überprüfen (vgl. Weede 1975a, 1983). Ausgangspunkt ist dabei die Frage: Wer kämpft innerhalb eines gewählten Beobachtungszeitraums gegen wen? Zunächst werde ich den Zeitraum 1950–69 untersuchen. Außerdem werde ich nur die 82 Nationen berücksichtigen, die schon 1955 souverän waren und damals mindestens 800000 Einwohner hatten. Damit werden Mikrostaaten und solche Staaten vernachlässigt, die erst spät im Beobachtungszeitraum selbständig wurden und damit weniger Gelegenheit zur Kriegführung als andere hatten. Bei 82 Nationen gibt es 3321 Dyaden. Die Untersuchung hat das Ziel, die Gesamtmenge aller Dyaden anhand der oben vorgetragenen Hypothesen in zwei Teilmengen zu zerlegen, die sich möglichst stark in der relativen Kriegshäufigkeit unterscheiden. Zwar kann man die Hypothesen auch einzeln testen (Weede 1975a, 1983), aber hier werde ich mich auf die Besprechung einer summarischen Überprüfung der gesamten theoretischen Perspektive beschränken. Mit Kriegsgegnerschaft wird zunächst nur die Tatsache militärischer Auseinandersetzungen angesprochen, unabhängig von der Häufigkeit und Intensität der Kämpfe, unabhängig auch vom legalen Status der Kombattanten und Kämpfe. Für jede der 3321 Dyaden wird mit Hilfe der Konfliktliste von SIPRI (1969, S. 366–373) ermittelt, ob im gewählten Beobachtungszeitraum mal Kämpfe stattgefunden haben oder nicht.

Nach der oben entwickelten theoretischen Perspektive sind Sicherheits- und Abgrenzungsdilemmata die wesentlichen Kriegsgründe. Das Vorliegen eines Sicherheitsdilemmas setzt strategische Interdependenz voraus, also daß die Nationen in einer Dyade miteinander Krieg führen können, daß Frieden (absentia belli) nicht allein durch einen Mangel an Gelegenheit zum Kriegführen erklärt werden kann und muß. Ich unterstelle, daß strategische Interdependenz grundsätzlich unter benachbarten Staaten und zwischen Großmächten und allen anderen Staaten gegeben ist. Wegen der strategischen Interdependenz und der Möglichkeit eines Sicherheitsdilemmas ist also zu erwarten, daß die Kriegshäufigkeit in den Dyaden besonders hoch ist, wo Nachbarschaft vorliegt oder wo mindestens ein Staat in der Dyade eine Großmacht ist. Großmacht wird dabei konventionell definiert (Singer and Small 1972, S. 381) und umfaßt in unserem Beobachtungszeitraum USA, UdSSR, Festland-China, England und Frankreich.

Wo die Hintergrundbedingungen von Abgrenzungsdilemmata vorliegen, spreche ich von latenten Territorialkonflikten. Operational wird ein latenter Territorialkonflikt durch einen erzwungenen Transfer von Territorium innerhalb der letzten 60 Jahre *oder* durch eine Abweichung der politischen von den ethno-linguistischen Grenzen *oder* durch Enklaven, Exklaven und Brückenköpfe definiert (Einzelheiten bei Weede 1975a, S. 167 und 417–420). Bei Vorliegen von so definierten latenten Territorialkonflikten sollte die Kriegsgefahr steigen. Damit sind drei Hintergrundbedingungen steigender Kriegsgefahr angegeben: 1. Nachbarschaft, 2. Großmacht in der Dyade, 3. latenter Territorialkonflikt. Wo mindestens eine dieser Gegebenheiten vorhanden ist, spreche ich von politisch-militärischer Relevanz. Damit ist gemeint: Krieg ist denkbar. Wo keine der drei genannten Gegebenheiten vorhanden ist, wie in der Dyade Japan – Saudi Arabien, spreche ich von politisch-militärischer Irrelevanz. Damit ist nicht mehr und nicht weniger gemeint als: die Kriegsgefahr ist praktisch null.

Kriegsgefahr ist aber nicht nur das Resultat von Interessenkonflikten, von Sicherheits- oder Abgrenzungsdilemmata, sondern auch von der Wahrnehmung militärischer Durchsetzungschancen. In politisch-militärisch irrelevanten Dyaden ist wegen fehlender Interessenkonflikte[21] ohnehin Frieden zu erwarten. Aber in der Teilmenge der politisch-militärisch relevanten Dyaden hängt die Kriegsgefahr von den wahrgenommenen Durchsetzungschancen ab. Die perzipierten Durchsetzungschancen hängen eng mit der Blockzugehörigkeit zusammen. Ein Block ist durch Unipolarität definiert und kann deshalb nicht mehrere Großmächte mit vergleichbarer Macht enthalten. In den 50er und 60er Jahren gab es m. E. nur zwei Blöcke, die von den USA und der UdSSR geführt wurden. Die Erfassung der Blockzugehörigkeiten ist nicht ganz einfach, weil eigentlich die Ansprüche der Supermächte und die stillschweigende gegenseitige Anerkennung dieser Ansprüche erfaßt werden sollen. Dabei spielt neben formalen Bündnissen und der Stationierung von Supermachttruppen in ‚verbündeten‘ Ländern die sog. kartographische Psychologie bzw. geographische Geschlossenheit (Schelling 1966, S. 61) eine wichtige Rolle. Ohne hier auf Details einzugehen (vgl. Weede 1975a, S. 169–173), kann man den Sowjetblock ungefähr mit dem Warschauer Pakt, den amerikanischen Block mit NATO plus Rio Pakt plus ANZUS plus Japan umschreiben.

Die Durchsetzungschancen gelten dann als gering bzw. nahe null, wenn die beiden Nationen einer Dyade entweder gegnerischen Blöcken angehören oder Klienten derselben Supermacht sind. Unterstellt wird also, daß Pax Sovietica im Osten, d. h. unter den Verbündeten der UdSSR (nicht unbedingt zwischen den Sowjets und ihren ‚Verbündeten'), Pax Americana im Westen und Pax Atomica zwischen Ost und West denkbare Interessenkonflikte in politisch-militärisch relevanten Dyaden neutralisieren. In nicht-neutralisierten politisch-militärisch relevanten Dyaden sollte die Kriegsgefahr relativ hoch, anderswo praktisch null sein. Tabelle 1 (aus Weede 1975, S. 210) bestätigt das:

Tabelle 1: Zusammenhang zwischen nicht-neutralisierter politisch-militärischer Relevanz und Krieg 1950–69

		Krieg		
		ja	nein	
nicht-neutralisierte	ja	34	279	313
politisch-militärische Relevanz	nein	9	2 999	3 008
		43	3 278	3 321

Tabelle 2: Zusammenhang zwischen nicht-neutralisierter politisch-militärischer Relevanz und Krieg 1962–80

		Krieg		
		ja	nein	
nicht-neutralisierte	ja	11	178	189
politisch-militärische Relevanz	nein	8	3 124	3 132
		19	3 302	3 321

Tabelle 3: Zusammenhang zwischen Supermacht-Klient im Bürgerkrieg-Dyade und Krieg 1950–69

		Krieg		
		ja	nein	
Supermacht-Klient	ja	9	15	24
im Bürgerkrieg-Dyade	nein	34	3 263	3 297
		43	3 278	3 321

Die relative Kriegshäufigkeit ist in der 1. Tabelle 34/313 oder 0,109, wo nach den hier zu prüfenden Hypothesen nennenswerte Kriegsgefahr besteht. Sie ist 9/3008 oder 0,003, wo nach den hier zu prüfenden Hypothesen keine nennenswerte Kriegs-

gefahr vorliegt. Anders ausgedrückt: Wo möglicherweise Sicherheits- oder Abgrenzungsdilemmata vorliegen, wo diese weder durch erweiterte Abschreckung zwischen den Blöcken noch durch Unterordnung unter dieselbe Supermacht innerhalb
der Blöcke neutralisiert werden, dort wird in einer von neun Dyaden Krieg geführt.
Anderswo nur in einer von 334 Dyaden. Daß die Hypothesen über Sicherheits- und
Abgrenzungsdilemmata, über Abschreckung zwischen und Unterordnung innerhalb von Blöcken die Gesamtmenge aller Dyaden in eine kriegsgefährdete und in
eine fast kriegsfreie Teilmenge zerlegen können, verleiht ihnen eine gewisse empirische Stützung.

Natürlich bleibt Kritik möglich und legitim. Es ist denkbar, daß etwa die Wahl
anderer Beobachtungsperioden oder anderer Kriegsdefinitionen die Ergebnisse
grundlegend ändert. In Tabelle 2 (vgl. Weede 1983, S. 248) ist deshalb mit
1962–1980 ein anderer Zeitraum und mit der Kriegsliste von Singer and Small (1972,
1982) eine andere Kriegsdefinition gewählt worden. Bei Singer and Small werden
nur Kriege berücksichtigt, die mindestens 1000 Opfer auf dem Schlachtfeld gekostet
haben, werden nur Kriegsteilnehmer berücksichtigt, die mindestens 100 Opfer zu
beklagen haben oder mindestens 1000 Mann eingesetzt haben. In Tabelle 2 ist die
relative Kriegshäufigkeit in der gefährdeten Teilmenge 11/189 oder 0,058, anderswo
aber 8/3132 oder 0,0026. Wieder unterscheiden sich die Kriegsrisiken in beiden
Teilmengen erheblich, ereignen sich die meisten Kriege in der viel kleineren Teilmenge, wo sie erwartet werden, und nicht in der viel größeren Teilmenge, wo sie
nicht erwartet werden. Tabelle 2 repliziert also das Prüfungsergebnis der Tabelle 1
im wesentlichen (weitere Evidenz bei Weede 1975a, 1983).

Man kann die kritische Frage aufwerfen, ob nicht auch Zufallsprozesse die von
mir vertretenen Hypothesen in vergleichbarem Ausmaß stützen könnten, wie die
Ergebnisse in den Tabellen 1 und 2. Dann würde man aus der Kompatibilität der
Hypothesen und der Daten in den beiden Tabellen ja keine auch nur vorläufige
Bestätigung der Hypothesen ableiten wollen. Es läßt sich aber zeigen[22], daß weniger
als einer von tausend Zufallsprozessen Ergebnisse wie in den Tabellen 1 oder 2
zugunsten der vorgetragenen Hypothesen erbringen würden. Deshalb sprechen die
Befunde für die Hypothesen.

Die Tabellen 1 und 2 stützen die Auffassung, daß Sicherheitsdilemmata (Nachbarschaft, Großmacht in Dyade) oder Abgrenzungsdilemmata (gewaltsame Grenz-
verschiebungen, Abweichungen politischer von ethno-linguistischen Grenzen) die
Kriegsgefahr erhöhen, daß erweiterte Abschreckung oder Frieden durch Furcht im
Atomzeitalter die Kriegsgefahr verringern kann, daß Unterordnung kleinerer
Staaten unter eine Supermacht die Kriegsgefahr unter den kleinen Staaten verringern
kann. Die pazifizierenden Weltordnungseffekte der erweiterten Abschreckung und
der Unterordnung hängen allerdings mit einer Art von Kriegsgefahr innerhalb der
Blöcke zusammen – mit kriegerischen Interventionen der Supermächte gegen ihre
‚Verbündeten‘ oder Klienten. Man kann dabei beispielsweise an den sowjetischen
Einmarsch in Ungarn oder in der Tschechoslowakei, an den amerikanischen in der

Dominikanischen Republik oder in Grenada denken. Tabelle 3 (vgl. Weede 1975 a, S. 183, Tab. 38) zeigt den Zusammenhang zwischen der Zugehörigkeit einer Supermacht und eines ihr verbundenen kleineren Staates[23], der unter einem Bürgerkrieg leidet, zur Dyade und der relativen Kriegshäufigkeit zwischen 1950 und 1969. Von 24 derartigen ,Gelegenheiten' haben die Supermächte immerhin 9 zur kriegerischen Einmischung wahrgenommen. Anderswo aber betrug die Kriegsgefahr nicht 9/24 oder 0,38, sondern nur 34/3297 oder 0,010.

Erweiterte Abschreckung zwischen den Blöcken bzw. Pax Atomica und die gesteigerte Kriegsgefahr zwischen den Supermächten und deren Klienten oder abhängigen ,Verbündeten' hängen m. E. zusammen. Denn erweiterte Abschreckung beruht nicht nur auf einem zumindest groben Gleichgewicht des Schreckens und daraus resultierender Kriegs- und Eskalationsangst auf beiden Seiten. Sie beruht auch auf eindeutiger Zuordnung der Klienten zu ihren vorgesetzten Supermächten. Nur bei eindeutiger, möglichst über die Zeit stabiler und geographisch kompakter Zuordnung weiß jede Supermacht, wo sie sich nicht einmischen darf bzw. wovon sie abgeschreckt wird. Die Stabilität der Zuordnung der Klienten aber wird von den Supermächten manchmal mit militärischen Mitteln gegen lokalen Widerstand durchgesetzt (s. o. Tab. 3; Pearson 1974 b; Weede 1975 a, 1978; Tilemma and van Wingen 1982).

Sicherheits- und Abgrenzungsdilemmata können nur entstehen, wenn die nationalen Akteure keiner effektiven übergeordneten Autorität unterworfen sind. Innerhalb der Blöcke sind die Supermächte faktisch zu solchen übergeordneten Autoritäten geworden, hat die faktische Beschränkung der Souveränität unter den Klienten derselben Supermacht die Kriegsgefahr verringert. Das ist unter den ,Alliierten' der Sowjet-Union deutlicher als im Westen aufzeigbar, wo Konflikte zwischen Griechen und Türken oder Argentiniern und Briten die Blockhaftigkeit des Westens haben in Frage stellen können. Auch die erweiterte Abschreckung zwischen den Blöcken beruht neben dem zumindest groben Gleichgewicht des Schreckens auf faktischen Souveränitätsbeschränkungen. Klienten verschiedener Blöcke, beispielsweise West- und Ostdeutschland, können nicht unabhängig von ihren vorgesetzten Supermächten Krieg gegeneinander führen. Die Weltordnung der Blöcke hat im Laufe der letzten Jahrzehnte an manchen Stellen der Welt die Kriegsgefahr wesentlich verringert, anderswo aber bestehen lassen. In Afrika, Nahost und Festlandasien gilt weder Pax Americana, noch Pax Atomica, noch Pax Sovietica. Dort reicht die Souveränität noch zum Führen – und für mindestens eine Seite: zum Verlieren – unabhängiger Kriege: zwischen Arabern und Israelis, Irakern und Iranern, Indern und Pakistanis oder Indern und Chinesen (um nur einige der wichtigsten Beispiele zu nennen).

12. Dilemmata der Abschreckungslogik

Im vorhergehenden Kapitel habe ich die Auffassung vertreten, daß die erweiterte Abschreckung zum Frieden beitragen kann und beigetragen hat, indem sie durch Abgrenzungs- oder Sicherheitsdilemmata bedingte internationale Konflikte überlagert und neutralisiert. In Anbetracht des in einem Atomkrieg zwischen Ost und West zu erwartenden Schadens mag Kriegsverhütung durch nukleare Abschreckung unproblematisch erscheinen, solange man einheitlich handelnde und rationale, d. h. nutzenmaximierende bzw. schadenminimierende, Akteure unterstellt. Die Abschreckung eines potentiellen Gegners scheint ja nur zu verlangen, daß man auch nach einem gegnerischen Erstschlag noch so verheerend zurückschlagen kann, daß jeder denkbare Nutzen aus einem Erstschlag zumindest aufgewogen und aufgehoben wird. Aber das reicht nicht unbedingt aus, um Krieg durch nukleare Abschreckung zu vermeiden, wie vor allem Morgan (1977) gezeigt hat.

Angenommen die andere Seite schlägt in einem nuklearen Erstschlag gegen die eigenen Streitkräfte und Militäranlagen zu. Ist es dann, nach diesem Versagen der Abschreckung, für die eigene Seite noch rational und im eigenen Interesse zurückzuschlagen? Das ist zumindest fragwürdig, wenn der (mit durch den Erstschlag des Gegners geschwächten eigenen Vergeltungsstreitkräften geführte) Gegenschlag sich auf militärische Ziele und inzwischen teilweise leere Raketensilos des Gegners richten soll. Das ist nach dem Versagen der Abschreckung bestimmt nicht mehr rational, wenn sich der Gegenschlag gegen die gegnerischen Städte richten soll und damit einen weiteren Schlag des Gegners gegen die eigenen Städte auslöst. Auch wenn es rational ist, vor dem Erstschlag des Gegners mit dem nuklearen Gegenschlag zu drohen, kann es (oder wird es) irrational sein, diesen angedrohten Gegenschlag auch auszuführen. Was vor dem Zusammenbruch der Abschreckung als rationale Drohung erscheint, kann hinterher zur irrationalen Handlungsalternative werden. Mit derartigen Überlegungen kann man die grundsätzliche Glaubwürdigkeit von Abschreckung in Frage stellen.

Unterstellt man bei rivalisierenden Großmächten perfekte Rationalität, dann ist es für beide Seiten rational, bei einem gegnerischen Erstschlag mit einem nuklearen Zweitschlag zu drohen, aber nicht mehr unbedingt rational, diese Drohung nach einem gegnerischen Erstschlag auch auszuführen. Wer sich auf die Rationalität des Gegners wirklich verläßt, wird also von einem eigenen Erstschlag nicht unbedingt abgeschreckt. Wenn man *konsistent* an der Annahme rationaler und einheitlich handelnder Akteure festhält, dann muß man erwarten, daß die Abschreckung versagt, sobald eine Seite erkennt, daß jedenfalls bei manchen Kriegsbildern der angedrohte Zweitschlag gar nicht mehr im Interesse des Gegners liegt und deshalb nicht befürchtet werden muß. In diesem theoretischen Dilemma darf man nicht die Möglichkeit der Aggression leugnen, um das Konzept rationaler Abschreckung zu retten. Denn: Wo die Aggression grundsätzlich ausgeschlossen wird, ist die Abschreckung schon deshalb überflüssig. Für praktische Zwecke bin ich geneigt, so zu argumentieren: Funktionierende Abschreckung basiert auch darauf, mögliche Irrationalitäten des Gegners ins Kalkül einzubeziehen. Theoretisch wird die Abschreckung dadurch „gerettet", daß kein rationaler Akteur sich bei Existenzfragen auf die Rationalität des Rivalen verläßt. Vielleicht überleben wir deshalb noch, aber eine theoretisch befriedigende Antwort müßte anders aussehen.

Die Drohung, einen denkbaren gegnerischen Erstschlag mit dem Gegenschlag zu beantworten, setzt die Fähigkeit zum Zweitschlag voraus, also daß der Gegner einen nicht im ersten Schlag weitgehend entwaffnen kann. Auf der Ebene der beiden Supermächte haben die Vielzahl der Atomwaffen und Trägersysteme, die Stationierung an verschiedenen Orten, die Mobilität der Waffensysteme, eine gewisse Härtung von Raketensilos, seegestützte Waffensysteme und teilweise in der Luft befindlicher Langstreckenbomber für längere Zeit die Zweitschlagkapazitäten gesichert. Weniger beruhigend als statische Betrachtungen der Vergangenheit sind dynamische Analysen zukünftiger Möglichkeiten. Die zunehmende Treffgenauigkeit der Raketen könnte vielleicht einen weitgehenden Entwaffnungsschlag denkbar werden lassen und damit die Abschreckung destabilisieren.

Denkbare technologische Durchbrüche, vor allem auf nur einer Seite, ob bei der Treffgenauigkeit, in der U-Boot-Ortung und -Bekämpfung oder in der Raketenabwehr, können ebenfalls die Abschreckung destabilisieren. Sogar ein irrtümlich unterstellter eigener Durchbruch und darauf aufbauend angebliche eigene Überlegenheit würde zwar nicht zum ‚Sieg' im Atomkrieg beitragen, aber gerade wegen des – dynamisch betrachtet – notwendig prekären Gleichgewichts des Schreckens dennoch einen Anreiz vermitteln loszuschlagen.

Die technologische Instabilität des Wettrüstens und damit des Gleichgewichts des Schreckens muß im Zusammenhang mit dem oben besprochenen Rationalitätsdilemma gesehen werden. Je verwundbarer die eine Seite bei einem gegnerischen Erstschlag ist, desto stärker muß die Befürchtung des Rivalen sein, der Angegriffene könnte irrationalerweise auch entgegen seinen eigenen Interessen zurückschlagen, damit die Abschreckung funktioniert. Die schwächere Seite muß ihre Schwäche durch ein Image der Irrationalität und Unverantwortlichkeit kompensieren (zur Rationalität der Irrationalität vgl. Schelling 1966)! Aber wie lange kann man dieses Image pflegen, ohne entsprechend irrational und unverantwortlich zu werden? Außerdem: Ein Image der Irrationalität kann zwar unter bestimmten Umständen die nukleare Abschreckung verstärken, aber nicht ohne beim Rivalen das verständliche Bedürfnis zu wecken, diese gefährliche Quelle von Verantwortungslosigkeit und Irrationalität bei nächster Gelegenheit ein für allemal auszuschalten.

Schon auf der Ebene der Supermächte sind die Glaubwürdigkeit der Abschreckungsdrohung und die Fähigkeit zum Zweitschlag zuminest dynamisch betrachtet fragwürdig. Wenn es darum geht, die Abschreckung zwischen den Supermächten zu verallgemeinern auf die Abschreckung zwischen den von ihnen geführten Blöcken oder Allianzen, dann treten weitere Probleme hinzu. Einerseits hängt die Stabilität der Abschreckung von einem Gleichgewicht des Schreckens zwischen den Supermächten auf den höchsten Stufen der Eskalationsleiter ab. Denn dieses Gleichgewicht schreckt beide von dem Versuch oder der Versuchung ab, sich in Interessenkonflikten mit Eskalationsdrohungen durchsetzen zu wollen. Andererseits schwächt ein Gleichgewicht der Supermächte die Glaubwürdigkeit der Beistandsgarantie der Supermächte für ihre Verbündeten, falls diese angegriffen werden sollten. Offensichtlich gewinnt das Beistandsversprechen einer Supermacht für ihre nicht-nuklearen Verbündeten an Glaubwürdigkeit, wenn diese über die Fähigkeit zum Erstschlag verfügt und den Zweitschlag des Gegners überleben kann – worauf etwa Kahn (1960) schon vor Jahrzehnten hingewiesen hat.[24] Die stabilste aller denkbaren Welten auf der Ebene der Abschreckung zwischen den Supermächten (d. h. *Gleich-*gewicht des Schreckens) destabilisiert also die Bündnisse zwischen den Supermächten und ihren Alliierten und damit die erweiterte Abschreckung. Und umgekehrt: die stabilste aller denkbaren Welten für den Schutz der nicht-nuklearen Partner einer Seite, sagen wir: des Westens, destabilisiert die Abschreckung zwischen den Supermächten. Diese Spannung zwischen den optimalen Erfordernissen der Abschreckung zwischen den Supermächten und denen der erweiterten Abschreckung, die *grundsätzlich nicht gleichzeitig gegeben sein können,* heizt das Wettrüsten an[25], und dessen zuminest potentielle technologische Instabilitäten sind ja eine schon erwähnte Gefahrenquelle.[26] In diesem Dilemma liegt es nahe, wieder die Geltung des Rationalitätspostulats einzuschränken bzw. ein Vorsichtspostulat daneben zu stellen – etwa so: Zwar sind die Garantien der Supermächte für ihre nicht-nuklearen Verbündeten nicht wirklich glaubwürdig, solange eine grobe Parität gegeben ist, aber es wäre unvorsichtig, die Garantien der anderen Seite zu testen, und deshalb lassen es beide Supermächte (vgl. Bundy 1979). Hoffentlich – aber theoretisch befriedigend ist das wieder nicht.

Zwar ist die Fähigkeit zurückzuschlagen keine hinreichende Bedingung für die Glaubwürdigkeit von Abschreckungsdrohungen, aber sicher eine notwendige. Wenn man nicht mehr nur die obersten Stufen der Eskalationsleiter bedenkt, sondern diese in ihrer Gesamtheit, dann dürfte die Glaubwürdigkeit von Drohungen mit der Verhältnismäßigkeit der Reaktion auf gegnerische Provokationen zusammenhängen. Als Reaktion auf gegnerische Truppenmassierungen an der Grenze ist die Drohung mit eigener Teilmobilisierung plausibler als ein konventioneller Präventivschlag. Als Reaktion auf Grenzüberschreitungen gegnerischer Truppen ist konventioneller Widerstand vernünftiger und deshalb glaubwürdiger als die Inszenierung des atomaren Weltuntergangs. Derartige Überlegungen zur Angemessenheit der angedrohten Reaktion sprechen dafür, sich auf verschiedene, auch und gerade konventionelle, Kriegsbilder vorzubereiten. Je weniger massiv ein Angriff ist, desto weniger glaubwürdig ist die Drohung mit massiver Vergeltung oder auch nur schneller und automatischer Eskalation in diese Richtung. Auf den unteren Stufen der Eskalationsleiter, bei konventionellen Auseinandersetzungen, trägt Verteidigungsfähigkeit neben der beiderseitigen Eskalationsfurcht zur Abschreckung bei.

Nukleare Abschreckung bedarf also der konventionellen Ergänzung. Das gilt auch umgekehrt. Der Einfachheit halber unterstelle ich, daß beide Supermächte ihre Alliierten einfach aufsaugen, so daß das Problem der erweiterten Abschreckung und damit die Spannung zwischen deren Erfordernissen und der Stabilität der Abschreckung zwischen den Supermächten selbst verschwindet. Auch unter diesen vereinfachenden Annahmen haben Ost und West noch eine gemeinsame Landesgrenze, bleibt Krieg denkbar. Falls beide Seiten mit gegenseitiger Zerstörung im Kriegsfall rechnen, würden einheitliche, rationale und vorsichtige Akteure nicht zuerst Atomwaffen einsetzen. Aber wenn deshalb das Eskalationsrisiko auf Null reduziert würde und wenn das bekannt wäre, dann wäre die Welt „sicher" für einen konventionellen Dritten Weltkrieg. Wenn das nukleare Element der Abschreckung wirklich höchstens noch den Einsatz von Atomwaffen abschreckt, dann wird der konventionelle Krieg wieder denkbar und führbar. Jetzt sind wir in dem Dilemma, daß nukleare Abschreckung aus den oben angeführten Gründen zu Recht unheimlich, aber dennoch unverzichtbar ist. Die Annahme vorsichtigen Verhaltens kann auch hier weiterhelfen: Ein vorsichtiger Akteur glaubt selbst dann nicht, daß das Eskalationsrisiko auf Null gebracht ist, wenn es so wäre. Jetzt sind wir dabei anzunehmen, daß es genau die Wahrnehmungsfehler gibt, die wir in dieser (hypothetischen) Situation brauchen, damit die Abschreckung noch funktioniert!

Stabile Abschreckung zwischen den Blöcken oder Allianzen hat nicht nur waffentechnologische und militärische Voraussetzungen, sondern auch politische. Abschreckung kann nur funktionieren, wenn die jeweils abgeschreckte Seite weiß, was nach Auffassung des Rivalen gerade noch zulässig ist, was wo die Eskalationsgefahr beträchtlich erhöht. Andernfalls besteht die Gefahr von Mißverständnissen und darauf aufbauenden Fehlkalkulationen. Eindeutige und über die Zeit stabile Zuordnung von Satelliten, Klienten oder Alliierten der Supermächte zu deren Blöcken tragen dazu bei, der jeweils anderen Supermacht mitzuteilen, wo starke oder militärische Einmischung nicht ohne beträchtliches Eskalationsrisiko denkbar ist. Indem eindeutige und stabile Zuordnung der Klienten zu den Supermächten Einmischung der jeweils anderen Supermacht abschreckt, trägt sie allerdings dazu bei, Einmischung der einem Block vorstehenden Supermacht in die Angelegenheit ihrer Klienten zu ,erlauben', d. h. als relativ risikolos erscheinen zu lassen, und damit zur Erosion der Souveränität der Klienten beizutragen. Man kann diese Erosion von Souveränität bei kleinen und mittleren Mächten als Preis der Ausweitung der Abschreckung zwischen den Supermächten hin zur Abschreckung zwischen den Allianzen und Blöcken betrachten.

Auf der Ebene der Abschreckung zwischen den Supermächten machen dynamische waffentechnologische Fortschritte die beiderseitige Fähigkeit zum Zweitschlag prekär. Auf der Ebene der Abschreckung zwischen den Blöcken drohen soziale und politische Entwicklungen deren Voraussetzungen zu untergraben. Wie oben ausgeführt, setzt Abschreckung zwischen den Blöcken eindeutige Zuordnung der kleinen und mittleren Mächte zu „ihren" Supermächten voraus. Uneingeschränkte Souveränität der kleinen und mittleren Mächte ist mit stabiler Abschreckung zwischen den Blöcken nur so lange kompatibel, wie die kleineren und mittelgroßen Nationen freiwillig in dem Block bleiben, wo sie nun mal sind. Andauernde Abschreckung zwischen den Blöcken setzt also ein enormes Maß an sozialer und politischer Stabilität voraus – oder gewalttätige Maßnahmen von Supermächten zur Wahrung der Blockintegrität (vgl. Kapitel 11 oben).

Der ‚Preis' der Abschreckungspolitik zwecks Friedenssicherung ist enorm. Er enthält zuerst und vor allem die Gefahr, daß Abschreckung nicht perfekt funktioniert, daß Unfälle, Versehen und/oder Fehlkalkulationen einen Atomkrieg auslösen. Dieser Teil des Preises von Abschreckung dürfte nur durch vollständige Abschaffung von Atomwaffen auf Null gebracht werden können, wodurch allerdings die Gefahr konventioneller Kriege wächst. Der Preis des ‚Friedens' durch Abschreckung enthält darüber hinaus die ökonomischen Kosten des Wettrüstens, das nicht zuletzt durch die Gefahr gegnerischer technologischer Durchbrüche und die Notwendigkeit, auf vielen oder gar allen denkbaren Eskalationsstufen zu Gegenmaßnahmen in der Lage zu sein, so schwer unter Kontrolle zu bringen ist. Der Preis des bestehenden ‚Friedens' durch Abschreckung enthält darüber hinaus die Realität begrenzter Souveränität, letztlich im Sinne der Breschnew-Doktrin. In Anbetracht dieses ‚Preises' und der oben angedeuteten Widersprüche in der Abschreckungslogik ist die zunehmende Schwierigkeit verständlich, die Rationalität von Abschreckung breiten Bevölkerungskreisen zu vermitteln.

Aber der Frieden durch Furcht vor dem Atomkrieg ist nicht nur mit Kosten verbunden. Wo Eskalationsgefahr zum Atomkrieg besteht, können sich wohl nur wenige Entscheidungsträger den eigenen ‚Sieg' als wahrscheinliches Ergebnis militärischer Auseinandersetzungen vorstellen. Bei nur konventionell gerüsteten Rivalen dagegen besteht die Gefahr, daß praktisch immer zumindest eine Seite sich den Sieg vorstellen kann. Gerade weil selbst der ‚Sieger' aus einem Atomkrieg geschlagener hervorgehen kann als der Verlierer in einem konventionellen Krieg, sind Einsatz militärischer Macht und Krieg überall dort zum untauglichen Mittel der Politik geworden, wo Eskalationsgefahr zum Atomkrieg besteht. Rein konventionelle Abschreckung dürfte weitaus zerbrechlicher als Abschreckung durch angemessene Gegenmaßnahmen mit dem Eskalationsrisiko dahinter sein. Daß nuklear gerüstete Staaten durch eine rein konventionelle Verteidigungsstrategie nicht abzuschrecken sind, ist eine Selbstverständlichkeit.

Die enormen laufenden und (bei Versagen) potentiell katastrophalen Kosten von Abschreckungspolitik motivieren immer wieder die Suche nach Alternativen.

Auf den ersten Blick sieht Abrüstung wie *die* Lösung aller sicherheitspolitischen Probleme aus. Bei näherer Betrachtung ist das fraglich. Unterstellen wir zunächst eine scheinbar günstige Ausgangslage: Beide Seiten wollen abrüsten und beginnen mit dem Abbau der Overkillkapazitäten. Eine Konsequenz dieses beiderseitigen Abrüstungsprozesses ist, daß das Gleichgewicht des Schreckens immer prekärer wird. Je niedriger das nukleare Rüstungsniveau der beiden Rivalen, desto eher ist denkbar, daß derjenige einen Krieg gewinnen kann, der als erster losschlägt und zumindest einen Teil der verbliebenen gegnerischen Raketen und anderen Trägerwaffen dabei ausschaltet. Weil jeder weiß, daß auch der andere dieser Versuchung ausgesetzt ist, wächst der Anreiz, ihm zuvorzukommen. Selbst beiderseitige Abrüstung könnte also das prekäre Gleichgewicht des Schreckens destabilisieren und entweder den Anreiz zum Erstschlag erhöhen oder zumindest die Versuchung mit sich bringen, einige Atom- und Trägerwaffen als Reserve zu verbergen und dem Rivalen bei der Abrüstung den Vortritt zu lassen. Vom Abrüstungswettlauf zum Wiederaufrüstungswettlauf ist dann nur noch ein kleiner Schritt.

Erscheint bei beiderseitiger Abrüstung noch denkbar, daß der Abrüstungsprozeß nach Destabilisierung des Gleichgewichts des Schreckens nur von einem Wiederaufrüstungsprozeß und nicht gleich von einem Krieg abgelöst wird, so könnte einseitige Abrüstung allzu leicht den Krieg auslösen anstatt ihn zu verhindern. Auch einseitige Abrüstung ist ja nur als Prozeß denkbar und nicht von einer Sekunde auf die andere zu realisieren. Einseitige Abrüstung einer Supermacht wird irgendwann mal soweit kommen müssen, daß die abrüstende Seite militärisch eindeutig unterlegen wird, wodurch Sieg in die Reichweite des Rivalen rückt, daß aber die Voraussetzungen für eine schnelle Wiederaufrüstung objektiv noch gegeben sind. Für die nicht-abrüstende und deshalb (vielleicht nur vorübergehend) überlegene Seite wächst also der Anreiz loszuschlagen, jedenfalls dann wenn der einseitige Abrüstungsprozeß dort, wo er stattfindet, umstritten ist und die Gefahr einer Wiederaufrüstung gegeben ist. Gegen die abrüstende Seite loszuschlagen, wäre dann nur die Versicherung dagegen, daß diese möglicherweise wieder aufrüstet und im späteren Wettrüsten durch einen technologischen Durchbruch gar Überlegenheit und Erstschlagsfähigkeit erwirbt.

Kosten-Nutzen-Kalküle legen die Befürchtung nahe, daß weder beiderseitige noch einseitige Abrüstung auf der Ebene der Supermächte risikolos ist. Einseitige Abrüstung auf seiten einzelner Verbündeter dieser oder jener Supermacht wäre u. a. auch ein Signal dafür, daß der betroffene Staat aus seinem Block ausscheiden will. Die Eindeutigkeit der Zuordnung von kleinen und mittleren Nationen zu ‚ihren‘ (vorgesetzten) Supermächten könnte dadurch nur verunklart werden. Auf der Ebene der Abschreckung zwischen den Blöcken wüchse das Risiko von Mißverständnissen, weil vielleicht die eine Supermacht A den einseitig abrüstenden ‚Alliierten‘ noch dem eigenen Block zurechnet, die andere Supermacht B aber in der Duldung einseitiger Abrüstung ein Signal sieht, daß A den einseitig abrüstenden ‚Alliierten‘ aufgegeben hat. Einseitige Abrüstung von kleineren und mittleren Nationen würde also die

Ausweitung der Abschreckung zwischen den Supermächten hin zur Abschreckung zwischen den Blöcken destabilisieren.

Die bisher diskutierten Abrüstungsschritte beiderseitiger oder einseitiger Natur sind recht weit von Rüstungskontrollmaßnahmen mit besseren Realisierungschancen entfernt. Realisierbare Rüstungskontrollmaßnahmen müssen verifizierbar sein. Das sind quantitative Beschränkungen der Trägersysteme im allgemeinen eher als qualitative Beschränkungen, etwa der Treffgenauigkeit. Kleine Rüstungskontrollschritte im quantitativen Bereich haben aber zumindest bisher nicht ausgereicht, das gegenseitige Mißtrauen zu überwinden. Bei andauerndem gegenseitigen Mißtrauen legen quantitative Rüstungsbeschränkungen aber qualitative Kompensationsversuche nahe, schon aus Furcht davor, daß der Rivale andernfalls auf diese Art das Gleichgewicht des Schreckens destabilisieren könnte. Falls der Rivale auf qualitatives Wettrüsten verzichtet, fällt der qualitativ rüstenden Seite vielleicht Überlegenheit zu. Falls der Rivale qualitativ ebenfalls rüstet, stabilisiert man durch eigene qualitative Rüstung das Gleichgewicht. Was auch immer der Rivale tut, man steht sich besser, wenn man selbst weiter qualitativ rüstet. Vielleicht hängt das Zustandekommen quantitativer Rüstungskontrolle vor allem mit deren Marginalität zusammen.

Während Abrüstung eine Alternative zur Abschreckungspolitik darstellt, ist Rüstungskontrolle eher deren Ergänzung zwecks Stabilisierung des Gleichgewichts und Minimierung des Anreizes zum Erstschlag. Auch in der Entspannungspolitik kann man eine solche, von der Intention her stabilisierende Ergänzung der Abschreckungspolitik sehen, die vielleicht noch einen späteren Übergang zur Abrüstung erleichtern und vorbereiten soll. Mittel der Entspannungspolitik können u. a. sein: Gewaltverzicht bzw. Nichtangriffspakte, wirtschaftliche Zusammenarbeit zwischen rivalisierenden Staaten und Blöcken oder auch Zurückhaltung bei den eigenen Rüstungsanstrengungen, wobei man hofft, daß die andere Seite dem guten Beispiel folgt. Aber ist es plausibel zu unterstellen, daß derjenige sich von Verträgen oder guten Wirtschaftsbeziehungen beeinflussen läßt (übrigens schon in der vornuklearen Vergangenheit unwirksam, vgl. Weede 1975a, 1977b), der bereit ist, einen Atomkrieg zu riskieren, und von der Weltherrschaft träumt? Solange die Abschreckung funktioniert, dürfte sie auch ohne diese Art entspannungspolitischer Ergänzung auskommen. Sobald aber die Abschreckung versagt, sobald Kosten-Nutzen-Kalküle ‚Sieg‘ versprechen, kann Entspannung günstigstenfalls noch Präventivkapitulation der schwächeren Seite ermöglichen.

Beim Wettrüsten folgt jede Seite dem schlechten Vorbild der anderen – heutzutage nennt man das ‚Nach‘-rüstung – oder reagiert gar schon auf die eigenen Befürchtungen, was der Rivale tun könnte. Es gibt gradualistische Vorschläge, aus diesem unseligen Prozeß auszubrechen. Man geht dem Rivalen zunächst mit kleinen Schritten mit gutem Beispiel voran, mit langsamerem Rüstungstempo oder gar mit Abrüstungsschritten oder -schrittchen. Wenn der Rivale sich darauf einläßt, ebenfalls in seinen Rüstungsanstrengungen nachzulassen, dann kann man das nächste Mal einen etwas größeren Entspannungs- und/oder Abrüstungsschritt wagen, usw. Zwar ist denkbar, daß damit auf lange Sicht Feindseligkeit und Wettrüsten überwunden werden, aber ist es auch wahrscheinlich? Kosten-Nutzen-Kalküle lassen ein anderes Ergebnis erwarten:

Unterstellen wir, daß Rivale A sein Rüstungstempo deutlich verlangsamt, um dem Rivalen B Entspannungs-, Rüstungskontroll- oder gar Abrüstungsbereitschaft zu signalisieren. B könnte darauf eingehen. B kann aber auch aus dem Nachlassen von As Anstrengungen schließen, daß der Preis der Hegemonie geringer geworden ist, daß hartnäckiges und vielleicht sogar beschleunigtes eigenes Rüsten eigenes Übergewicht ermöglicht. Wenn der Vorsprung von B vor A groß genug wird, kann B vielleicht sogar hoffen, daß A auch ohne Krieg die Vorherrschaft von B akzeptieren wird. Es gibt also durchaus Anreize, auf Entspannungs-, Rüstungskontroll- oder gar Abrüstungsmaßnahmen der anderen Seite durch verstärkte eigene militärische Anstrengungen zu reagieren. Ökonomisch ausgedrückt: Wenn A den Preis der Hegemonie für B senkt, sollte A sich nicht mehr über Bs steigende Nachfrage nach Vorherrschaft wundern ((vgl. Tullock 1974, S. 96).

Kosten-Nutzen-Kalküle können die Dilemmata von Abschreckungspolitik und von deren flankierenden Maßnahmen und von deren Alternativen aufzeigen. Während Abschreckungspolitik dazu tendiert, dem Gegner keine Möglichkeit zu geben, seine Friedfertigkeit zu beweisen, also in dieser Hinsicht sich selbst erfüllende Prophezeiung zu sein, tendiert Abrüstungs-, Rüstungskontroll- und Entspannungspolitik dazu, sich selbst vernichtende Prophezeiung zu sein, weil der Anreiz zur Gegenseitigkeit durch einseitige Vorleistungen nicht automatisch gesteigert, sondern u. U. sogar systematisch verringert wird. Trotz der beträchtlichen laufenden und der katastrophalen potentiellen Kosten der Abschreckungspolitik, trotz der Sisyphusaufgabe, Abschreckung in einem dynamischen waffentechnologischen und soziopolitischen Umfeld immer wieder neu zu stabilisieren, könnte es sein, daß Alternativen zur Abschreckung weder kostengünstiger noch sicherer sind, daß erfolgreiche Alternativen schon gar nicht auf einfacheren Kosten-Nutzen-Kalkülen beruhen oder jenseits von solchen Kalkülen zu suchen sind. Die erfolgreiche Suche nach Maßnahmen, die Abschreckung kurzfristig zu stabilisieren und langfristig überflüssig zu machen, kann für uns alle eine Überlebensfrage sein. Aber Einsicht in die bestehenden Mängel von Abschreckungspolitik garantiert nicht, daß ‚man' eine bessere Lösung des Überlebensproblems gefunden hat – oder auch nur, daß es sie gibt.[27]

13. Ordnungspolitik und Sicherheitspolitik als Elemente der Sicherungspolitik

Aufgabe der Sicherungspolitik ist es, das Überleben der (eigenen) Gesellschaft als Gesellschaft zu sichern. Schon ein oberflächlicher Blick in die Weltgeschichte reicht aus zu erkennen, daß Gesellschaften vor allem aus zwei Gründen untergehen: Entweder sie versagen bei der Abschreckung potentieller Angreifer bzw. bei der Verteidigung gegen diese oder sie versagen bei der Bereitstellung der lebensnotwendigen Güter und Dienstleistungen für die Mitglieder der Gesellschaft. „Versagen" bedeutet hier nicht ein moralisches Urteil oder eine Schuldzuweisung, sondern nur die nüchterne Feststellung, daß immer wieder mal Gesellschaften diese Probleme nicht hinreichend gelöst haben, um als Gesellschaften zu überleben. Sicherungspolitik enthält deshalb zwei wesentliche Komponenten: Ordnungspolitik, die die Rahmenbedingungen für die Lösung wirtschaftlicher Probleme abstecken soll, und Sicherheitspolitik, die den Untergang der (eigenen) Gesellschaft durch äußere Einwirkungen, wie Krieg oder Niederlage, abwenden soll. Wie noch zu analysieren sein wird, hängen ordnungs- und sicherheitspolitische Problemlösungen zusammen.

Das ökonomische Problem ist die Sorge um das materielle Wohlergehen der Gesellschaft oder konkreter um das tägliche Brot. Seit Jahrtausenden wird dieses Problem arbeitsteilig gelöst. Produktion und Verteilung müssen deshalb koordiniert werden. Grundsätzlich kann diese Koordinationsaufgabe auf drei Arten erledigt werden: 1. durch Tradition, 2. durch Befehl, 3. durch den Markt (Heilbroner 1980, S. 7–21) – und natürlich durch Mischformen. Je dynamischer eine Wirtschaft ist, je schneller sich die Erfordernisse ändern, desto geringer kann der Beitrag der Tradition zur Lösung des Koordinationsproblems sein. Praktisch stehen uns heute deshalb nur zwei Lösungen zur Wahl, Markt oder Befehl – und Befehl heißt Zentralverwaltungswirtschaft.

Marktwirtschaft und Befehlswirtschaft sind denkbare Lösungen des ordnungspolitischen Problems einer Volkswirtschaft. Beide setzen die Existenz des Staates voraus, nach Weber (1964, S. 39) also die erfolgreiche Inanspruchnahme eines Monopols legitimen physischen Zwanges. Bei der Befehlswirtschaft ist unmittelbar einsichtig, daß die Befehlsrechte und Gehorsamspflichten geklärt sein müssen. Bei der Marktwirtschaft wird der Zusammenhang von den Eigentumsrechten vermittelt. Wie Tullock (1974) in einem Gedankenexperiment geklärt hat, fehlen in einer Gesellschaft ohne Eigentumsrechte, in einer Gesellschaft, wo Diebstahl sozusagen legal ist, die Arbeitsanreize. Wenn jeder ernten darf, ohne zu säen oder sich sonstwie an produktiver Arbeit zu beteiligen, dann sind die Anreize, sich der Früchte der

Arbeit anderer zu bemächtigen, stärker als die zu arbeiten, damit andere die Früchte dieser Arbeit genießen können. Erst die Durchsetzung irgendeiner Art von Eigentumsrechten sichert also die nötigen Arbeitsanreize.

Grundsätzlich sind zwei Arten der Entstehung des Staates und der Eigentumsrechte denkbar. Entweder die Arbeitswilligen, die Produzenten, schließen sich zusammen, einigen sich auf einen Satz von Eigentumsrechten, illegalisieren den Diebstahl, schaffen Polizei, Gerichte und Gefängnisse für die unproduktiven Diebe. Oder einige Diebe schließen sich aus Sorge um die geringe Profitabilität des anarchischen Diebstahls zusammen, um ein Diebstahlsmonopol für die eigene Organisation durchzusetzen. Die Produzenten werden dann vielleicht in einer Befehlwirtschaft zur Arbeit gezwungen. Vielleicht überläßt die Monopoldiebstahlsorganisation aber auch den Produzenten und dem Markt die wirtschaftlichen Alltagsentscheidungen und begnügt sich mit der Eintreibung einer wohl Steuern genannten Schutzgebühr und verfolgt hartnäckig die unorganisierten Diebe, die ja die Produktionsanreize beeinträchtigen und die Steuerkraft gefährden. *Beide* Arten der Entstehung des Staates und der Eigentumsrechte, der Zusammenschluß der Produzenten *und* die Bildung einer Monopoldiebstahlsorganisation, produzieren ein kollektives Gut für die Gesellschaft, nämlich die Durchsetzung von Arbeitsanreizen und damit eine notwendige, wenn auch nicht unbedingt hinreichende Voraussetzung für wirtschaftliches Wohlergehen. Das gilt vor allem dann, wenn die organisierten Räuber ein intuitives Verständnis der Laffer-Kurve haben sollten.

Gerade weil Eigentumsrechte ein kollektives Gut sind, stellt sich die Frage, was die Menschen dazu motivieren kann, sich an der Beschaffung des Kollektivgutes zu beteiligen. In großen Gruppen kann ja jeder sich mit Recht sagen: Wenn die anderen Eigentumsrechte durchsetzen, profitiere ich auch gerne davon. Aber warum soll gerade ich die anderen davon überzeugen, daß wir uns einigen, zusammenschließen usw. müssen. Weil der Erfolg unserer Bemühungen fast nur vom Handeln der anderen und fast gar nicht von meinem Beitrag abhängt, erspare ich mir meine Mühe. Wenn jeder so denkt und handelt, wird die Gesellschaft ohne Eigentumsrechte und Staat bleiben. In einer großen Gruppe von Gleichen und Produzenten ist diese Gefahr größer als in einer zumindest anfangs kleineren Gruppe von Ungleichen und Dieben. Sofern die Bereitschaft der Diebe, Zwang gegen andere auszuüben, mindestens so groß wie die der Produzenten ist – meist dürfte sie stärker ausgeprägt sein –, vermittelt die Aussicht, daß wenige organisierte Räuber dank der Schutzgebühr von vielen unorganisierten Produzenten herrlich leben können, einen starken Anreiz zur Organisation. Wer stark ist, die anderen Diebe und Produzenten einzuschüchtern vermag, wird in der Monopoldiebstahlsorganisation eine entscheidende Rolle spielen. Ich will diese Gedanken nicht im Detail weiterverfolgen, sondern nur darauf hinweisen, daß die Entstehung des Staates und der Eigentumsrechte aus dem Raubmonopol plausibler als durch vertraglichen Zusammenschluß gleichberechtigter Produzenten ist. Deshalb wäre es nicht verwunderlich, wenn auch heute noch viele Staaten durch Merkmale gekennzeichnet sind, die an das Raubmonopol erinnern.

Man hätte die Notwendigkeit von Ordnung in der Gesellschaft, von Staat und Eigentumsrechten, auch anders begründen können – etwa wie Nozick (1974). Sobald Menschen in Kontakt miteinander sind, besteht die Gefahr, daß das Handeln des einen die Interessen des anderen verletzt. Das müssen nicht notwendig wirtschaftliche Interessen sein. Um diese Gefahr zu verringern, liegt es nahe, daß sich zunächst kleine Gruppen zu gegenseitigen Schutzgemeinschaften zusammenschließen. Die Schutzgemeinschaft wird aber nur dann halten, wenn sie nicht nur den Mitgliedern Schutz vor Außenstehenden gewährt, sondern auch interne Streitigkeiten auf friedlichem Wege klärt, also eine Art Gerichtsbarkeit aufbaut. Ungleiches Prestige oder auch bloß ungleiche Körperkraft und damit verbundene Chancen, daß ein Schiedsspruch von den Betroffenen anerkannt wird, werden einerseits zu einer Schichtung und Hierarchisierung führen, andererseits aber auch erst den inneren Frieden in der Schutzgemeinschaft sichern. Wenn eine Schutzgemeinschaft größer als andere in ihrem Gebiet wird, kann sie die Interessen oder „Rechte" ihrer Mitglieder besser durchsetzen als die schwächeren Konkurrenzunternehmen. Deshalb wird die Konkurrenz Mitglieder verlieren und die dominierende Schutzvereinigung wird zum Monopolisten. Oder verschiedene Monopolisten teilen sich ein größeres geographisches Gebiet, ob als Mitglieder einer Föderation der Schutzvereinigungen oder als Kontrahenten mit kriegsähnlichen Zusammenstößen im Grenzgebiet. Gerade die *Lösung* der ordnungspolitischen Grundprobleme, nicht nur des Problems der wirtschaftlichen Eigentumsrechte, sondern des Staates und des Rechts überhaupt, ist die Voraussetzung dafür, daß sicherheitspolitische Probleme entstehen. Oder: Indem Staaten unabhängig voneinander in ihren Gebieten Ordnungen schaffen, gleichgültig ob ähnliche oder unähnliche, ermöglichen sie anstelle der nun kontrollierten und „zivilisierten" Konflikte zwischen Individuen und Kleingruppen Konflikte in einer ganz anderen Größenordnung, solche zwischen Staaten.

Ordnungspolitik im ökonomischen Sinne soll die Rahmenbedingungen für die Lösung wirtschaftlicher Probleme gestalten, vor allem durch die Festlegung von Eigentumsrechten und die Vermittlung von Arbeitsanreizen. Ordnungspolitik im politischen Sinne soll die Rahmenbedingungen für die Lösung aller gesamtgesellschaftlichen Probleme gestalten, vor allem durch Gewalt einschränkende Regelungen sozialer Konflikte. Nicht jede Lösung des ökonomischen Ordnungsproblems ist aber mit einer demokratischen Lösung des politischen Ordnungsproblems kompatibel. Im Anschluß an Hayek (1971, 1976) und Usher (1981) vertrete ich die Auffassung, daß Marktwirtschaft im Gegensatz zur Befehls- oder Zentralverwaltungswirtschaft eine *notwendige* Voraussetzung für das Funktionieren der Demokratie ist.

In einer idealtypischen Marktwirtschaft versucht jeder, seine Ressourcen nach eigenem Ermessen und auf eigenes Risiko möglichst nutzbringend einzusetzen. Die Zusammenarbeit unter den Menschen wird durch freie Vereinbarungen geregelt. Obwohl auch in einer solchen Gesellschaft noch Konsens über Eigentumsrechte und über die Gültigkeit von Verträgen herrschen muß, ist der Konsensbedarf relativ gering. In einer idealtypischen Zentralverwaltungswirtschaft erledigt jeder die

Arbeit, die ihm von der Planungsbehörde bzw. nachgeordneten Ämtern zugewiesen ist. Die oberste Behörde entscheidet letztlich über Rechte und Pflichten eines jeden. Der Konsensbedarf ist enorm, weil jeder nicht nur einen Rahmen für Tätigkeiten auf eigene Faust, sondern ins Detail gehende Vorschriften akzeptieren muß. Ein stabiler demokratischer Konsens zur materiellen Lösung aller wirtschaftlichen und sozialen Probleme aber ist nicht denkbar.

Das hat Usher (1981) in einem Gedankenexperiment illustriert. Man denke sich eine Gesellschaft mit nur 15 erwachsenen Mitgliedern, wo die Demokratie noch direkt sein kann und Repräsentationsprobleme und die daraus möglicherweise resultierenden oligarchischen Tendenzen entfallen. Das Volkseinkommen sei 300 000 Dollar und soll wie Manna vom Himmel fallen, damit auch die dornigen Probleme ungleich schwerer oder attraktiver Arbeit, ungleicher Fähigkeiten und die Notwendigkeit von Arbeitsanreizen entfallen. Es geht also nur darum, 300 000 Dollar auf 15 Personen zu verteilen. Sofern diese Personen eigennützig sind, kann das demokratische Mehrheitsprinzip schon diese einfache Verteilungsfrage nicht stabil lösen.

Natürlich könnte man 300 000 durch 15 dividieren und jedem 20 000 Dollar zuweisen. Aber eine eigennützige Mehrheit von 8 Bürgern kann auch beschließen, 300 000 durch 8 zu dividieren, jedem Koalitionsmitglied 37 500 Dollar zuzuweisen und den anderen 7 gar nichts zu überlassen. Sofern die 8 ursprünglichen Koalitionsmitglieder vorausschauend genug sind, neue Koalitionen erst gar nicht zu versuchen, ist das Verteilungsergebnis stabil, aber nicht sehr erfreulich. Aber warum sollten sie an dieser Stelle mit dem Verteilungs- und Umverteilungsspiel aufhören? Für die 7 zunächst ausgeschlossenen Bürger lohnt es sich, sich an ein Koalitionsmitglied zu wenden, ihm mehr als 37 500 Dollar zu versprechen und mit der neuen Mehrheit dann 7 der 8 ursprünglichen Koalitionsmitglieder zu enteignen. Das Verteilungsergebnis der neuen Mehrheit ist natürlich genausowenig stabil wie das der alten und das Mehrheitsbildungs- und Enteignungsspiel kann endlos weitergehen. Mit demokratischer Mehrheitsentscheidung läßt sich also das Verteilungsproblem nicht stabil lösen.

Wenn demokratische Prozeduren eine stabile Lösung von Verteilungsfragen nicht gestatten, dann kann Marktwirtschaft zur Stabilisierung der Demokratie beitragen, wenn, weil und solange sie der Demokratie die Lösung des Einkommenszuweisungsproblems weitgehend abnimmt. In der Zentralverwaltungswirtschaft ist eine solche Entlastung des politischen Systems nicht denkbar. Sofern demokratisch kein Konsens erzielbar ist, muß er erzwungen werden. Denkbar wäre noch, daß auch in der Zentralverwaltungswirtschaft Traditionen das Verteilungsproblem vorpolitisch und einvernehmlich lösen. Aber 1. eignen sich Traditionen in einer dynamischen Wirtschaft schlecht als Problemlösung, 2. dürften diese Traditionen nicht egalitär sein, ohne die Arbeitsanreize zu gefährden – es sei denn, man postuliert allgemeinen Altruismus statt allgemeinen Egoismus. Solange die meisten Menschen die meiste Zeit selbstsüchtig handeln, kann Demokratie also nur funktionieren, wenn sie das Einkommenszuweisungsproblem anderen Instanzen, etwa dem Markt, überläßt.

Außerdem hat Hayek (1971, 1976) auf die Unmöglichkeit der Wissenszentralisierung hingewiesen und die sich daraus ergebenden Probleme für eine Zentralverwaltungswirtschaft. In der Marktwirtschaft setzt jeder seine Kenntnisse und andere Ressourcen möglichst nützlich ein. In der Zentralverwaltungswirtschaft müssen die meisten Menschen als bloße Befehlsempfänger eingeplant werden, womit deren nicht-eingeplanten Kenntnisse, Fertigkeiten und Ideen nutzlos werden. Selbst wenn die Zentralverwaltungswirtschaft eine Demokratie wäre – was sie aus dem oben angeführten Grund nicht sein kann –, würde die Notwendigkeit, für alle wichtigen Entscheidungen eine breite Mehrheit mobilisieren zu müssen, immer noch die individuelle Initiative abwürgen. Dazu Hayek (1971, S. 41/42):

„Die Vorteile, die ich aus der Freiheit ziehe, sind daher weitgehend das Ergebnis des Gebrauchs der Freiheit durch andere und größtenteils das Ergebnis eines Gebrauchs der Freiheit, den ich selbst nie machen könnte ... Es ist wichtiger, daß alles von irgend jemandem versucht werden kann, als daß alle dasselbe tun können ... Die wohltätige Wirkung der Freiheit ist daher nicht auf die Freien beschränkt ... Es kann kein Zweifel bestehen, daß im Laufe der Geschichte unfreie Mehrheiten Gewinn aus der Freiheit einer Minderheit gezogen haben und daß heute unfreie Gesellschaften Gewinn aus Dingen ziehen, die sie von freien Gesellschaften erhalten und lernen ... Das Wesentliche ist, daß die Wichtigkeit der Freiheit, bestimmtes zu tun, nichts mit der Anzahl der Menschen zu tun hat, die dieses tun wollen: sie mag damit sogar fast im umgekehrten Verhältnis stehen." Würde man jeden Innovationsversuch von einer Mehrheit abhängig machen, gäbe es bald nur noch allgemeine Stagnation. Eine freiheitliche Ordnung zeichnet sich nicht dadurch aus, daß allen *Mit*bestimmungsrechte eingeräumt werden, sondern dadurch, daß der *Selbst*bestimmung des Einzelnen möglichst viel überlassen bleibt.

Eine effiziente Zentralverwaltungswirtschaft scheitert also schon an der Unmöglichkeit der Wissenszentralisierung bzw. am Abschneiden individueller Innovations- und Entfaltungschancen. Eine demokratische Zentralverwaltungswirtschaft scheitert also schon an der Unmöglichkeit, Verteilungsfragen auf demokratische Art stabil zu lösen. Eine gleichzeitig ineffiziente und undemokratische Zentralverwaltungswirtschaft aber wird sich entweder einem Sperrfeuer der Kritik ausgesetzt sehen oder diese gewaltsam unterdrücken müssen.

Bisher habe ich nur die Notwendigkeit eines staatlichen und rechtlichen Rahmens für die Lösung wirtschaftlicher Probleme herausgearbeitet und behauptet, daß Marktwirtschaft *und* Demokratie gemeinsam ordnungspolitische Grundprobleme lösen können, weil Marktwirtschaft und Demokratie den Konsensbedarf minimieren, kurz eine „Verfassung der Freiheit" (Hayek 1971) erlauben. Es besteht aber Anlaß zu der Befürchtung, daß eine freiheitliche Lösung der ordnungspolitischen Probleme nicht von Dauer sein kann. In diesem Zusammenhang liegt es nahe, darauf zu verweisen, daß sich die Demokratie in sicherheitspolitisch privilegierten Randlagen früher und stabiler zu entfalten vermochte als in gefährdeten Zentrallagen. Aber marktwirtschaftliche Demokratien werden nicht nur von fremden Streitkräften, sondern auch von innen gefährdet – durch Selbstabschaffungstendenzen der Marktwirtschaft und damit letztlich auch der Voraussetzung von Demokratie.

Bisher bin ich nur von Individuen, die ihre Interessen auf dem Markt oder bei Abstimmungen verfolgen, ausgegangen und von staatlich gesetzten und verwalteten Rahmenbedingungen, wobei sowohl Interessengruppen als auch partikulare Interessen der Staatsführung vernachlässigt worden sind. Von beiden können ja Gefahren für das ordnungspolitische Paket Marktwirtschaft *und* Demokratie ausgehen. Zunächst zu den Interessengruppen, die sich im freiheitlich-demokratischen Staat bilden dürfen.

Nicht alle latenten Interessen haben die gleiche Organisationschance. In seiner „Logik des kollektiven Handelns" hat Olson (1968) darauf hingewiesen, daß es für die Mitglieder großer Gruppen wesentlich schwieriger als für die kleineren Gruppen ist, sich angemessen mit öffentlichen Gütern zu versorgen. Außer bei sehr kleinen Gruppen sind fast immer Zwang oder selektive Anreize notwendig, um die notwendigen Mittel für die Beschaffung öffentlicher Güter bereitzustellen. Ohne selektive Anreize und Zwang ist die Tendenz zum Trittbrettfahren einfach zu groß. In kleinen Gruppen können schon soziale Kontakte und gegenseitige Anerkennung hinreichende Anreize darstellen, um diese Tendenz zu überwinden.

Interessenorganisation ist vor allem dann reizvoll, wenn wenige Interessenten die Hoffnung haben dürfen, zu Lasten vieler Betroffener einseitige Vorteile durchzusetzen. In einer oligopolistischen Branche ist es leicht, ein Preiskartell zu bilden, relativ zum Wettbewerbspreis überhöhte Preise durchzusetzen und den Konsumenten die damit verbundenen Lasten aufzuerlegen. Für die wenigen Produzenten lohnt diese kollektive Organisation. Für viele tatsächliche und potentielle Käufer lohnt es oft nicht, Ressourcen in den Aufbau einer Gegenorganisation zu investieren. Der ungleiche Organisationsgrad von Produzenten und Konsumenten erlaubt dann einen Ressourcentransfer von letzteren zu ersteren. Außerdem führt er zu Schäden für einige, von denen *niemand* profitiert! Einige potentielle Käufer würden ja noch zum Wettbewerbspreis kaufen, nicht mehr aber zum überhöhten Kartellpreis, müssen also wegen des Kartells einen Wohlfahrtsverlust hinnehmen, von dem noch nicht einmal das Kartell profitiert.[28]

Ähnlich wie beim Kartell ist es beim Monopol. Der Monopolist hat keinerlei Organisationsprobleme. Er setzt einfach einen für ihn profit-maximierenden und überhöhten Preis fest, zwingt die Kunden zum Transfer und erlegt den Nicht-mehr-Kunden einen Wohlfahrtsverlust auf. Wenn aber Monopole und Kartelle so einträglich sind, dann werden eigensüchtige Akteure Ressourcen in den Versuch investieren, Monopole oder Kartelle aufzubauen. Weil nicht alle diese Versuche erfolgreich sein können oder werden, entsteht dabei weiterer Schaden, ohne daß irgend jemand davon profitiert.

Arbeitnehmer mit ähnlichen Fertigkeiten und/oder in einer Branche haben ein ähnliches Interesse daran, Kartelle zu bilden, wie Unternehmer. Wegen der großen Zahl der Arbeitnehmer ist das Organisationsproblem schwieriger, müssen selektive

Anreize und Zwang eingesetzt werden (vgl. Olson 1968), aber in den westlichen Industriestaaten sind diese Probleme weitgehend „gelöst" und Arbeitnehmerkartelle oder Gewerkschaften entstanden. Ziel diese Kartelle ist und muß sein, die Löhne über den Wettbewerbspreis hinaus anzuheben. Das kann nur funktionieren, wenn unerwünschte Konkurrenz vom eigenen Arbeitsplatz ferngehalten wird, notfalls auch in die unfreiwillige Arbeitslosigkeit abgedrängt wird (vgl. Olson 1982, S. 201).

Monopole, Kartelle, Gewerkschaften und andere Berufsverbände streben also im allgemeinen danach, relativ zum Wettbewerbspreis überhöhte Preisvorstellungen durchzusetzen. Weil nicht alle Interessenten gleich gut organisiert oder auch nur organisierbar sind, werden die Preise verzerrt und wird die Effizienz der Ressourcenallokation beeinträchtigt – vermutlich um so mehr, je weniger der Markt und je stärker die organisierten Interessenten die Preise bestimmen. Außerdem zwingen schon organisierte Interessenten ihren Interaktionspartnern vielfach defensive Organisierung auf und beschleunigen damit den Prozeß der Vermachtung der Märkte und den Inflationsdruck.[29]

Monopole, Kartelle, Gewerkschaften und andere Berufsverbände können auch unfreiwillige Arbeitslosigkeit erzeugen. Eine „erfolgreiche" Gewerkschaft oder ein „erfolgreicher" Ärzteverband muß dafür sorgen, daß nicht jeder mit ihren Mitgliedern konkurrieren darf, muß also potentielle Konkurrenten aus dem vermachteten in den noch freien Arbeitsmarkt oder die Arbeitslosigkeit abdrängen. Ähnliches tun auch Monopole und Unternehmenskartelle, die zu überhöhten Preisen weniger Güter absetzen, für deren Produktion sie weniger Arbeitnehmer benötigen, also potentielle Arbeitnehmer in den noch freien Arbeitsmarkt oder die Arbeitslosigkeit abdrängen.

Interessengruppen können also verringerte Effizienz der Ressourcenallokation und damit Wachstumsverluste, Inflation und unfreiwillige Arbeitslosigkeit erzeugen. Aber was hat das alles mit Demokratie zu tun? Demokratien gestatten partikularen Interessen sich zu organisieren, obwohl bei der Verfolgung partikularer Interessen gesamtgesellschaftliche oder volkswirtschaftliche Schäden entstehen. Zwar wird die eine oder die andere Demokratie mal diesen oder jenen Interessen die Organisation erschweren, indem etwa Kartellgesetze erlassen werden, aber allzu oft werden demokratische Staatsführungen mit organisierten Interessen zusammenarbeiten, sich auf diese bei Wahlen stützen und bei der Organisation dulden oder gar unterstützen. Eine demokratische Partei, deren Führung grundsätzlich alle mächtigen organisierten Interessen vor den Kopf stößt, wäre sicher nicht lange demokratische Regierungspartei. Die partikularen Eigeninteressen der politisch herrschenden Eliten gebieten also zumindest die Hinnahme der zunehmenden Organisation von Interessen und der Entstehung von Verteilungskoalitionen, obwohl dadurch Stagnation, Inflation und unfreiwillige Arbeitslosigkeit begünstigt werden![30]

Olson (1982), sein Schüler Choi (1983 a, b) und in einer Replikationsstudie auch ich (Weede 1984 c) haben gezeigt, daß alte Demokratien, wo schon lange günstige Voraussetzungen für die Entstehung von Verteilungskoalitionen gegeben sind, langsamer als junge Demokratien wachsen.[31] Außerdem haben Olson (1982) und Choi (1983a, b) gezeigt, daß innerhalb der USA die älteren östlichen Staaten langsamer als die jüngeren westlichen wachsen, daß die im Bürgerkrieg siegreichen nördlichen Staaten langsamer als die Südstaaten wachsen, daß gewerkschaftlicher Organisationsgrad und Juristendichte[32] negativ mit den Wachstumsraten der Einzelstaaten zusammenhängen. All diese Beobachtungen passen zu Olsons These, daß lang etablierte Demokratie Verteilungskoalitionen gestattet, daß diese die Wirtschaft zur Stagnation verurteilen.

Wenn Marktwirtschaft eine notwendige Voraussetzung für das Funktionieren der Demokratie ist, wenn Demokratie partikulare Interessenorganisation und Verteilungskoalitionen gestattet, wenn diese die Effizienz der Marktwirtschaft untergraben, dann ist das Paket Marktwirtschaft *und* Demokratie keine stabile Lösung des ordnungspolitischen Problems[33]. Gibt es dennoch Stabilisierungschancen?

Usher (1981) hat darauf hingewiesen, daß mit steigendem staatlichen Einfluß auf die Wirtschaft immer mehr Einkommen durch politische Entscheidung und immer weniger Einkommen durch den Markt zugewiesen werden. Weil Verteilungsprobleme nicht demokratisch stabil lösbar sind, ist das für die Demokratie gefährlich. Kritiker der „rent-seeking society" (Buchanan, Tollison, and Tullock 1980) vertreten die Hypothese, daß partikulare Interessenorganisationen und Verteilungskoalitionen im allgemeinen mit Hilfe des Staates sozialschädliche Privilegien durchsetzen. Je weniger der Staat in die Wirtschaft eingreift, desto weniger wird er sozialschädlichen Markteingriffen helfen. Auch meine international vergleichenden Studien (Weede 1983a, 1983b) sprechen dafür, daß Demokratie und Wirtschaftswachstum bei niedriger, nicht aber bei hoher Staatsquote miteinander kompatibel sind.

Theoretisch könnte ein nicht-wirtschaftsinterventionistischer Minimalstaat die Lösung des Problems sein, Marktwirtschaft *und* Demokratie zu erhalten. Wer so argumentiert, vergißt aber, daß gerade alte Demokratien besonders unter Verteilungskoalitionen und Stagnation leiden (Olson 1982), daß die Erhöhung der Staatsquote in westlichen Demokratien kein Zufall ist, sondern u. a. auch das Resultat des Wettbewerbs politischer Eliten um die Stimmen der Bürger (Lehner 1979, 1982). Ein nachhaltiges Zurückdrehen der Staatsquote *kann* wünschbar sein, ohne demokratisch durchsetzbar zu sein, genauso wie die allgemeine „Abrüstung" der partikularen Interessenorganisationen und Verteilungskoalitionen vielleicht wünschbar ist, ohne durchsetzbar zu sein.

Oben hatte ich behauptet, daß gerade die Lösung des ordnungspolitischen Problems durch souveräne Staaten die Voraussetzungen für zwischenstaatliche Konflikte und Kriege schafft, also für neue und vielleicht größere Probleme. Soeben habe ich in Anlehnung an Olson (1982) behauptet, daß gerade der in Demokratien mögliche Versuch von Sonderinteressen, für sich Kollektivgüter zu beschaffen, die Voraussetzungen für wirtschaftliche Stagnation und den Niedergang von Gesellschaften schafft. Problem„lösungen" für bestimmte Gruppen von Menschen haben oft die Eigenschaft, neue Probleme für umfassendere Gruppen von Menschen zu erzeugen. Problemlösungen für Sonderinteressen sind ein Beitrag zum wirtschaftlichen Verfall des Ganzen. Einzelstaatliche Lösungen der ökonomischen, sozialen und politischen Ordnungsprobleme sind eine notwendige Hintergrundbedingung großer Kriege.

Das ordnungspolitische Paket Marktwirtschaft *und* Demokratie kann für mehr Menschen günstigere Lebensbedingungen gestatten als jede andere denkbare Ordnung und trotzdem schon von innen heraus gefährdet sein, wenn die weitgehend rücksichtslose Durchsetzung von Sonderinteressen die Rahmenbedingungen dieser Ordnung untergräbt. Außerdem können marktwirtschaftliche Demokratien von äußeren Rivalen gefährdet werden. Auf lange Sicht bleiben stagnierende Demokratien ja nur dann verteidigungsfähig, wenn ihre sicherheitspolitischen Rivalen mindestens ebenso stagnieren. Kommunistische Zentralverwaltungswirtschaften berechtigen mit ihren wirtschaftlichen Leistungsschwächen zwar zu den schönsten Hoffnungen, aber ein Blick zurück in die vordemokratische Geschichte Deutschlands und Japans zeigt, daß undemokratische Systeme ökonomisch und militärisch effizient sein können.

Die demokratisch-marktwirtschaftliche Ordnung wird durch das weltweit immer schon und immer noch ungelöste Sicherheitsdilemma zwischen souveränen Staaten *nicht nur* gefährdet. Nach Olson (1982) wird die Vitalität der demokratisch-marktwirtschaftlichen Lösung des Ordnungsproblems erst im Laufe der Zeit untergraben. Sofern die Sieger den Besiegten entweder eine demokratisch-marktwirtschaftliche Lösung des Ordnungsproblems gestatten oder auch aufzwingen, sorgen gerade Krieg und Niederlage an manchen Stellen der Welt für vitale demokratische Marktwirtschaften. Außerdem kann äußere Bedrohung Demokratien zur Kooperation untereinander veranlassen, wobei gemeinsame Märkte etwa als Vorstufe politischer Zusammenarbeit angestrebt werden und „nebenbei" zunächst bloß einzelstaatlich organisierte Verteilungskoalitionen schwächen und damit die von der Demokratie gestatteten Stagnationstendenzen mildern.[34]

Die eben angesprochenen positiven Rückwirkungen sicherheitspolitischer Konflikte auf die Ordnungspolitik sind allerdings eine recht zweideutige und unzuverlässige Angelegenheit. Eine Revitalisierung demokratischer Marktwirtschaft nach Krieg und Niederlage setzt zumindest voraus, daß die Sieger nicht etwa eine autoritäre Befehlswirtschaft bevorzugen. Ob äußere Bedrohung von Demokratien eher zu verstärkter Kooperation oder eher zu Wohlverhaltenstendenzen gegenüber der Gefahrenquelle beiträgt, ist zumindest offen – wie die Entwicklung der amerikanisch-europäischen Beziehungen in den frühen 80er Jahren illustriert. Für den Westen als Ganzes dürfte die Stabilität seiner ordnungspolitischen Lösung neben der Bewältigung der internen Desintegrationstendenzen auch von der Fähigkeit abhängen, externen Bedrohungen gewachsen zu sein.

Wie oben ausgeführt, gestattet die Demokratie das Entstehen der „rent-seeking society" und untergräbt damit ihr marktwirtschaftliches Fundament. Während

Demokratie also partiell dysfunktional ist,[35] sicherheitspolitischer Konflikt partiell funktional für Gesellschaften, wenn auch kaum für das ordnungspolitische Paket Marktwirtschaft und Demokratie. In der Kleingruppenforschung sind die positiven Rückwirkungen von Konflikten auf den Zusammenhalt von Gruppen seit langem bekannt (vgl. Coser 1956). Ähnlich ist es m. E. auch auf gesamtgesellschaftlicher Ebene. Kürzlich hat Kahn (1979, S. 334 und 457) die Wirtschaftswunder Südkoreas und Taiwans u. a. auch durch „very unforgiving external political environments" erklärt und die Stagnation vieler anderer Entwicklungsländer damit, daß diese keinen eindeutigen externen Gefährdungen ausgesetzt sind.

Ein positiver Zusammenhang zwischen sicherheitspolitischer Gefährdung und Wirtschaftswachstum kann entweder von Eliten- oder von Massenmerkmalen beeinflußt sein oder auch von beiden. Bedrohung vermittelt den Eliten ein Interesse an Wirtschaftswachstum, an einer wirtschaftlichen Basis für moderne Streitkräfte. Historisch hat das bei den frühen Nachzüglern der Industrialisierung – bei Preußen-Deutschland, Japan und Rußland-UdSSR – eine Rolle gespielt. Sobald Streitkräfte in großer Zahl Wehrpflichtige einziehen, werden auch die Massen betroffen. Zumindest große Streitkräfte in gefährdeten Gesellschaften dürften zur Disziplinierung beitragen. Diese Disziplin kann auch außerhalb der Streitkräfte nützlich sein, wie Dahrendorf (1965, S. 68) an folgender Stelle andeutet: „Zur Vorbereitung des Industrialismus ist militärische Ausbildung nach preußischem Muster jedenfalls weit nützlicher als calvinistische Glaubenssätze es noch im günstigsten Fall sein können." Mit anderen Worten: Der Militärdienst kann einen wertvollen Beitrag zur Humankapitalbildung und damit zum Wirtschaftswachstum leisten.

Sofern sicherheitspolitische Gefährdung zu Massenstreitkräften und Wehrpflicht führt, berührt das notwendigerweise auch das Machtgleichgewicht zwischen Massen und Eliten. Deshalb hat Andreski (1968) auch einen positiven Zusammenhang zwischen der Militärquote, dem Soldatenanteil an der erwachsenen (männlichen) Bevölkerung, und der Gleichheit der Einkommensverteilung behauptet. In diesem Zusammenhang kann man sich auch daran erinnern, daß gerade der Außen- und Sicherheitspolitiker Bismarck in einem durch seine zentrale Lage besonders gefährdeten Staat mit der Sozialversicherung als erster die wohlfahrtsstaatlichen Konsequenzen daraus gezogen hat.

Meine Behauptungen, daß sicherheitspolitische Gefährdung über die Erhöhung der Militärquote sowohl zur Egalisierung der Einkommen als auch zum Wirtschaftswachstum beiträgt, läßt sich in international vergleichenden Untersuchungen bestätigen – eindeutiger beim Wirtschaftswachstum als bei der Einkommensverteilung (Garnier und Hazelrigg 1977, Jagodzinski und Weede 1980, Weede 1983 c). Der wachstumsfördernde Effekt hoher Militärquoten, also arbeitsintensiver, nicht kapitalintensiver Streitkräfte, ist besonders ausgeprägt in weniger entwickelten Gesellschaften und in solchen Gesellschaften, wo eine hohe Staatsquote die Marktwirtschaft einschränkt. Je schwächer die markt-induzierte Disziplinierung der Unternehmer durch die Gefahr des Bankrotts und der Arbeitnehmer durch die der

Entlassung ist, desto stärker muß eine externe, etwa militärische, Disziplinierungsinstanz sein, wenn Wachstumsverluste und Stagnation vermieden werden sollen. Ungelöste sicherheitspolitische Probleme können also über Wehrpflicht und Massenstreitkräfte zur Erhaltung der wirtschaftlichen Dynamik beitragen. Das ist *kein* quasi-keynesianischer Nachfrageeffekt und *auch kein* marxistischer Überschuß-produktionsaufsaugeeffekt,[36] sondern m. E. ein Disziplinierungseffekt. Ich fürchte allerdings, daß neben den eben erwähnten positiven Funktionen von ungelösten sicherheitspolitischen Problemen und hohen Militärquoten auch negative zu verzeichnen sind. Rüstung schafft auch in Marktwirtschaften quasi-planwirtschaftliche Enklaven, wo vorpolitische, marktmäßige Einkommenszuweisung nur teilweise möglich ist. Vielleicht läuft Hochrüstung sogar auf schleichende Verplanwirtschaftlichung hinaus, wie u. a. von Hayek (1976) befürchtet. Weil hohe Militärquoten außerdem einen Ersatz für Marktdisziplin zu bieten scheinen, könnte der Übergang zur Befehlswirtschaft weiter begünstigt werden.

Das ordnungspolitische Paket Marktwirtschaft und Demokratie ist gleich mehrfach gefährdet: a) durch die Transformationstendenz der demokratischen Marktwirtschaft zur stagnierenden „rent-seeking society", b) durch die Rivalität mit totalitären Befehlswirtschaften, c) durch die Transformationstendenz der Marktwirtschaft beim Versuch, das externe Sicherheitsdilemma zu bewältigen. Während die Rivalität zwischen demokratisch-marktwirtschaftlichen und totalitär-befehls-wirtschaftlichen Systemen m. E. zur Stabilisierung der letzteren beiträgt, stellt sie erstere in Frage – nicht nur weil Rüstung ein befehlswirtschaftliches Element in die Marktwirtschaften einbringt, sondern auch weil die Weltordnung der Nachkriegs-zeit Anforderungen an die westlichen Demokratien stellt, denen diese nur schwer genügen können.

Seit dem Ende des Zweiten Weltkrieges ist die Sowjet-Union die führende Militärmacht in Europa. Die westeuropäischen Demokratien haben nie auch nur versucht, eine von den USA unabhängige Verteidigung gegen denkbare sowjetische Vorstöße aufzubauen. Zwar liegt der Schutz Westeuropas durchaus auch im nationa-len Interesse der USA, aber die Beziehung zwischen dem in Kleinstaaten und Mittel-mächte zersplitterten Europa und den USA ist doch immer hinreichend asymme-trisch gewesen, daß man die westeuropäischen Staaten als Protektorate der USA bezeichnen kann. Gerade weil die NATO eine Allianz von Demokratien ist, wirft das schwerwiegende Probleme auf.

Man kann die Sicherheit des Westens teilweise als ein kollektives Gut betrach-ten. Alle marktwirtschaftlich-demokratischen Systeme profitieren davon, wenn ähnliche, verbündete Systeme auch in anderen Ländern erhalten bleiben. Bei der Beschaffung kollektiver Güter kann das Trittbrettfahrerproblem auftreten, d. h. einige Akteure sind nicht bereit, ihren Beitrag zu leisten. Zwar sind marktwirtschaft-lich-demokratische Systeme selten genug, daß es sich hier nicht um eine große Gruppe mit schwierigen Organisationsproblemen handelt, aber die Kleinheit vieler westlicher Staaten relativ zur sowjetischen Bedrohung läßt dennoch Trittbrettfahrermentalitäten entstehen. Die kleineren westeuropäischen Staaten sagen sich ja mit Recht, daß ihre Sicherheit primär nicht von eigenen Verteidigungsanstrengungen, sondern von denen ihrer großen bzw. des großen Verbündeten abhängt. Die ungleiche Größe der westlichen Demokratien führt also zu einer Ausbeutung der Großen durch die Kleinen in der Sicherheitspolitik (Olson 1968, Olson and Zeckhauser 1966). Es ist nicht auszuschließen, daß diese kostengünstige Sicherheitspolitik der Kleinen die Großen und vor allem die USA doppelt belastet: einmal, weil dadurch erhöhte Anstrengungen notwendig werden; außerdem, weil die kleinen Trittbrettfahrer wegen der geringen Verteidigungslast etwa den Wohlfahrtsstaat in einem Ausmaß ausbauen können, der dann auch in den größeren Staaten und in den USA als vorbildlich bezeichnet wird, und damit die Erfüllung der verteidigungspolitischen Notwendigkeiten weiter erschwert.

Es gibt aber nicht nur ungleiche Lasten im Haushalt, sondern – wichtiger noch – ungleiche Belastungen im Verteidigungsfall. Szenarios für einen Krieg zwischen Ost und West, bei denen nur oder sehr lange nur in Zentraleuropa (oder nur in Kontinentaleuropa) gekämpft wird, müssen die West- und vor allem Mitteleuropäer mehr schrecken als die USA. Das gilt verstärkt, wenn dabei Atomwaffen eingesetzt werden. Bei manchen Kriegsbildern werden im Verteidigungsfall also die Lasten sehr ungleich verteilt. Zwar ist diese unterschiedliche potentielle Lastenverteilung geopolitisch bedingt, durch Entfernung von oder Nähe zum Eisernen Vorhang, aber die britischen und französischen Atomwaffen haben im wesentlichen die Funktion, eine Einbeziehung dieser Länder in einen geographisch begrenzten Atomkrieg zu vermeiden, also den geopolitischen Nachteil der Nähe zur Sowjet-Union zu kompensieren. Aus der unterschiedlichen Betroffenheit verschiedener Länder des westlichen Bündnisses in verschiedenen Kriegsbildern ergeben sich zwangsläufig unterschiedliche und sogar partiell inkompatible Interessen.

Je negativer ein Akteur die Konsequenzen einer Handlung bewertet, desto unwahrscheinlicher ist sie. Für den Ost-West-Konflikt bedeutet das: Je furchtbarer ein Kriegsbild, je wahrscheinlicher bestimmte Handlungen ein solches Kriegsbild zur Folge haben, desto stabiler ist die Abschreckung. Aus der Sicht des westdeutschen Frontstaates ist es folglich wünschenswert, daß das Eskalationsrisiko vom auf deutschen Boden begrenzten Atomkrieg zum totalen Atomkrieg möglichst hoch ist, daß es dazwischen keine wirksame Schwellen gibt. Je wirksamer und glaubwürdiger derartige Schwellen sind, desto eher kann ja die Sowjet-Union riskieren, bis zum auf Deutschland und vielleicht einige Nachbarländer begrenzten Atomkrieg zu gehen. Von einem gewissen Punkt an verlangt das westdeutsche Überlebensinteresse eine möglichst automatische Eskalationsgefahr, damit der für uns schon tödliche Punkt erst gar nicht erreicht wird.

Der Extremfall einer automatischen Eskalation ist die massive Vergeltung. Eine derartige Doktrin, die die geopolitisch privilegierten Amerikaner in eine totale Schicksalsgemeinschaft mit den geopolitisch benachteiligten Verbündeten (wie der BRD) bringt, ist aber den Amerikanern nicht zumutbar – und muten diese sich auch nicht zu. Die flexible Reaktion, die gültige NATO-Doktrin, ist der Scheinkompromiß zwischen den objektiv unterschiedlichen Interessen. Sie erlaubt den Amerikanern den Glauben an Schwellen zwischen einem auf Mitteleuropa begrenzten Atomkrieg und dem totalen Atomkrieg und den Deutschen und anderen Europäern den Glauben an die Schwäche oder Nicht-Existenz solcher Schwellen.[37]

Der Scheinkompromiß hat bisher das westliche Bündnis zusammengehalten. Den vorsichtig und vernünftig kalkulierenden Mitgliedern des Moskauer Politbüros ist bisher wohl die Eskalationsgefahr schon bei jedem, sogar konventionellen, Zusammenstoß in Europa zu groß gewesen, um sie in Versuchungen zu führen. Aber der Scheinkompromiß führt auf beiden Seiten des Atlantik immer wieder zu Zweifeln. In den USA hat kürzlich Ravenal (1982) argumentiert, daß alle Bündnisse, auch die NATO, die Gefahr mit sich bringen, daß die USA gegen ihren Willen und gegen ihr Interesse in einen Atomkrieg verwickelt werden. Ihm ist die Eskalationsgefahr von einem europäischen zu einem amerikanisch-sowjetischen Krieg schon jetzt zu groß. Erweiterte Abschreckung, die mehr als nur einen Angriff auf die USA (oder Nordamerika) abschreckt, impliziert ja die Gefahr, daß Amerikaner nicht nur für die Verteidigung ihrer Verbündeten zahlen, sondern später auch noch dafür sterben müssen.

Ähnlich kann man auch das Plädoyer von Bundy, Kennan, McNamara und Smith (1982) für einen Verzicht auf einen westlichen Ersteinsatz von Atomwaffen auffassen. Verzichtet der Westen darauf und schließt sich die Sowjet-Union in Anbetracht ihrer konventionellen Überlegenheit dem an, dann nimmt die Eskalationsgefahr von einem „bloß" europäischen und „bloß" konventionellen Ost-West-Krieg zu einem totalen amerikanisch-sowjetischen Atomkrieg ab. Mit Luttwak (1982) kann man dem entgegenhalten, daß damit die Gefahr eines bloß konventionellen Kriegs in Europa steigt, daß mit dem westlichen Verzicht auf nuklearen Ersteinsatz entweder die Glaubwürdigkeit der Abschreckung untergraben wird oder eine so wesentliche Verstärkung der westlichen konventionellen Rüstung erforderlich wird, wie der Westen noch nicht einmal zu diskutieren bereit ist.

Das soll genügen, um anzudeuten, daß auf amerikanischer Seite die Sicherheitsgarantie für Westeuropa, die 1. teuer und 2. vielleicht einmal gefährlich ist, nicht nur fraglos hingenommen wird. Auf der europäischen Seite der ungleichen Allianz sind die Probleme noch größer. Kritiker der NATO und ihrer Strategie malen zwar im allgemeinen ein unrealistisches Bild amerikanischer Intentionen, aber heben auch den objektiven Tatbestand hervor, daß manche Kriegsbilder für Deutsche, Westeuropäer und Amerikaner andere Implikationen haben. Ob der Versuch, diesen Tatbestand zu übersehen oder unter der Doktrin der flexiblen Reaktion zu verdecken, auf Dauer Erfolg hat, kann man bezweifeln.

Die Parität der Sowjets mit den Amerikanern – die hoffentlich nicht mehr als das ist – bei der strategisch-nuklearen Rüstung zusammen mit der sowjetischen Überlegenheit im konventionellen Bereich *tendiert* jedenfalls dazu, die westeuropäische, vor allem die deutsche, Sicherheit von der amerikanischen zu entkoppeln.

Parität entwertet den amerikanischen nuklearen Schutz für Europa (vgl. Kissinger 1979, 1982; Tucker 1982), wenn auch das Ausmaß der Entwertung schwer abzuschätzen ist. Den Amerikanern ist eigentlich nur dann zumutbar, ihren atomaren Schutz uns Deutschen und Europäern auch künftig angedeihen zu lassen, wenn die Schwellen zwischen dem Atomeinsatz in Europa und gegen die Sanktuarien der Supermächte verstärkt werden. Anders ausgedrückt: Bei nuklearer Parität und konventioneller sowjetischer Überlegenheit ist eine atomare Garantie den Amerikanern nur unter Bedingungen zumutbar, die uns Deutschen (bzw. Europäern) nicht zumutbar sind.[38] Früher hatte amerikanische Stärke den geopolitisch bedingten potentiellen Interessengegensatz in der Allianz zudecken können. Heute geht das nicht mehr. Die zunehmend gespannten Beziehungen im westlichen Bündnis beruhen m. E. weniger auf Mißverständnissen als auf einer objektiv schwieriger gewordenen Lage.

Während der Westen in den 70er Jahren auf Entspannung hoffte, haben die Sowjets weiter- und vorgerüstet. Die USA aber haben den atomaren Vorsprung eingebüßt, der die Sowjets amerikanische Eskalationsdominanz befürchten lassen mußte. Deshalb ist die amerikanische Garantie für die BRD und Westeuropa entweder glaubwürdig *oder* an für uns unakzeptable Schwellen im Eskalationsprozeß gebunden. Dem abnehmenden Wert des amerikanischen Schutzes für Westeuropa entspricht abnehmende europäische Bereitschaft, auf amerikanische Interessen und Vorstellungen Rücksicht zu nehmen, wie das Erdgas–Röhren–Geschäft illustriert (vgl. Tucker 1982). Beide Tendenzen können einander verstärken: Je weniger Amerika Westeuropa schützen kann, desto alternativloser ist eine in ,,appeasement'' übergehende Entspannungspolitik – die westeuropäische Unfähigkeit (oder Unwilligkeit) zur Selbstverteidigung immer vorausgesetzt. Je mehr die westeuropäischen Staaten der Sowjet-Union entgegenkommen, desto weniger ist es im amerikanischen Interesse uns zu schützen. Das kann leicht zum circulus vitiosus der NATO – oder: aus der NATO heraus – werden.

Spiegelbildliche Interessengegensätze wie in der westlichen gibt es auch in der östlichen Allianz. Ein lokaler Atomkrieg in Mitteleuropa ist genauso wenig im ostdeutschen oder tschechischen Interesse wie im westdeutschen. Aber tschechoslowakische oder ostdeutsche Regierungen wissen, daß ihre Amtsdauer weniger vom Konsens der Regierten als vom Konsens im Politbureau der KPdSU abhängt. Geopolitisch bedingte Interessengegensätze können unter diesen Bedingungen nur den demokratischen Westen, nicht aber den Osten destabilisieren. Dieselbe Freiheit, die uns im Westen eine überlegene Lebensqualität garantiert, ermöglicht uns auch, Trittbrettfahrertendenzen bei Verteidigungsanstrengungen nachzugeben oder über partiell inkompatiblen Interessen die Gemeinsamkeiten aus den Augen zu verlieren.

Die Beschaffung kollektiver Güter fällt dort schwerer, wo kein oder kaum Zwang eingesetzt werden kann (vgl. Olson 1968). Verteidigungsbereitschaft und Abschreckung von Invasion sind Kollektivgüter. Gerade wegen seiner freiheitlichen Ordnung fällt es schon den einzelnen Nationen im Westen schwerer, die dafür notwendigen Mittel zu besorgen, als im Osten. Interessenten anderer Verwendungen können bei uns nicht einfach wie im Osten zur Ruhe gezwungen werden. Auf höherer Ebene taucht in einem freiheitlichen Bündnis dasselbe Problem noch einmal auf. Wie auch immer bedingte, partiell gegensätzliche Interessen von Nationen können in einem Bündnis von Demokratien nicht einfach unterdrückt werden. Die ordnungspolitische Lösung des Westens erschwert die Lösung der sicherheitspolitischen Probleme des Westens. Ungelöste Sicherheitsprobleme aber können jede ordnungspolitische Lösung gefährden – durch Druck von außen, der ja nur die oben angesprochenen Selbstabschaffungstendenzen des ordnungspolitischen Pakets Marktwirtschaft und Demokratie verstärkt.

Bisher habe ich die Sicherheitsprobleme des Westens vorwiegend aus westlicher Sicht, sozusagen parteilich, betrachtet. Der Widerspruch zwischen der westlichen Lösung des Ordnungsproblems und des Sicherheitsproblems bleibt aber auch dann noch bestehen, wenn man sich nicht mehr um das Überleben des Westens und seiner Verfassung der Freiheit sorgt, sondern nur um die Vermeidung von Krieg. Zwischen den hochgerüsteten Industriestaaten in Ost und West ist der Frieden in der Nachkriegszeit vor allem durch erweiterte Abschreckung gesichert worden (ausführlicher bei Weede 1975, 1983d). Die Erweiterung ist dabei doppelt: Die Existenz von Atomwaffen in Ost und West schreckt nicht nur atomare, sondern auch konventionelle Kriege ab. Die Anbindung der kleineren Staaten an die beiden großen Atommächte sorgt beim Gleichgewicht des Schreckens und bei allgemeiner Eskalationsangst nicht nur für Frieden zwischen den Supermächten, sondern auch für Frieden zwischen Mitgliedern des Ostblocks und des Westblocks. Diese erweiterte Abschreckung ist aber nicht nur an das Gleichgewicht des Schreckens und damit die Eskalationsangst der Supermächte, sondern auch an die feste Anbindung der Verbündeten an „ihre" Supermacht gebunden. Jeder soziale und politische Wandel in den mit den Supermächten alliierten Ländern ist deshalb eine potentielle Gefahr für das Weiterbestehen der erweiterten Abschreckung und damit die weitgehende Ausschaltung der Kriegsgefahr in Europa (und Nordostasien).

Erweiterte Abschreckung erfordert die Festschreibung des sozio-politischen Status quo, das Verbleiben der Staaten in ihrem jeweiligen „Lager". Ein „Verbot" des sozialen Wandels kann zwar eine notwendige Voraussetzung zur Stabilisierung der erweiterten Abschreckung sein, aber keine realisierbare. Im Osten wird das Verbot entscheidenden sozio-politischen Wandels durch die Bereitschaft zur permanenten Konterrevolution durchgesetzt: 1953 in der DDR, 1956 in Ungarn, 1968 in der Tschechoslowakei und (ohne direkte Beteiligung sowjetischer Panzer) 1981 in Polen. Zwar um einen enormen Preis, aber überhaupt kann der totalitäre Ostblock Block bleiben und damit zur Festigung der erweiterten Abschreckung beitragen.

Solange eine Allianz von Demokratien genau das bleibt, ist eine Festschreibung des sozio-politischen Status quo, ein gewaltsam durchgesetztes Verbot des sozialen Wandels, nicht realisierbar.

Neigung zum Trittbrettfahren, (nicht überall gleichzeitig und gleich stark auftretende) unrealistische Entspannungshoffnungen (dazu ausführlicher: Weede

1977) und immer mal wieder sich verstärkendes Bewußtsein unterschiedlicher Risiken von Amerikanern und Westeuropäern bei manchen Kriegsbildern aber können die westliche Allianz zum schleichenden Verfall verdammen. Die ordnungspolitische Verfassung des Westens hemmt seine Fähigkeit, mit sicherheitspolitischer Bedrohung fertig zu werden.

Zum Abschluß möchte ich folgende Thesen zur Sicherungspolitik zusammenfassen und zur Diskussion stellen:

1. Die Marktwirtschaft ist eine notwendige Voraussetzung für das Funktionieren der Demokratie.

2. Auf lange Sicht untergräbt die Demokratie die Marktwirtschaft, weil sie den Übergang zur „rent-seeking society" nicht verhindern kann.

3. Das ordnungspolitische Paket Marktwirtschaft und Demokratie leidet deshalb unter rein internen Selbstabschaffungstendenzen.

4. Eine Allianz von freiheitlichen Demokratien leidet a) unter Trittbrettfahrertendenzen bei den kleineren Staaten, b) unter geopolitisch bedingten, objektiv vorhandenen Interessengegensätzen in der Allianz, die die ebenfalls vorhandenen gemeinsamen Interessen in den Hintergrund drängen können, kann c) durch sozio-politischen Wandel in den Mitgliedstaaten zerfallen und damit d) die erweiterte Abschreckung untergraben.

Ziel meiner Ausführungen ist es, Gefährdungstendenzen für marktwirtschaftliche und freiheitliche Demokratien aufzuzeigen, nicht den Untergang des Westens als schicksalhaft darzustellen. Die Zukunft des Westens hängt offensichtlich auch davon ab, ob wir den Gefahren ins Auge sehen *und* sie zu überwinden versuchen oder ob wir uns weigern, Probleme auch nur zu erkennen.

Anmerkungen

1 Daß große Staaten absolut mehr Soldaten und Geld für militärische Zwecke bereitstellen, kann nicht überraschen. Aber daß kleinere Staaten auch einen kleineren Prozentsatz ihrer Bevölkerung zu Soldaten machen oder einen kleineren Prozentsatz ihres Haushalts oder Bruttosozialprodukts für militärische Zwecke einsetzen als größere Staaten, das ist erklärungsbedürftig. Olsons (1968) Theorie beansprucht zu erklären, warum es in Bündnissen zur ‚Ausbeutung‘ der Großen durch die Kleinen kommt.

2 Vgl. dazu Schumpeter (1950) und Downs (1968).

3 Die Wähler sind ‚vernünftigerweise‘ schlecht informiert, weil viele Entscheidungen Kollektivgüter betreffen und damit der Anreiz entsteht, als Trittbrettfahrer von den klugen Entscheidungen anderer zu profitieren. Unabhängig davon, ob die Entscheidungen der Politiker nur Kollektivgüter oder auch Verteilungsfragen und damit private Güter betreffen, senkt das geringe Gewicht jeder einzelnen Stimme bei Wahlen in großen Gesellschaften den Anreiz, seine Stimme abzugeben, und erst recht den Anreiz, sich vorher zu informieren.

4 Ob Abwanderungsmöglichkeiten und Konkurrenzorganisationen demokratisierend wirken, ist m. E. allerdings nicht klar. Einerseits wird dadurch die Stellung der Führung relativ zur Mitgliedschaft geschwächt. Andererseits senkt die Abwanderungschance den Anreiz für die Mitgliedschaft, sich in ihrer jetzigen Organisation zu engagieren. Vgl. auch Wippler (1982, S. 54/55).

5 Opp (1983) hat den Begriff der „property rights" mit „Verfügungsrechte" übersetzt. In Anbetracht des angloamerikanischen Sprachgebrauchs hat Opps Übersetzung ihre Berechtigung und sogar Vorzüge. Ich verwende hier trotzdem den Terminus ‚Eigentumsrechte‘, weil mir dieser in diesem Zusammenhang klarer erscheint.

6 In meinem Buch „Entwicklungsländer in der Weltgesellschaft" (Weede 1985) setze ich mich mit den Dependenztheoretikern auseinander, die eine Art Klassenkampf auf globaler Ebene behaupten, allerdings meist keine orthodoxen Marxisten sind.

7 Diesen Hinweis verdanke ich den Lenskis (1982, S. 416).

8 Ich unterscheide hier nicht zwischen relativer Deprivation, Frustration oder einfach Unzufriedenheit. Über den Stellenwert dieser Begriffe in sozialpsychologischen Theorien informieren u. a. Berkowitz (1965), Cofer and Appley (1964), Bandura and Walters (1963), Dollard et al. (1939), Firestone (1974), Gurr (1970) oder Groffman and Muller (1973). Die soziologische und politikwissenschaftliche Theorienbildung neigt dazu, sich auf vereinfachte und überholte sozialpsychologische Theorien zu stützen.

9 Natürlich macht nur die Entscheidung der Arbeitgeber, auch an unorganisierte Arbeiter die mit den Gewerkschaften vereinbarten Löhne zu zahlen, die höheren Löhne zum Kollektivgut für die Arbeiter.

10 Vom Abbau der Diskriminierung, einem Kollektivgut, würden alle Schwarzen profitieren. Wenn privilegierte Positionen in einer wesentlich veränderten Gesellschaft u. a. auch

als Belohnung für politischen Einsatz vergeben werden, dann stellen diese Privilegien selektive Anreize zum Engagement dar, die helfen können, das Trittbrettfahrerproblem zu überwinden.

11   Mullers gezielte und die Varianz in der abhängigen Variable maximierende Stichprobe erleichtert es, hohe erklärte Varianzanteile zu erreichen. Bei einer repräsentativen Stichprobe mit einer (wegen der Seltenheit von aggressiver politischer Partizipation) noch schieferen Verteilung würde der erklärte Varianzanteil mit Sicherheit deutlich unter Mullers 56,9% liegen.

12   In Mullers (1980) Literaturüberblick ist allerdings die wichtige Studie von Barnes and Kaase (1980) nicht hinreichend berücksichtigt. – Vor kurzem hat auch Opp (1984) eine Studie vorgelegt, deren Ergebnisse für die Wert-Erwartungstheorie und gegen deprivationstheoretische Erklärungen des individuellen Konfliktverhaltens sprechen.

13   Eine denkbare Forschungsstrategie, die den vorläufigen Charakter aller Annahmen über die Hintergrundbedingungen von Unzufriedenheit (oder Frustration) in Rechnung stellt, ohne auf Immunisierung des deprivationstheoretischen Grundgedankens hinauszulaufen, ist, daß man die Zusatzhypothesen über die Hintergrundbedingungen von Unzufriedenheit stabilisiert, daß etwa eine erste Untersuchung ermittelt, was Unzufriedenheit indiziert, weitere Untersuchungen aber mit demselben oder denselben Unzufriedenheitsindikatoren Protest und Gewalt in anderen Datensätzen zu erklären versuchen.

14   Gurr ist inzwischen von seinem alten (1968) Erklärungsmodell abgerückt und hat es durch ein neues, weniger psychologisch orientiertes ersetzt (Gurr and Duvall 1973). M. E. (vgl. Weede 1975) hat das neue Erklärungsmodell ebenso gravierende und teilweise ähnliche Mängel wie das ältere.

15   Zwei Studien fallen aus diesem Rahmen. Nach Russett (1964) trägt die Ungleichheit der *Landverteilung,* vor allem in agrarisch geprägten Volkswirtschaften, zu Gewalt und politischer Instabilität bei. Der Zusammenhang zwischen der Ungleichheit der *Einkommensverteilung* und Gewalt oder Instabilität wird bei Russett nicht analysiert. Nach Muller (1985) besteht ein signifikanter Zusammenhang zwischen der Ungleichheit der Einkommensverteilung und Gewalt oder Instabilität. Eigene Reanalysen *seines* Datensatzes haben mich allerdings davon überzeugt, daß dieser Zusammenhang dann verschwindet, wenn man *entweder* Ungleichheit und Gewalt gleichzeitig beobachtet (statt Mullers Zeitverzögerung zu verwenden) *oder* wenn man im Gegensatz zu Muller Gewalt in t–1 nicht mehr als Prädiktor bei der Erklärung von Gewalt in t verwendet. Meine Zweifel an Mullers (1985) Studie beschränken sich auf den Zusammenhang von Ungleichheit und Gewalt. Seinen Befund, daß weder freiheitliche nocht totalitäre politische Systeme, sondern solche mit mittlerem Repressionsgrad besonders unter Gewalt leiden, erkenne ich uneingeschränkt an.

16   Schumpeter (1950, S. 143–175) hat auf eine Ausnahme verwiesen. Monopole *können* das *vorübergehende* Ergebnis von Innovation sein. Die Aussicht auf *zeitweilige* Monopolprofite *kann* deshalb einen wichtigen Innovationsanreiz darstellen, der im Interesse der gesamtwirtschaftlichen Entwicklung nicht allzu stark beschnitten werden sollte.

17   Olsons (1982) Theorie über Aufstieg und Niedergang von Nationen ist umfassender als die Hypothese, die ich gerade übernommen habe. Nicht nur eine stabile Demokratie, sondern generell institutionelle Stabilität begünstigt die Bildung von Verteilungskoalitionen bzw. Kartellen (vgl. Olson 1982, S. 41). Stabile kommunistische Herrschaft und Zentralverwaltungswirtschaft können durchaus auch eine ‚Renten suchende Gesellschaft'

entstehen lassen und den wirtschaftlichen Niedergang vorbereiten. Auch Entwicklungsländer können unter institutioneller Verkalkung und sozialen Rigiditäten und der Suche
nach Renten leiden, ohne wenigstens die Vorteile persönlicher Freiheit und demokratischer Regierung zu genießen.

18 M. E. kann man Beckers (1982) Analyse der Diskriminierung zwischen den Rassen
innerhalb einer Volkswirtschaft analog auf die Diskriminierung zwischen Inländern und
Ausländern in der Weltwirtschaft übertragen.

19 Nachbarschaft *oder* eine Großmacht in einer (aus zwei Nationen bestehenden) Dyade sind
fast notwendige, aber sicher nicht hinreichende Bedingungen für das Vorliegen eines
Sicherheitsdilemmas. Warum nur *fast* notwendig? Das ergibt sich aus Operationalisie-
rungsproblemen. Grundsätzlich sind Nachbarschaft und Großmachtstatus kontinuierli-
che, nicht dichotome Kriterien, wie gemeinsame Landgrenze oder konventionell zugeschriebener Status. Mit diesen dichotomen Kriterien wird aber die strategische Interdependenz nur ungenau erfaßt. Schon deshalb sind deterministische Beziehungen (wie bei
‚notwendiger‘ Bedingung impliziert) in der Forschungspraxis nicht zu erwarten.

20 Dieser Gedanke wird hier allerdings nicht weiter verfolgt.

21 Damit sind nur Sicherheits- und Abgrenzungskonflikte, nicht etwa ökonomische oder
ideologische ausgeschlossen.

22 Dazu berechnet man Chi-Quadrat und ermittelt die Signifikanz in einem einseitigen Test.

23 Mit ‚ihr verbundenem kleineren Staat‘ ist hier nicht nur das Mitglied des engeren Blocks
einer Supermacht, sondern jedes Mitglied ihrer weiteren Interessensphäre gemeint.

24 In abgeschwächter Form werden ähnliche Auffassungen u. a. auch von Kissinger (1979,
1982) oder Tucker (1982) vertreten.

25 Das wird bei Ravenal (1982) vertieft. Nach Ravenal ist es deshalb im nationalen Interesse
der USA, auf Allianzen zu verzichten.

26 Entgegen Wallace (1979, 1982) glaube ich nicht, daß das Wettrüsten per se die Kriegsgefahr erhöht. Vgl. dazu Weede (1980), Diehl (1983). Nicht aus empirischen, sondern aus
theoretischen Gründen beunruhigt das Wettrüsten im Atomzeitalter.

27 Die Entspannungspolitik ist m. E. günstigstenfalls irrelevant als Beitrag zur Kriegsverhütung. Die ihr zugrunde liegenden Hypothesen haben sich empirisch nicht bewährt
(Weede 1977b). Ungünstigstenfalls schafft Entspannungspolitik Illusionen, die enttäuscht
werden und eine Rückkehr zum ‚kalten Krieg‘ einleiten. Weltpolitische Konjunkturzy-
klen, bei denen ‚kalter Krieg‘ und Entspannung abwechseln, könnten noch gefährlicher
als der permanente kalte Krieg sein.

28 Der Grundgedanke ist Tullocks (1980) Kritik von Monopolen entnommen und analog
auf Kartelle übertragen worden.

29 M. E. wird bei Olson (1928) das Problem der bloßen Inflation – im Gegensatz zu dem der
Stagflation – weitgehend ausgespart. Aber Kindleberger (1983, S. 8) sieht das anders. Die
Auffassung, daß Einkommenskonflikte hinter dem Inflationsdruck stehen, wird u. a.
auch von Hirsch und Goldthorpe (1978) vertreten. Diese Auffassung widerspricht nicht
dem monetaristischen Erklärungsansatz, wonach die Geldpolitik die Inflation bestimmt,
sondern fragt, warum es in demokratischen Staaten zu einer Geldpolitik kommt, die die
Inflation ermöglicht.

30 Schon bei Olson (1982) und stärker noch in der kritischen Rezeption seiner Gedanken
(de Vries 1983, Barry 1983) wird darauf verwiesen, daß nicht nur das Ausmaß der Interessenorganisation, sondern auch deren Qualität entscheidenden und nicht immer nur ne-

gativen Einfluß auf die wirtschaftliche Entwicklung hat. Bei Olson (1982) und hier geht es darum, Gefährdungstendenzen aufzuzeigen, die sich in international vergleichenden Wachstumsanalysen (aber noch nicht in Analysen zur Inflation oder Arbeitslosigkeit) haben belegen lassen. Inwieweit geeignete ordnungspolitische Maßnahmen die Entwicklung steuern und den Verfall aufhalten können, kann hier nicht beantwortet werden.

31 Nach vorläufigen und unveröffentlichten Datenanalysen von Ulrich Widmaier könnte auch bei anderen politischen Systemen das Alter mit Stagnation zusammenhängen.

32 Juristendichte ist ein indirekter Indikator für das Ausmaß staatlicher Reglementierung und damit für Eingriffe in das freie Spiel von Angebot und Nachfrage.

33 Selbstgefährdungs- oder gar Selbstabschaffungstendenzen von demokratischen Marktwirtschaften kann man natürlich auch ganz anders begründen als hier in Anlehnung an Olson (1982) geschehen. Bei Schumpeter (1950), Bell (1976) und Kristol (1979) spielen Einstellungs- und Kulturwandel – vor allem der Verlust des religiösen Glaubens, der Verfall des moralischen „Kapitals" und die kapitalismuskritische Kulturintelligenz – wichtige Rollen. Derartige Gedanken sind mit Olsons (1982) Theorie kompatibel. Sie könnten sogar dazu beitragen, daß Verteilungskoalitionen Volkswirtschaften so hemmungslos ruinieren, wie nach Olson zu erwarten. Weil aber nur Olsons Theorie erklären kann, welche westlichen Gesellschaften auf dem Weg in den Niedergang „vorn" liegen, weil aber nur Olsons Theorie schon erfolgreich quantitative Überprüfungsversuche überstanden hat, orientiere ich mich daran.

34 Auch darauf hat Olson (1982) hingewiesen. Vor allem in der Landwirtschaft hat sich die Europäische Gemeinschaft allerdings erfolgreich bemüht, Verteilungskoalitionen aufzubauen statt sie zu schwächen. Hirschman (1981) weist m. E. zu Recht darauf hin, daß rein ökonomisch gesehen unvernünftige Entscheidungen – wie in der europäischen Agrarpolitik die Norm – wegen der Vorteile, die sie Sonderinteressen zuschanzen, die politisch notwendige Unterstützung für die Gemeinschaft erzeugen.

35 Die normative Implikation dieser Aussage ist kein Plädoyer für die Abschaffung der Demokratie. Das wäre genauso irrational wie Selbstmord aus Angst vor dem Tod. Aber man trägt offensichtlich nicht zur Erhaltung der Demokratie bei, wenn man deren Selbstabschaffungstendenzen verstärkt oder auch nur übersieht.

36 Berücksichtigt man gleichzeitig personal- und kapitalintensive Militarisierung in international vergleichenden Regressionen von Wachstum auf unabhängige Variablen, so ist in der Regel nur der Effekt der personalintensiven Militarisierung signifikant.

37 Zusammen mit den Sowjets haben die Amerikaner natürlich auch die Entscheidungsgewalt darüber, ob ein lokaler Atomkrieg in Mitteleuropa eskaliert oder nicht. – Während an dieser Stelle die deutsche Abhängigkeit von den USA ein potentieller Nachteil ist, ist sie an anderer Stelle ein Vorteil *für uns*. Gerade weil letztlich die USA und nicht die BRD darüber entscheidet, ob ein konventioneller Durchbruch der Roten Armee mit dem Einsatz von Atomwaffen auf westdeutschem Boden aufgehalten werden soll oder nicht, weil eher einer amerikanischen als einer westdeutschen Regierung eine derartige Entscheidung zuzutrauen ist, kann die NATO-Drohung des nuklearen Ersteinsatzes die Sowjets vom Einsatz ihrer konventionellen Überlegenheit abschrecken. Noch nicht einmal eine nationale, seegestützte westdeutsche Zweitschlagskapazität könnte den sowjetischen Einsatz von *konventionellen* Truppen so wirksam abschrecken wie die gegenwärtige NATO-Politik.

38   Eine rein geopolitische oder strategische Analyse führt in Anbetracht der wesentlich größeren Wirtschaftskraft der NATO-OECD-Ländergruppe verglichen mit dem Warschauer Pakt und der ebenfalls größeren Bevölkerungszahl im Westen (seit dem Ausscheiden Chinas aus dem Sowjetblock) zu dem Schluß, daß weder Parität auf nuklearer Ebene noch westliche konventionelle Unterlegenheit unvermeidbar sind. Das größere westliche Militär*potential* wird allerdings durch die aus politischen Gründen geringere Bereitschaft, das Potential anzuzapfen, mehr als neutralisiert.

Literatur

Allison, Graham T. (1971): Essence of Decision: Explaining the Cuban Missile Crisis. Boston: Little, Brown and Company.

Almond, Gabriel A., and Coleman, James S. (1960): The Politics of the Developing Areas. Princeton: University Press.

Andreski, Stanislav (1968a): Military Organization and Society. 2nd ed. Stanford: University Press.

ders. (1968b): The African Predicament: A Study in the Pathology of Modernization. New York: Atherton Press.

ders. (1969): Parasitism and Subversion: The Case of Latin America. New York: Schocken.

Arminger, Gerhard (1979): Faktorenanalyse. Stuttgart: Teubner.

Aron, Raymond (1963): Frieden und Krieg. Eine Theorie der Staatenwelt. Frankfurt/Main: Fischer.

Bandura, A., and Walters, R. H. (1963): Social Learning and Personality Development. New York: Holt, Rinehart and Winston.

Banks, Arthur S. (1971): Cross-Polity Time-Series Data. Cambridge: MIT Press.

Barnes, Samuel, and Kaase, Max (1980): Political Action. Beverly Hills, Calif.: Sage.

Barry, Brian M. (1975): Neue Politische Ökonomie: Ökonomische und Soziologische Demokratietheorie. Frankfurt/Main: Campus.

ders. (1983): Some Questions about Explanation. International Studies Quarterly 27 (1): 17–27.

Becker, Gary S. (1982): Der ökonomische Ansatz zur Erklärung menschlichen Verhaltens. Tübingen: Mohr.

Bell, Daniel (1976): Die Zukunft der westlichen Welt: Kultur und Technologie im Widerstreit. Frankfurt/Main: Fischer.

Berkowitz, Leonhard (1965): Advances in Experimental Psychology. New York: Academic Press.

Blau, Peter M. (1964): Exchange and Power in Social Life. New York: Wiley.

Buchanan, James M., Tollison, Robert D., and Tullock, Gordon (1980): Toward a Theory of the Rent-Seeking Society. College Station: Texas A and M University Press.

Bundy, McGeorge (1979): The Future of Strategic Deterrence. Survival XXI (6): 268–272.

Bundy, McGeorge, Kennan, George F., McNamara, Robert S., and Smith, Gerard (1982): Nuclear Weapons and the Atlantic Alliance. Foreign Affairs 60 (4): 753–768.

Choi, Kwang (1983a): Theories of Comparative Economic Growth. Ames: Iowa State University Press.

ders. (1983b): A Statistical Test of Olson's Model. S. 57–78 in D. C. Mueller (ed): The Political Economy of Growth. New Haven: Yale University Press.

Cofer, Charles N., and Appley, Mortimer H. (1964): Motivation: Theory and Research. New York: Wiley.

Coleman, James S. (1978): A Theory of Revolt Within an Authority Structure. Peace Science Society (International) Papers 28: 15–25.

ders. (1983): Free Riders and Zealots. S. 135–165 in W. Sodeur (ed.): Ökonomische Erklärungen sozialen Verhaltens. Duisburg: Verlag der Sozialwissenschaftlichen Kooperative.

Coser, Lewis (1956): The Functions of Social Conflict. Glencoe, Ill.: Free Press.

Dahrendorf, Ralf (1965): Gesellschaft und Demokratie in Deutschland. München: Piper.

ders. (1972): Konflikt und Freiheit. München: Piper.

Davis, Kingsley, and Moore, Wilbert E. (1973): Einige Prinzipien der sozialen Schichtung. S. 396–410 in H. Hartman: Moderne amerikanische Soziologie. Stuttgart: Enke.

Davis, Kingsley (1949): Human Society. London: Macmillan.

Deutsch, Karl W. (1968): The Analysis of International Relations. Englewood Cliffs, N. J.: Prentice-Hall.

Diehl, Paul F. (1983): Arms Races and Escalation: A Closer Look. Journal of Peace Research 20: 205–212.

Dollard, John, et al. (1939): Frustration and Aggression. New Haven: Yale University Press.

Downs, Anthony (1968): Die ökonomische Theorie der Demokratie. Tübingen: Mohr.

Easton, David (1965): A Systems Analysis of Political Life. New York: Wiley.

Eberwein, Wolf-Dieter, et al. (1978): Internes und externes Konfliktverhalten von Nationen. Zeitschrift für Soziologie 7: 21–38.

Eckstein, Harry (1980): Theoretical Approaches to Explaining Collective Political Violence. S.135–166 in T. R. Gurr (ed.): Handbook of Political Conflict. New York: Free Press.

Emmanuel, Arghiri (1972): Unequal Exchange: A Study of the Imperialism of Trade. New York: Monthly Review Press.

Engels, Friedrich (1878): Herrn Eugen Dühring's Umwälzung der Wissenschaft. S. 1–303 in K. Marx und F. Engels: Werke, Band 20. Ost-Berlin: Dietz.

Feierabend, Ivo K., and Feierabend, Rosalind L. (1966): Aggressive Behaviours within Polities, 1948–1962: A Cross-National Study. Journal of Conflict Resolution X: 249–271.

dies. and Nesvold, Betty A. (1969): Social Change and Political Violence: Cross-National Patterns. In H. D.: Graham and T. R. Gurr (eds.): Violence in America. New York: New American Library.

Festinger, Leon (1957): A Theory of Cognitive Dissonance. Stanford: University Press.

Fireman, Bruce, and Gamson, William A. (1979): Utilitarian Logic and the Resource Mobilization Perspective. S. 8–44 in M. N. Zald and D. McCarthy (eds.): The Dynamics of Social Movements. Cambridge, Mass.: Winthrop.

Firestone, Joseph M. (1974): Continuities in the Theory of Violence. Journal of Conflict Resolution 18: 117–142.

Flanigan, William H., and Fogelman, Edwin (1970): Patterns of Political Violence in Comparative Historical Perspective. Comparative Politics 3, 1970, 1–20.

Frei, Daniel (1977): Sicherheit: Grundfragen der Weltpolitik. Stuttgart: Kohlhammer.

Frohlich, Norman, Oppenheimer, Joe A., and Young, Oran (1971): Political Leadership and Collective Goods. Princeton: University Press.

Garnham, David (1976): Power Parity and Lethal International Violence. Journal of Conflict Resolution 20: 379–394.

Garnier, Maurice A., and Hazelrigg, Lawrence E. (1977): Military Organization and Distributional Inequality. Journal of Political and Military Sociology 5 (Spring): 17–33.

Grandjean, Burke D. (1975): An Economic Analysis of the Davis-Moore Theory of Stratification. Social Forces 53: 543–552.

Grofman, Bernard, and Muller, Edward N. (1973): The Strange Case of Relative Gratification and Potential for Political Violence: The V-Curve Hypothesis. American Political Science Review 67: 514–539.

Gurr, Ted Robert (1968): A Causal Model of Civil Strife. American Political Science Review 62: 1104–1124.

ders. (1969): A Comparative Study of Civil Strife. In: H. D. Graham and T. R. Gurr (eds.): Violence in America. New York: New American Library.

ders. (1970): Why Men Rebel. Princeton: University Press.

ders. (1972): The Calculus of Civil Conflict. Journal of Social Issues 28: 27–47.

ders. and Duvall, Raymond (1973): Civil Conflict in the 1960s. Comparative Political Studies 6: 135–169.

ders. and Ruttenberg, Charles (1967): The Conditions of Civil Violence. Princeton University: Center for International Studies, Research Monograph 28.

Haferkamp, Hans (1983): Soziologie der Herrschaft. Opladen: Westdeutscher Verlag.

Hardy, Melissa A. (1979): Economic Growth, Distributional Inequality, and Political Conflict in Industrial Societies. Journal of Political and Military Sociology 7: 209–227.

Harman, Harry H. (1967): Modern Factor Analysis. Chicago: University Press.

Hayek, Friedrich August von (1971): Die Verfassung der Freiheit. Tübingen: Mohr.

ders. (1976): Der Weg in die Kechtschaft. München: dtv.

Heilbroner, Robert L. (1980): The Making of Economic Society. 6th ed. Englewood Cliffs, New Jersey: Prentice-Hall.

Herz, John H. (1974): Staatenwelt und Weltpolitik. Hamburg: Hoffmann und Campe.

Hibbs, Douglas A. (1973): Mass Political Violence. New York: Wiley.

ders. (1976): Industrial Conflict in Advanced Industrial Societies. American Political Science Review 70: 1033–1058.

Hirsch, Fred (1980): Die sozialen Grenzen des Wachstums. Reinbek bei Hamburg: Rowohlt.

ders. and Goldthorpe, John (1978): The Political Economy of Inflation, Cambridge, Mass.: Harvard University Press.

Hirschman, Albert O. (1981): The Social and Political Matrix of Inflation: Elaborations on the Latin American Experience. S. 177–207 in A. O. Hirschman: Essays in Trespassing. Economics to politics and beyond. Cambridge: University Press.

Huntington, Samuel P. (1968): Political Order in Changing Societies. New Haven: Yale University Press.

ders. (1971): The Change to Change: Modernization, Development, and Politics. Comparative Politics 3: 283–322.

Isaac, R. Marc, Walker, James M., and Thomas, Susan H. (1984): Divergent evidence on free riding. Public Choice 43: 113–149.

Jackman, Robert W. (1980): Socialist Parties and Income Inequality in Western Industrial Societies. Journal of Politics 42: 135–149.

Jagodzinski, Wolfgang, und Weede, Erich (1980): Weltpolitische und ökonomische Determinanten einer ungleichen Einkommensverteilung. Zeitschrift für Soziologie 9 (2): 132–148.

Kahn, Herman (1960): On Thermonuclear War. Princeton: University Press.

ders. (1979): World Economic Development. London: Croom and Helm.

Kim, Oliver, and Walker, Mark (1984): The free rider problem: Experimental evidence. Public Choice 43: 3–24.

Kissinger, Henry A. (1979): NATO: The Next Thirty Years. Survival 21: 264–268.

ders. (1982): The International Context for US Security. Adelphi Papers 174: 1–7.

Kindleberger, Charles (1983): On the Rise and Decline of Nations. International Studies Quarterly 27 (1): 5–10.

Kriesberg, Louis (1982): Social Conflicts. 2nd ed. Englewood Cliffs, New Jersey: Prentice-Hall.

Krauss, Melvyn B. (1983): Development without Aid. New York: McGraw-Hill.

Kristol, Irving (1979): Two Cheers for Capitalism. New York: New American Library.

Lehner, Franz (1973): Politisches Verhalten als sozialer Tausch. Bern: Lang.

ders. (1979): Grenzen des Regierens. Königstein/Taunus: Athenäum.

ders. (1982): Pluralistische Interessenvermittlung und staatliche Handlungsfähigkeit: Eine ordnungspolitische Analyse. Bochum: Zentrales Sozialwissenschaftliches Seminar der Ruhr-Universität.

Lenski, Gerhard and Jean (1982): Human Societies: An Introduction to Macrosociology. 4th ed. New York: McGraw-Hill.

Lipton, Michael (1977): Why Poor People Stay Poor: Urban Bias in World Development. London: Temple Smith.

Luard, Evan (1968): Conflict and Peace in the Modern International System. Boston: Little and Brown.

ders. (1970): The International Regulation of Frontier Disputes. London: Thames and Hudson.

Luttwak, Edward N. (1982): How to Think About Nuclear War. Commentary 74 (2): 21–28.

Marwell, Gerald, and Ames, Ruth E. (1979): Experiments in the Provision of Public Goods. I. Resources, Interest, Group Size, and the Free Rider Problem. American Journal of Sociology 84: 1335–1360.

dies. (1980): Experiments in the Provision of Public Goods. II. Provision Points, Stakes, Experience, and the Free Rider Problem. American Journal of Sociology 85: 926–937.

Marx, Karl (1852): Der achtzehnte Brumaire des Louis Bonaparte. Wieder abgedruckt in Marx-Engels-Studienausgabe, Bd. 4, S. 34–121. Frankfurt/Main (1966): Fischer.

ders. und Engels, Friedrich (1848): Manifest der Kommunistischen Partei. Wieder abgedruckt in Marx-Engels-Studienausgabe, Bd. 2, S. 59–87. Frankfurt/Main (1966): Fischer.

Mayntz, Renate (1965): Kritische Bemerkungen zur funktionalistischen Schichtungstheorie. S. 10–28 in David W. Glass und René König (Hrsg.): Soziale Schichtung und soziale Mobilität. Sonderheft 5 der Kölner Zeitschrift für Soziologie und Sozialpsychologie. Opladen: Westdeutscher Verlag.

McKenzie, Richard B., and Tullock, Gordon (1978a): The New World of Economics. Homewood, Ill.: Irwin (2nd ed.).

dies. (1978b): Modern Political Economy. Tokyo: McGraw-Hill Kogakusha.

McPhail, Clark (1971): Civil Disorder Participation: A Critical Examination of Research. American Sociological Review 36: 1058–1073.

Mehden, Fred von der (1973): Comparative Political Violence. Englewood Cliffs, N. J.: Prentice-Hall.

Michels, Robert (1910): Zur Soziologie des Parteiwesens. 2. Aufl. Stuttgart (1970): Kröner.

Morgan, Patrick M. (1977): Deterrence: A Conceptual Analysis. Beverly Hills, Calif.: Sage.

Mosca, Gaetano (1950): Die herrschende Klasse: Grundlagen der Politischen Wissenschaft. Bern: Francke.

Muller, Edward N. (1972): A Test for a Partial Theory of Potential for Political Violence. American Political Science Review 66: 928–959.

ders. (1978): Ein Modell zur Vorhersage aggressiver politischer Partizipation. Politische Vierteljahresschrift 19: 514–558.

ders. (1979): Aggressive Political Participation. Princeton: University Press.

ders. (1980): The Psychology of Political Protest and Violence. S. 69–99 in T. R. Gurr (ed.): Handbook of Political Conflict. New York: Free Press.

ders. (1985): Income Inequality, Regime Repressiveness and Political Violence. American Sociological Review 50: 47–61.

Nozick, Robert (1974): Anarchie, Staat, Utopia. München: Moderne Verlagsgesellschaft (dt. Übersetzung o. J.).

Oberschall, Anthony (1973): Social Conflict and Social Movements. Englewood Cliffs, N. J.: Prentice Hall.

Olson, Mancur (1968): Die Logik des kollektiven Handelns. Tübingen: Mohr.

ders. (1982): The Rise and Decline of Nations. Economic Growth, Stagflation and Social Rigidities. New Haven: Yale University Press.

ders. (1983): The Political Economy of Comparative Growth Rates. S. 7–52 in D. C. Mueller (ed.): The Political Economy of Growth. New Haven: Yale University Press.

ders. and Zeckhauser, Richard (1966): An Economic Theory of Alliances. Review of Economics and Statistics 48: 266–279.

Opp, Karl-Dieter (1978): Theorie sozialer Krisen. Hamburg: Hoffmann und Campe.

ders. (1979): Das ‚ökonomische Programm‘ in der Soziologie. S. 313–350 in H. Albert und K. H. Stapf (Hrsg.): Theorie und Erfahrung. Stuttgart: Klett-Cotta.

ders. (1983): Die Entstehung sozialer Normen. Tübingen: Mohr.

ders. (1984): Soziale Probleme und Protestverhalten. Opladen: Westdeutscher Verlag.

Pearson, Frederic S. (1974a): Geographic Proximity and Foreign Military Intervention. Journal of Conflict Resolution 18: 432–460.

ders. (1974b): Foreign Military Interventions and Domestic Disputes. International Studies Quarterly 18: 259–290.

Popper, Karl R. (1958): Falsche Propheten: Hegel, Marx und die Folgen. Bern: Francke.

ders. (1969): Logik der Forschung. 3. Aufl. Tübingen: Mohr.

ders. (1974): Das Elend des Historizismus. 4. Aufl. Tübingen: Mohr.

Ravenal, Earl C. (1982): Counterforce and Alliance: The Ultimate Connection. International Security 6 (4): 26–43.

Richardson, Lewis F. (1960): Statistics of Deadly Quarrels. Chicago: Boxwood and Quadrangle.

Rogowski, Ronald (1974): Rational Legitimacy. Princeton: University Press.

Rummel, Rudolph J. (1963): Dimensions of Conflict Behavior Within and Between Nations. General Systems Yearbook 8: 1–50.

Russett, Bruce M., et al. (1964 a): World Handbook of Political and Social Indicators. New Haven: Yale University Press.

ders. (1964 b): Inequality and Instability: The Relation of Land Tenure to Politics. World Politics 16: 442–454.

Schelling, Thomas C. (1960): The Strategy of Conflict. Cambridge: Harvard University Press.

ders. (1966): Arms and Influence. New Haven: Yale University Press.

Schneider, Peter R. and Anne L. (1971): Social Mobilization, Political Institutions, and Political Violence. Comparative Political Studies 4: 69–90.

Schumpeter, Joseph A. (1950): Kapitalismus, Sozialismus und Demokratie. Bern: Francke.

Schwartzman, Simon (1972): International System and International Tensions. S. 197–222 in P. Heintz (ed.): A Macrosociological Theory of Societal Systems, Vol. 1. Bern: Huber.

Shorter, Edward, and Tilly, Charles (1974): Strikes in France 1830–1968. Cambridge: University Press.

Sigelman, Lee, and Simpson, Miles (1977): A Cross-National Test of the Linkage Between Economic Inequality and Political Violence. Journal of Conflict Resolution 21: 105–128.

Singer, J. David, and Small, Melvin (1972): The Wages of War: A Statistical Handbook. New York: Wiley.

SIPRI (1969): Yearbook of World Armaments and Disarmament. Stockholm: Almqvist and Wiksell.

Siverson, Randolph M., and Sullivan, Michael P. (1983): The Distribution of Power and the Onset of War. Journal of Conflict Resolution 27: 473–494.

Skocpol, Theda (1976): France, Russia, China: A Structural Analysis of Social Revolutions. Comparative Studies in Society and History 18: 175–210.

dies. (1979): States and Social Revolutions: A Comparative Analysis of France, Russia and China. Cambridge: University Press.

Small, Melvin, and Singer, J. David (1982): Resort to Arms. Beverly Hills, Calif.: Sage.

Snyder, David (1975): Institutional Setting and Industrial Conflict: Comparative Analyses of France, Italy and the United States. American Sociological Review 40: 259–278.

Spittler, Gerd (1978): Herrschaft über Bauern: Die Ausbreitung staatlicher Herrschaft und einer islamisch-urbanen Kultur in Gobir (Niger). Frankfurt/Main: Campus.

Starr, Harvey, and Most, Benjamin A. (1976): The Substance and Study of Borders in International Relations Research. International Studies Quarterly 20: 581–620.

Stouffer, Samuel (1949): The American Soldier. Princeton: University Press.

Tanter, Raymond (1966): Dimensions of Conflict Behavior Within and Between Nations, 1958–1960. Journal of Conflict Resolution 10: 41–65.

Tanter, Raymond, and Midlarsky, Manus (1967): A Theory of Revolution. Journal of Conflict Resolution 11: 264–280.

Taylor, Charles L., and Hudson, Michael C. (1972): World Handbook of Political and Social Indicators. 2nd ed. New Haven: Yale University Press.

ders. and Jodice, David A. (1983): World Handbook of Political and Social Indicators. 3rd. ed. New Haven: Yale University Press.

Thibaut, John W., and Kelley, Harold H. (1959): The Social Psychology of Groups. New York: Wiley.

Tillema, Herbert K., and van Wingen, John R. (1982): Law and Power in Military Intervention: Major States after World War II. International Studies Quarterly 26: 220–250.

Tilly, Charles (1978): From Mobilization to Revolution. Reading, Mass.: Addison-Wesley.

Tollison, Robert D. (1982): Rent-Seeking: A Survey. Kyklos 35: 575–602.

Tucker, Robert W. (1982): The Atlantic Alliance and its Critics. Commentary 73 (5): 63–78.

Tullock, Gordon (1974): The Social Dilemma: The Economics of War and Revolution. Blacksburg: University Publications.

ders. (1980): The Welfare Costs of Tariffs, Monopolies, and Theft. S. 39–50 in J. M. Buchanan, R. D. Tollison, and G. Tullock (eds.): Toward a Theory of the Rent-Seeking Society. College Station: Texas A and M University Press.

Usher, Dan (1981): The Economic Prerequisite to Democracy. Oxford: Basil Blackwell.

Vries, Jan de (1983): The Rise and Decline of Nations in Historical Perspective. International Studies Quarterly 27 (1): 11–16.

Wallace, Michael D. (1979): Arms Races and Escalation. Journal of Conflict Resolution 23: 3–16.

ders. (1982): Armaments and Escalation. International Studies Quarterly 26: 37–56.

Walsh, Edward J., and Warland, Rex H. (1983): Social Movement Involvement in the Wake of a Nuclear Accident. American Sociological Review 48: 764–780.

Waltz, Kenneth N. (1979): Theory of International Politics. Reading, Mass.: Addison-Wesley.

Weber, Max (1964): Wirtschaft und Gesellschaft. Köln: Kiepenheuer und Witsch.

Weede, Erich (1975a): Weltpolitik und Kriegsursachen im 20. Jahrhundert. München: Oldenbourg.

ders. (1975b): Unzufriedenheit, Protest und Gewalt. Kritik an einem makropolitischen Forschungsprogramm. Politische Vierteljahresschrift 16: 409–428.

ders. (1976): Overwhelming Preponderance as Pacifying Condition Among Contiguous Asian Dyads, 1950–1969. Journal of Conflict Resolution 20: 395–411.

ders. (1977a): Politische Kultur, Institutionalisierung und Prätorianismus. Kölner Zeitschrift für Soziologie und Sozialpsychologie 29: 411–437 und 657–676.

ders. (1977b): Threats to Détente: Intuitive Hopes and Counterintuitive Realities. European Journal of Political Research 5 (4): 407–432.

ders. (1978): US Support for Foreign Governments or Domestic Order and Imperial Intervention. Comparative Political Studies 10: 497–527.

ders. (1979): Der Streik in westlichen Industriegesellschaften. Zeitschrift für die gesamte Staatswissenschaft 131: 1–16.

ders. (1980): Armes Races and Escalation: Some Persisting Doubts. Journal of Conflict Resolution 24: 285–287.

ders. (1981): Income Inequality, Average Income, and Violence. Journal of Conflict Resolution 25: 639–654.

ders. (1982): The Effects of Democracy and Socialist Strength of the Size Distribution of Income. International Journal of Comparative Sociology 23: 151–165.

ders. (1983): Extended Deterrence by Superpower Alliance. Journal of Conflict Resolution 27: 237–254.

ders. (1984 a): Kosten-Nutzen-Kalküle als Grundlage einer allgemeinen Konfliktsoziologie. Zeitschrift für Soziologie 13: 3–19.

ders. (1984 b): Ordnungspolitik und Sicherheitspolitik als Dimensionen der Sicherungspolitik. Archives Européennes de Sociologie XXV: 147–165.

ders. (1984 c): Democracy, Creeping Socialism, and Ideological Socialism in Rent-Seeking Societies. Public Choice 44: 349–366.

ders. (1985): Entwicklungsländer in der Weltgesellschaft. Opladen und Wiesbaden: Westdeutscher Verlag.

ders. (1986): Rent-Seeking, Military Participation and Economic Performance in LDCs. Journal of Conflict Resolution 30: im Druck.

Wippler, Reinhard (1982): The Generation of Oligarchic Structures in Constitutionally Democratic Organizations. S. 43–62 in W. Raub (ed.): Theoretical Models and Empirical Analyses. Utrecht: E. S.-Publications.

World Bank (1981): World Development Report 1981: London: Oxford University Press.

dies. (1983): World Development Report 1983. London: Oxford University Press.

Wright, Quincy (1965): A Study of War. 2nd ed. Chicago: University Press.

Zimmermann, Ekkart (1977): Soziologie der politischen Gewalt. Stuttgart: Enke.

ders. (1980): Macro-Quantitative Research on Political Protest. S. 167–237 in T. R. Gurr (ed.): Handbook of Political Conflict. New York: Free Press.

ders. (1981): Krisen, Staatsstreiche und Revolutionen. Opladen: Westdeutscher Verlag.

Personenregister

Sachregister

Über den Verfasser

Erich Weede, geboren 1942 in Hildesheim. Studium der Psychologie, Soziologie und Politischen Wissenschaften an den Universitäten Hamburg, Bochum, Mannheim, Northwestern (Evanston, Illinois, USA). 1970 Promotion; 1975 Habilitation in Politischer Wissenschaft an der Universität Mannheim. 1974–1978 leitender wissenschaftlicher Mitarbeiter bei ZUMA in Mannheim. Seit 1978 Professor für Soziologie an der Universität zu Köln.

Wichtige Veröffentlichungen

Weltpolitik und Kriegsursachen im 20. Jahrhundert; Oldenbourg, München 1975. Hypothesen, Gleichungen und Daten; Athenäum, Kronberg/Ts. 1977. West German Elite Views on National Security and Foreign Policy Issues (zus. mit D. Schössler); Athenäum, Königstein/Ts. 1978. Entwicklungsländer in der Weltgesellschaft; Westdeutscher Verlag, Opladen 1985. Aufsätze zum Thema des vorliegenden Buches sind erschienen in: American Sociological Review, Archives Européennes de Sociologie, British Journal of Sociology, Comparative Political Studies, European Journal of Political Research, International Journal of Comparative Sociology, Jahrbuch für Neue Politische Ökonomie, Journal of Conflict Resolution, Journal of Political and Military Sociology, Kölner Zeitschrift für Soziologie, Politische Vierteljahresschrift, Public Choice, Sociological Theory, Zeitschrift für die gesamte Staatswissenschaft, Zeitschrift für Politik, Zeitschrift für Soziologie.

Gerald Braun

Nord-Süd-Konflikt und Entwicklungspolitik

Eine Einführung

1985. 332 S. 12,5 X 19 cm. (Studienbücher zur Sozialwissenschaft, Bd. 51.) Pb.

Das Buch bietet eine allgemeinverständliche Einführung in aktuelle Probleme des Konflikts zwischen Industrie- und Entwicklungsländern. Es beschreibt u.a. die Zusammenhänge zwischen Rüstungsdynamik, sozialer Ungleichheit und bewaffneten Konflikten. Im Zentrum stehen drei Problemkreise:
– eine aktuelle Analyse der Entwicklungshilfe und der Rüstungsexportpolitik der Bundesrepublik;
– ein Überblick über die Kontroversen um eine neue Weltwirtschaftsordnung und um die Rolle multinationaler Konzerne;
– eine kritische Einführung in die wichtigsten Theorien des Nord-Süd-Konflikts (Wachstums-, Imperialismus- und Dependenztheorien) und alternative Modelle der Friedenssicherung.

Wilfried Röhrich (Hrsg.)

Gesellschaftssysteme der Gegenwart

Politökonomische Systemanalysen im internationalen Kontext

1986. 236 S. 12,5 X 19 cm. (WV studium, Bd. 140.) Pb.

Die Analyse unterschiedlicher nationaler Systeme muß sich heute auf das Regierungs- und Wirtschaftssystem erstrecken: auf die Gesellschaft als Ganzes, dessen Teile nur im gesamtgesellschaftlichen Zusammenhang verstanden werden können. Ebenso ist die internationale Umwelt dieser Gesellschaften in die Forschung einzubeziehen. Wie die Politikwissenschaft nicht mehr den Staat – das Regierungs- bzw. politische System im engeren Sinne – allein behandeln und die politische Soziologie sowie die politische Ökonomie außer acht lassen kann, so erweist es sich als notwendig, die Interdependenzen zwischen nationalem und internationalem System hervorzuheben. Im Rahmen von Systemanalysen werden in diesem Band behandelt: Großbritannien – USA – Bundesrepublik Deutschland – UdSSR – DDR – VR China – Brasilien – Algerien.

Erich Weede

Entwicklungsländer in der Weltgesellschaft

1985. 235 S. 12,5 X 19 cm. (WV studium, Bd. 137.) Pb.

Der Titel soll eine international vergleichende Perspektive bei der Diskussion der Probleme der Entwicklungsländer anzeigen und zugleich auf die prekäre Position der Entwicklungsländer in der Weltgesellschaft verweisen. Sozial-psychologische, sozialstrukturelle, ökonomische, politische und weltpolitische Aspekte werden dabei gleichzeitig in die Analyse einbezogen. Das Buch gibt Studenten und anderen Interessenten einen einführenden Überblick in die sozialwissenschaftliche Fachliteratur, wobei jede künstliche Verengung auf einzelne sozialwissenschaftliche Teildisziplinen oder auf einzelne Erklärungsansätze (z. B. Modernisierungs- oder Dependenztheorie) oder nur auf die deutschsprachige Diskussion vermieden wird.

Westdeutscher Verlag

Hans Günter Brauch (Hrsg.)

Kernwaffen und Rüstungskontrolle

Ein interdisziplinäres Studienbuch

Mit einem Vorwort von Egon Bahr. 1984. 511 S. 12,5 X 19 cm. Kart.

Während die Literatur zum NATO-Doppelbeschluß kaum mehr überschaubar ist, fehlt noch immer ein interdisziplinärer Sammelband, der wissenschaftlich abgesicherte Informationen allgemeinverständlich für wissenschaftlich interessierte Laien präsentiert. Diese Lücke wird mit dem Sammelband: Kernwaffen und Rüstungskontrolle geschlossen. Dieser Band vereinigt in Beiträgen bekannter Experten die naturwissenschaftliche, die historische, die militärische, die rüstungskontrollpolitische und die politische Betrachtungsweise.

Hans-Werner Franz, Wilfried Kruse und Hans-Günter Rolff (Hrsg.)

Neue alte Ungleichheiten

Berichte zur sozialen Lage der Bundesrepublik

1986. 340 S. 15,5 X 22,6 cm. Kart.

Soziale Ungleichheit schien als Thema von Wissenschaft und Politik in den siebziger Jahren erledigt zu sein. Heute jedoch sind die alten Ungleichheiten nicht nur wieder Thema: sie sind es in verschärfter Form, und neue sind hinzugekommen. Die Beiträge dieses Bandes geben einen an praktischen Erfordernissen orientierten Überblick. Sie versammeln die wichtigsten Sachverhalte, belegen sie mit z.T. schwer zugänglichem Zahlenmaterial, teils auch mit eigenen Erhebungen, und berücksichtigen die entscheidenden Argumentationsfronten. Durch das angefügte Sachregister erhält der „Sozialbericht" den Charakter eines Nachschlagewerks, das auch über die aktuelle Diskussion hinaus als Einführung in das Labyrinth der sozialen Problemlage der Bundesrepublik dienen kann.

Lucian Kern und Hans-Peter Müller (Hrsg.)

Gerechtigkeit, Diskurs oder Markt?

Die neuen Ansätze in der Vertragstheorie

1986. VIII, 178 S. 15,5 X 22,6 cm. Kart.

Der Band umfaßt eine Reihe weiterführender Beiträge zur Diskussion der neuen Ansätze in der Vertragstheorie, die durch die Arbeiten von J. Rawls, J. Buchhanan, R. Nozick und anderen eine Renaissance erlebt. Die Beiträge sind um drei zentrale Themen gruppiert: Gerechtigkeit als Leitidee des Vertrags; der Vertrag als Diskurs im Sinne von Habermas; die Idee der Begründung des Vertrags unter Voraussetzung rationaler, am Eigenwohl interessierter Individuen.

Mit Beiträgen zu folgenden Themen: Die Idee des Vertrages: P. Koller, K. Graf Ballestrem, J. Schmidt; Der Vertrag als Diskurs: K. Eder, L. Kern; Individualistische Vertragstheorien: V. Vanberg, R. Zintl, H.-P. Müller; Anwendungen vertragstheoretischer Ansätze: B. Keller, C. Offe, R. Wippler.

Westdeutscher Verlag